On Competition Updated and Expanded Edition

Michael E. Porter

［新版］
競争戦略論 I

マイケル E. ポーター［著］
竹内弘高 ハーバード・ビジネス・スクール教授［監訳］
DIAMONDハーバード・ビジネス・レビュー編集部［訳］

ダイヤモンド社

On Competition Updated and Expanded Edition
By
Michael E. Porter

Published by arrangement with Harvard Business Review Press,
Watertown, Massachusetts through Tuttle-Mori Agency, Inc., Tokyo

［新版］競争戦略論Ⅰ——目次

第2部 戦略・フィランソロピー・企業の社会的責任――297

第3部 戦略とリーダーシップ

第9章 新任CEOを驚かせる七つの事実

［新版］競争戦略論Ⅱ――目次

※本書は一九九九年発行の『競争戦略論Ⅰ』（原著は *On Competition first edition*, 1998）の改訂新版です。原著が *On Competition Updated and Expanded*, 2008として、*first edition* から三本の論文を削除して五本の論文を加え、さらに二本の論文を改訂したのに伴い、翻訳書の増補改訂新版としてⅠとⅡとに二分冊して発行しています。Ⅰでは、第1章が改訂、第4章と第6～9章が原著で加わった増補論文です。

［新版］競争戦略論Ⅰ

To John H. McArthur,
former Dean of Harvard Business School

新版のための序論

「競争」と「価値の創造」の追究

私たちは社会の進歩を目指してさまざまな活動を行っているが、競争はその中でも最も強い力を持つものの一つである。この数十年、私は「競争」と「価値の創造」の研究に没頭してきた。競争は至るところに存在する。市場で事業を営む企業も、グローバリゼーションに対応しようとする国も、人々のニーズに応えようとする社会組織も、すべて何らかの競争を行っている。そして、すべての組織は、競争を通して顧客に優れた価値を提供するための戦略を必要としている。

そのことは、あらゆる領域で競争が激しくなっている今日、これまで以上に真実である。競争は地理的に広がっており、どの国もさらに繁栄するために——いや、現状を維持するためにも——競争しなければならない。競争は社会のあらゆる分野に広がっている。芸術、教育、保健医療、フィランソロピー（社会貢献活動）など、ニーズの大きさに対して資源が足りないような領域においても競争がある。

今日、あらゆる次元のすべての組織が、価値を提供するために競争しなければならない。「価値」とは、顧客のニーズ（もしくはニーズ以上のもの）を効率的に満たす能力のことである。企業は顧客に価値を提供しなければならない。国は事業を行う企業に立地《ロケーション》の価値を提供しなければならない。医療活動を行う病院も、寄付を行う財団も、その点では、製品やサービスを提供する企業と何ら違いはない。何らかの形で社会をよくしようとするすべての組織にとって、少しでも大きい社会的価値――支出一ドル当たりの社会的メリット――を提供することは喫緊の責務なのである。

競争と価値創造を理解するために、私は現実の世界で起きている事象の複雑さをとらえることを目指している。経済学を学び、経済学的推論を身につけた私は、理論を発展させて実務に使えるようにするよう追究を続けている。私のゴールは、理論と実践を効果的につなぐ、厳密で役に立つフレームワークを開発することである。

この本には、競争と価値創造を理解するために私が開発したコンセプトとツールのすべてが収められている。新しい研究成果と、その基礎となった研究の両方が含まれている。各章は、さまざまなレベルの、さまざまな環境下での競争について考察しているが、そこにはすべてを結び付ける一つの共通のフレームワークが存在する。(*1)

本書の構成について

この新版は五部構成となっている。第1部「競争と戦略」(邦訳I巻・第1部)では、企業にとっての競争戦略の中心的概念を、まず単一の業界レベルで論じ、次に複数の事業を行う企業や多角化した企業のレベルで論じた。競争戦略の中心にあるのは、業界の競争のドライバーは何か、どうすれば企業は競争優位を獲得し維持できるか、どうすれば明確な戦略を開発できるか、という問いである。

特定の事業で競争力を保つ方法を理解できれば、それが企業としてさまざまな選択を行う際の基礎となる。多角化の選択においても、個々の事業の競争と切り離して考えたのでは賢明な決断はできないからである。第1部で論じる原則は、営利企業にとってだけでなく非営利組織にも当てはまる。(＊2)

第2部「立地の競争優位」(邦訳Ⅱ巻・第1部)では、立地《ロケーション》が競争において果たす役割について考える。競争が広がり、激化するにつれ、国、州、そして都市の競争力についての関心が急速に高まっている。テクノロジーによって企業の活動がグローバル化し、資本が国境を超えて自由に移動するようになるに従い、多くの理論家が立地の重要性は低下すると論じている。だが私は、第2部の各章でその考えに挑戦する。

私は、企業と国の繁栄が、競争が行われている地域の環境に依存していることを示した。伝統的には、地域や国の競争力は、主に投資と雇用創出を促す政府の管轄事項と見なされていた。しかし、本書が提示する新しいモデルによって、競争の環境を形成するうえで企業が果たすべき、これまで馴染みの薄かった役割を明らかにすることができた。企業、政府、他の地元諸機関との間に必要となる新しいタイプの関係について、あるいは政府が採用すべき新しい考え方の政策なども明らかになった。競争における立地の影響を理解することは、第1部の考察とともに、企業がグローバル戦略を設定するうえで不可欠な条件である。(＊3)

第3部「競争によって社会問題を解決する」(邦訳Ⅱ巻・第2部)では、第1部と第2部のフレームワークを利用して、社会に存在するさまざまな課題の解決に迫った。環境汚染、都市の貧困と所得格差、不十分な医療などは社会問題と位置付けられるが、どれも経済学と密接に結び付いている。わかりやすく言えば、競争の影響下にある。

私は最近、これらの問題を自力で永続的に解決できるかどうかは、競争から学んだ教訓を効果的に適用できるかどうかで決まる、という確信を深めている。環境問題やコミュニティの貧困、適切な医療にあずかれない人々の問題などに理にかなった方法で取り組むなら、社会と企業の双方に大きな利益がもたらされる機会が生まれるはずだ(*4)。

第4部「戦略・フィランソロピー・企業の社会的責任」(邦訳I巻・第2部)では、社会的組織と営利企業の両方に対し、戦略の原則を踏まえた社会貢献事業や寄付・助成のあり方を論じた。今日、社会的ニーズが増す一方で公的財源は乏しい。真の価値を提供する社会貢献事業が強く求められているゆえんである。

さまざまな助成に使われる莫大なお金は、その多くが市民の税金でまかなわれているのだから、社会セクターはその支出を正当化できなければならない。もはや社会貢献活動を支援している、ということだけで支出を正当化できる時代ではない。助成や寄付は社会に真の価値をもたらすものでなければならないのである。

企業部門はかつてないほど社会問題への取り組みを求められており、それはしばしば企業の社会的責任(CSR)というラベルを貼って実施されている。どの社会問題を対象とすべきか、どのように取り組むべきか、助成や寄付はどのように行うべきか——これらは、すべての企業リーダーが結論を出すべき緊急の問題である。

これらの問題を正しく扱うためのカギは、社会問題と経済問題は、相互に排他的な、あちら立てればこちら立たずの関係ではなく、第3部で強調されているように、相互に補完し合う関係にあることを理解することだ。社会の課題に向き合うことは企業の戦略の一部であって、事業と切り離された別の問題ではないのである。

第5部「戦略とリーダーシップ」(邦訳I巻・第3部)では、優れた価値創造を実現するためにはリーダーシップが必要であることを論じた。あらゆる組織において、戦略の策定はリーダーの仕事であり、戦略は組織の全員を共通の目的と方向に向かわせるために利用できる最強のツールである。

リーダーシップと同じくらい重要なのがリーダーの役割だが、我々はそれについて驚くほど何も知らない。フォーチュン100とか500といった大きく複雑な組織のリーダーについては、特にそのことが当てはまる。そのような組織では、一人のリーダーがすべての事業を完全に理解するには大きすぎるし複雑すぎる。何千人もの従業員の管理などできないし、全決定のごく一部さえ下せないのが現実である。このような組織では、リーダーの役割は微妙で間接的なものとなる。我々は近年、このようなリーダーの役割についての研究に着手している。

競争と戦略――本書の根幹を成す概念

本書は、第1章「五つの競争要因」(邦訳I巻・第1章)から始まる。一九七九年に初めて出版されて以来、ビジネスの現実とアカデミックな思索に大きな影響を与えてきた論考の更新版である。すべての企業の業績は、その源泉を二つの面に求めることができる。一つは、その企業が属する業界の収益性、もう一つは、その業界の中での当該企業の相対的な収益性である。私の理論の全容を理解したいと思う人から、何を最初に読めばよいかと尋ねられることがある。「五つの競争要因《ファイブ・フォース》」なら知っているという人にも、この章は必須の入り口である。この新版では、ストラテジストと投資家にとっての業界分析の意味についても掘り下げている。

戦略の失敗の多くは、競争とは何か、競争はどう進行するのかについての根本的な認識間違いから始まる。競争は狭く定義されることが多く、まるで直接のライバル企業との間だけで起こっているかのように考えられている。この章では、経済理論に立脚して、あらゆる業界の競争を評価するフレームワークを提示した。また、あらゆる業界の構造を評価するための体系的な方法と、業界構造がどう変化するかも論じた。(*5) 五つの競争要因のフレームワークは、業界の競争構造に焦点を合わせ、業界の平均的収益性に大きな差があるのはなぜか、それが継続するのはなぜか、その事実を戦略にどう活かせばよいのかを説明する。五つの要因――買い手《バイヤー》の交渉力、サプライヤーの交渉力、新規参入者の脅威、代替品・代替サービスの脅威、企業間競争の激しさ――は、あらゆる産業の長期的な収益性を決める要因を説明し、どうすれば自社に有利な方向に競争を導けるかを示すものである。

第2章「戦略とは何か」（邦訳I巻・第2章）は、収益性の方程式の後半、すなわち、なぜライバルを上回る業績を上げられる企業があるのか、に迫っている。私が最初にポジショニング、すなわち業界において競争を優位に進める方法を論じたのは『競争の戦略』においてであった。同書で私は基本戦略《ジェネリック・ストラテジー》の概念を発表した。(＊6) 次に私は『競争優位の戦略』でバリューチェーンの概念を導入し、その考察をさらに前に進めた。この章は一九九六年に最初に刊行された論文で、ポジショニングの概念を大きく前進させたものである。

企業は、競争相手よりも高い価格または低いコストのいずれかを達成することによって、業界内で高収益を実現する。本章は、競合する企業間に存在する価格やコストの相違は、業務効果（operational effectiveness）（企業がベストプラクティスを達成しているかどうか）と、戦略的ポジショニング（strategic positioning）という二つの異なる源泉から生じていることを示した。

ベストプラクティスの実現を競うことを、私は「最高を目指す競争」と呼んでいる。すべての企業は自社の活動の業務効果を高め続けなくてはならないが、それは誰にとっても勝つのが難しい競争である。収益性の違いは、確固たる戦略的ポジションによってもたらされることが最も多い。それを私は「ユニークネスを目指す競争」と呼んでいる。ユニークネスを目指す競争は、最高を目指す競争よりも持続可能性が高い。本章はなぜそうであるのかを説明する。

この章は、戦略的ポジショニングの根底にある理論を提示している。戦略の違いはバリューチェーンにおけるさまざまな活動（activities）――ロジスティックス、受注処理、製品設計、組み立て、社員の教育訓練など――への取り組みの違いによって決まる。戦略はトレードオフと適合性《フィット》によって持続可能になる。トレードオフとは、ある特定のタイプの価値を提供すると決めたら他の価値の提供は追わないということであり、適合性とは、バリューチェーン内の複数の選択肢を結び合わせるということである。企業の競争優位は、競合他社とは異なるトレードオフを内包する独自のバリュープロポジションを、多数の活動が適合し補強し合うバリューチェーンを通じて提供できるかどうかで決まる。

第1部の最初の二つの章では、個別の企業レベルで戦略を策定する際の中核的フレームワーク（業界構造と競争的ポジショニング）を論じた。それに続く二つの章では、現代の競争において情報技術（IT）が果たす普遍的な役割を検証する。いずれの章でも、中核的なフレームワークを援用してイノベーションを理解する方法を論じた。

第3章「情報技術がもたらす競争優位」（邦訳I巻・第3章）は、ITが競争において果たす役割の包括的な議論である。ビクター・ミラーと私は、ITが業界構造と競争的ポジショニングの両方で一定の役割を果たしていることを示唆した。五つの競争要因のフレームワークは、ITが業界に及ぼす影響を分析するための構造を提供し、バリューチェーンは、急速に進化している分野でITが競争優位に及ぼす影響を検証するための構造を提供してくれる。

これは何年も前に書いた論考だが、最新のトレンドの紹介ではなく、根底にあるコンセプトを論じているので、いまでも古びず有用な内容を提供している。これを読めば、新世代情報システムの競争上の意義を理解できるだろう。

私たちは「インターネットはすべてを変える」と何度聞かされたことだろう。第4章「戦略とインターネット」(邦訳I巻・第4章)では、競争におけるインターネットの役割を論じた。何が変わり、何が変わらないかを考察し、インターネットが自社の競争力に及ぼすインパクトを評価する方法を探った。業界構造分析はここでもまた、インターネットの強い力を解明しかねている組織に戦略的洞察をもたらす強力なツールとなる。

多くの人がインターネットによって戦略は時代遅れになると主張していたが、事実はその反対だった。この章は、なぜインターネットがそのパワーに見合った利点を提供していないのか、なぜ業界の収益性を弱めているのかを解明し、インターネットの登場によって戦略の重要性がかつてないほど高まっていることを論じている。

その延長でもあるが、この章では、テクノロジーの不連続性について戦略的に考える方法を論じている。イノベーションの研究のほとんどは、イノベーションは破壊的で、企業は手痛い打撃を被るだろうと推測している。業界構造を分析するツールは、新技術のインパクトを受けた業界が収益性を保てるかどうかを予測するのに役立つ。競争優位のロジックは、既存企業が新規参入企業よりも新技術を上手に利用できるのはいつ、どのような場合かを示し、企業(既存企業であれ新規企業であれ)が変化する業界の中で占めることのできる高収益ポジションを見つける方法を示唆する。

二一世紀には、優勢な業界の顔ぶれを変えるテクノロジーの革新が途絶えることなく続くと思われる。それは、周囲の至るところで、否が応でも競争を激化させる推進力である。私はかねがね、大きなテクノロジーの変化に直面した時、企業は戦略上の思考停止に陥って不利益を被ることが多すぎると考えている。

第1部の最初の四つの章は、単一の事業における戦略――私はそれを「競争戦略」(competitive strategy)と呼ぶ――を扱っている。これは戦略の中核レベルである。なぜなら、そこで業界の収益性が決まり、競争優位による優劣が決するからである。しかし、多くの企業は事業を多角化して複数の業界で競争している。そこで第5章「競争戦略から企業戦略へ」(邦訳I巻・第5章)は、もう一つの重要なレベルでの戦略、つまり複数の事業に多角化された企業全体の戦略――私はそれを「企業戦略」(corporate strategy)と呼ぶ――を扱っている。

多くのケースで、多角化が事業レベルの競争戦略とは切り離された別個の問題として扱われている。しかし、この誤った二分法によって多くの多角化が悲惨な結果に終わっている。それを最初に論じたのがこの論考であった。多角化を検討する際に、多様な複数の事業で競争することの現実を見ようとしない企業には、しばしば悪いことが起こる。

第5章は、企業戦略は競争戦略とは異なる問題を含んでいるものの、二つの戦略には密接な結び付きがなくてはならないということを論じている。業界という視点から見ると、企業戦略とは、企業がどの業界で事業を行うべきか、どのようにその業界に参入すべきかの選択に関係している。競争優位の立場からは、企業レベルでの中心的な問題は、各事業単位の競争優位が他の部門によっていかに強化されているかである(損なわれるようなことがあってはならない)。

この章も、業界構造とバリューチェーンの概念を使って、これらの質問をもう一度掘り下げている。

そして、多角化の戦略的ロジックを理解するためには活動《アクティビティ》という概念をどのように使えばよいのか、多様化の成果を刈り取るためには企業戦略を組織体制と業務遂行にどのように結び付けなければならないかを示している。

この論考が最初に出版されてから久しい。企業が多角化を好む傾向はいまも続いているが、その結果には依然として問題が多い。事業ポートフォリオモデルには疑いの目が向けられるようになり、多数の企業で、多様化の根拠としてはコアコンピタンスやクリティカルリソースといった概念に取って代わられている。しかし、それらにしても単純化が過ぎるため、多角化の成果はいまも芳しくない。そうした経験から、事業レベルでの持続可能な競争優位と結び付かない多様化は、経済的価値を創出するより破壊する可能性が高いことがわかっている。

立地の競争力――グローバル化時代に高まる重要性

競争戦略と企業戦略の中心にある考えは、あらゆる競争状況を検証する際のベースになる。国境を超える競争においてもしかり。今日、競争はしばしば国境を超えて展開する。企業は、国レベル、地域レベル、そしてグローバルレベルの戦略を携えて、地理的に複数の場所をまたいで競争している。同時に、国や地域は、他の国や地域と競争して、企業が事業を展開しやすい環境を提供しなければならない。

複数の立地間で競争を行っている企業や国には、二つの新しい考え方が必要である。第一は、競争において立地が果たす役割についての認識である。国境を超えて競争する企業は、活動の場をどこにでも置ける能力を身につける。その際、場所が競争優位に及ぼす影響は、企業にとって死活的重要性を持っている。それは、政府が経済発展のための政策を立案するうえでも決定的に重要である。第二は、地域や国の境界を超えて、バリューチェーン内の活動をどのように分散させ、どのように調整すれば、競争優位を獲得できるかを理解するということである。バリューチェーンは、貿易や投資の障壁が撤廃され、新しい国が費用対効果の高いアウトソーシングを提供し始めるにつれ、かつてないほど国境を超えて広がっている。

第2部は、立地（location）の問題から始まる。第6章「国の競争優位」（邦訳Ⅱ巻・第1章）は、国や州やその他の地理的区分が持つ競争力に関する新しい理論を展開している。国の競争力についての議論は、ほとんどマクロ経済政策（政府の財政赤字、通貨政策、市場開放、民営化など）か、その国に備わっている投入資源《インプット》（労働力、天然資源、資本など）による比較優位の議論に終始している。しかし、この章での私の主張は、立地の競争力は、主に立地が企業に提供する事業環境の性質に根差しているというものである。

これは従来の考え方とは非常に異なっている。労働や資本や天然資源へのアクセスは、もはや競争力の源泉ではなく、繁栄を約束してはくれない。なぜなら、それらはどこでも手に入るから。競争力は、企業が投入資源をどれほど効率よく使って、価値ある財やサービスを生産するかにかかっているのである。

ある立地での生産性と繁栄の可能性は、企業がどの業界で競争しているかで決まるのではなく、どのように競争しているかで決まる。ハイテクかローテクかとか、製造業かサービス業かといった昔ながらの区別は、製造とサービスの境界が曖昧になり、あらゆる業界が先進的な技術や高度なスキルを持つ人材を採用できるような経済においては、ほとんど意味を持たなくなっている。

この章は、企業の生産性は立地している国や地域の競争環境によって大きな影響を受けることを示している。この章は競争力のダイヤモンド理論を紹介する。ダイヤモンドには四つの主要な側面——要素条件、需要条件、企業戦略と競合状況、関連産業と支援産業——があり、政府の政策は、これら四つの側面のすべてにプラスまたはマイナスの影響を与える可能性がある(図式化すれば野球場のダイヤモンドのよう形になる)。この章は、競争力の源泉を掘り下げ、それがどう変化するか、政府と企業にどんな影響を及ぼすかを探る。ダイヤモンド理論は、経営者のためのツールであるだけでなく、政府のためのミクロ経済学的な経済発展のアプローチでもある。(*7)

第7章「クラスターと競争」(邦訳Ⅱ巻・第2章)は、私の競争力の理論体系の中で最も重要なアイデアの一つであるクラスター(cluster)の概念を追究している。クラスターとは、国や州あるいは都市に形成される、特定分野の企業、サプライヤー、関連業界、専門機関の地理的集中である。クラスターの例としては、金融サービスのウォールストリート、エンタテインメントのハリウッド、自動車の南ドイツなどがある。この章は、私が研究と実践の両面でクラスターについて学んだことに基づき、競争におけるクラスターの役割、政府の政策、企業の行動、諸機関(大学や業界団体など)にとってのクラスターの意味について論じている。

クラスターは経済先進国にあまねく見られる顕著な特徴であり、クラスターの形成なくして経済の発展はない。クラスターは経済と経済発展について考える際の新しい視点を提供し、企業や政府やその他の機関に新しい役割を与える。また、企業と政府、企業と大学の関係を構築する新しい方法を提供する。クラスターを形成するための取り組みが世界中で何百も立ち上がっており、この章では先進国と開発途上国の両方から事例の一部を紹介した。

第8章「複数の立地にまたがる競争」（邦訳Ⅱ巻・第3章）では、国境を超える競争の二つの側面——立地とグローバルネットワーク——を取り上げる。企業の活動とバリューチェーンは、一般論としての競争優位を理解するために重要な概念だが、それは国際戦略のための基本的フレームワークにもなる。国境を超える競争では、企業は立地の優位性をつかむために複数の国で活動することができ、分散した活動を調整してネットワークの優位性を活かすことができる。

第8章は、このフレームワークが特定の事業のグローバル戦略においてどのような意味を持つかを論じる。グローバル戦略は、本社やホームベース活動はイノベーションや生産性の利点を活用するためにクラスターが存在する立地に置き、それ以外の活動は各地に分散させて、低コストのインプットの調達や、海外市場へのアクセスを図るというものである。

調整（coordination）は、分散した一連の活動をグローバルネットワークに変える。グローバル戦略についての古い考え方は、世界で活動するという一点に注目していただけで、明らかに単純すぎた。場所は依然として重要であり、この章はグローバル戦略思考を次のレベルに引き上げることを目指している。また、グローバル戦略といっても、より一般的な地理間の競合の特殊なケースにすぎないことも明らかにした。全国レベルの企業になろうと努力している地方企業は、この枠組みを使えば適切な考え方を知ることができるだろう。

競争が社会問題に持続的な解決をもたらす

競争と価値創造を深く理解できれば、さまざまな社会問題に対する洞察力が得られる。第9章「環境対応が競争優位を生む」（邦訳Ⅱ巻・第4章）は、環境問題と企業の活動の関係を論じている。企業が環境基準に従おうとするとコストがかかるので、環境改善は経済競争力と対立すると見なされることが多い。しかし、そのような考えは、競争のダイナミズムを理解していない単純な見方である。この章は、競争理論を踏まえて、「環境対競争力」という二分法が間違っていることを指摘する。

新しい考え方では、企業は環境規制に対応しようと努める過程で資源の使用効率を高めることができ、競争力が高まるとされる。その効率の向上に終わりはない。この見方によれば、企業が発生させるあらゆる形態の汚染は、経済的浪費の兆候である。つまり、非効率な資源の使用、エネルギーの浪費、貴重な原材料の廃棄が行われている証拠である。よりよい技術や方法で環境パフォーマンスを改善することは、しばしば生産性を高め、改善のためのコストを相殺する（部分的相殺に留まる場合もあるが）。これは、環境問題に取り組む人々の間で「ポーター仮説」（Porter Hypothesis）として知られている。(*8)

そのためには、政府による環境規制は、基準は引き上げてもそれを達成する手段は企業の選択に任せ、規制自体から生じる不要な取引コストを抑制し、製品とプロセスのイノベーションを促進するということが重要である。[*9] この論考は、かつて激しい議論を呼んだが、いまでは広く受け入れられている。特に実際に環境改善の現場で働いている人々の間では受けがよい。企業は環境改善を、規制に従ってしぶしぶやるのではなく、生産性と競争力の向上に不可欠と考えて取り組まなければならない。

第10章「インナーシティの競争戦略」（邦訳Ⅱ巻・第5章）は、米国の都市中心部に見られる経済的困窮を論じた章である。都市の貧困は社会的な問題として認識されており、解決策の主眼はインナーシティの住民の緊急ニーズを満たすことに置かれている。しかし、この問題は経済的な問題でもある。健全な経済がなければ、健全なコミュニティもない。就業可能な仕事や、収入や富の創出につながる機会がなければ、どんなに社会的投資を行っても永続的な効果はおぼつかない。これまでインナーシティの経済発展のために多くの努力が払われてきたが、市場原理を無視したものが多すぎた。インナーシティの立地は競争上の不利を抱えているという前提に基づいて、経済開発は、多くの場合、非営利組織や移転する政府機関のビル建設の形を取った。さもなければ、多額の補助金を支出して、企業の合理的判断をねじ曲げてでもインナーシティに招き入れようとしてきた。

だがこの章は、競争上の不利な点に目を向けるのではなく、問題を逆手に取る。インナーシティに存在する競争優位に焦点を当てることによってしか、持続可能な経済発展は実現しないというのが私の主張だ。私は競争力に関する広範な理論をこの問題に当てはめ、米国の主要都市で数千の成功企業を生んだインナーシティの優位性を論じた。

そのような優位性に立脚した経済発展のアプローチは、ビジネス立地としてのインナーシティが抱える不利な点の解消だけでなく、最も困窮しているコミュニティへの対処にも有効だ。貧困削減を目指すアプローチから、雇用、所得、富の創出を目指すアプローチに切り替えるなら、都市の衰退は必ず避けられる。この主張から非営利団体のイニシアティブ・フォー・コンペティティブ・インナーシティ（ICIC）が生まれた[*10]。同団体はインナーシティの経済に関する研究を拡張し、理論を実行に移すのを助けた。私はこの考えを当てはめて農村部の経済発展の課題にも取り組んだ[*11]。

ヘルスケアは米国をはじめ、あらゆる国が直面しているもう一つの緊急の社会問題である。米国では、医療の高コスト構造と多数の無保険者の存在が引き金となって、医療システムの再構築をめぐる全国的な議論が起こった。第11章「競争による医療制度の再生」（邦訳Ⅱ巻・第6章）で、エリザベス・タイスバーグと私は、間違った競争が米国の医療システムを混乱させているという指摘を行った。逆に、正しい競争——患者にとっての価値を創造する競争——は、持続可能な解決をもたらす。医療の世界の価値は、支出額一ドルで実現した患者の健康に表れた効果によって定義される。この価値の向上を目指す継続的なイノベーションだけが、医療を配給制の世界に閉じ込めることもなく、質を低下させることもなく、医療のコストを管理することができる。実際、医療ケアのコストを本当に減らす唯一の方法は、ケアの質を向上させることだ。なぜなら、医療費は病気にかかるのであって、健康にはかからないのだから。

この章は、ヘルスケアの世界がなぜゼロサム競争——参加者が価値を増やそうとして競うのではなく、価値を奪い合うために競う――になったのかを探る。米国の医療の世界では、競争が間違ったレベルで、間違ったものをめぐって行われている。より多く儲けるための、あるいは他所から患者や保険加入者を引き抜くためのコスト移転が常態化し、労力が交渉力の蓄積に向けられることが常態化している。システムを修復するには、競争の中心を「誰が支払うか」から「誰が最高の価値を提供するか」にシフトさせる必要がある。この章は、医療がプラスサム競争でどう変わるかというビジョンを提示している。後に出版されたタイスバーグと私の共著『ヘルスケアを見直す』(*12)は、このビジョンをより広範かつ詳細に発展させ、どうすれば医療サービスを変えられるか、各アクターが患者の健康という価値創造に向かえるかを論じたものである。

第3部の各章は、経済政策と社会政策の新たな統合が始まったことを示している。これまでずっと、経済政策と社会政策は別物の扱いを受け、しばしば矛盾すると思われてきた。経済政策は、インセンティブを提供し、貯蓄と投資を促し、政府の介入を最小限にすることによって富を創出しようとしている。社会政策は、市場への介入、補助金、再配分に大きく依存しながら、教育その他の人間のニーズを提供すること、恵まれない人々を支援すること、さまざまな規制によって市民を保護すること、そして環境を保護することに集中している。

社会政策の立案者は市場を問題視し、市場の結果を修正しようとする傾向がある。経済政策の立案者は政府の介入を問題視する傾向がある。社会的権利の擁護団体は、しばしば企業を問題視する。企業は、社会的問題をみずからの関心領域の外に置き、しばしば社会組織を特別利益団体と見なす。企業は非生産的な介入によって縛られない強い経済こそが最善の社会プログラムだと考えている。

こうした古い二分法は時代遅れで間違っている。長期的に見れば、社会政策のゴールと経済政策のゴールは本質的に矛盾するものではない。生産的で成長力のある経済には、教育を受け、問題を起こさず、健康的で、きちんとした家に住み、チャンスをつかむ意欲のある労働者が必要である。企業活動による環境汚染は、資源を生産的に利用できていないということにほかならず、環境パフォーマンスの改善は競争力を高めることにつながる。

社会政策と経済政策が唯一ぶつかるのは手段においてである。再分配、補助金、市場介入によって社会目標を達成しようとする努力は失敗に終わり、その過程で、環境とインナーシティを扱った二つの章に示されているように顕著な経済的コストが発生する。同様に、労働者の訓練、安全、福利厚生を犠牲にして利益を上げようとするような経済行動も長期的には失敗に終わるだろう。

社会問題と競争を扱った各章は、経済目標と社会目標を調和させて同時に実現する新しいアプローチを示している。そのために必要なのは競争、イノベーション、価値創造への集中であり、市場を妨げるのではなく市場を通じた働きかけである。社会プログラムは、個人を市場から隔離するのではなく、市場で成功できるように備えさせる必要がある。環境問題や高額な医療費などの社会問題への取り組みは、イノベーションと競争を利用して根本的な原因に対処する方向に向かうべきであって、社会の他のグループにコストを付け替えるようなものであってはならない。

本書はこの原則の有効性を環境、インナーシティ、医療を例に取って示したが、この原則は社会保障、教育、住宅など、他の多くの社会問題にも当てはまる。

戦略、フィランソロピー、企業の社会的責任

社会問題に取り組むために、社会はすでに政府のみに依存することをやめている。今日では、財団や企業や無数のNGO（非政府組織）が関わるフィランソロピーが、しばしば政府と協力して、難しい社会問題を解決すべく何百億ドルもの資金を投入している。それだけに、稀少資源をこれほど大量に投入してどれほどの価値が生み出されているのかが懸念されてもいる。

第4部（邦訳I巻・第2部）では、フィランソロピーによっていかに価値を創造するかという問題をまず論じた。フィランソロピーの大半は、当然よい効果を上げるはずだという前提で助成や寄付といった贈与に向けられている。しかし、第12章「フィランソロピーの新しい課題」（邦訳I巻・第6章）で、マーク・クラマーと私は、多くの社会貢献を意図した寄付の多くが、本来可能なはずの効果を上げず、限られた社会的メリットしかもたらしていないという主張を行った。慈善事業家、特に財団が支出する巨額な資金は、社会的な機会損失を拡大させている。

この論考は、財団はただお金を出すだけではわずかな価値しか創造しないと主張して議論を呼んだ。真に価値を創造するためには、財団は助成金を出すだけでなく、意識的な戦略が必要である。この章は、財団が助成を通じて価値を提供する方法を見つけるためのフレームワークを提供している。どのような支援を行えば助成先の社会的インパクトが増大するか、どのような体系的投資を行えば財団が専門性を有する分野での取り組みが進むかを考える必要がある。財団には、活動分野を決める時に、

あるいは社会的インパクトをもたらす触媒的役割を果たす活動を選ぶ際に、明確な戦略に基づいた選択を行うことが求められている。

第13章「競争優位のフィランソロピー」（邦訳I巻・第7章）では、フィランソロピーの一般原則を企業による助成や寄付に適用した。企業は他のほとんどの機関よりも、社会問題への取り組みにおいて価値を生み出せる強力な資産を持っている。しかし、企業が社会的価値を創造する能力は、自社のビジネスに明確なつながりがある社会問題を選び、持てるスキルや資源や関係をそこに投入する場合にのみ発揮することができる。この章では、社会的パフォーマンスを改善すると同時に、長期的な事業の競争コンテキストを強化するウイン・ウインの機会がある分野を見つけ、助成や寄付をより戦略的に行うために使えるツールを提供する。

第14章「戦略と社会問題――競争優位とＣＳＲ」（邦訳I巻・第8章）では、企業と社会の関係に関する広範な問題を論じた。企業はかつてないほどその社会的影響を精査され、説明責任を問われている。だが、多くの企業はＣＳＲには防衛的な姿勢で取り組み、自社が実際に社会に及ぼす影響よりもイメージのことを心配している。しかし、企業の競争力と社会の進歩は、前述のように、別々のものでも相反するものでもない。この章は、企業と地域社会が交わる領域を解説し、社会的責任への取り組みと戦略を統合するためのフレームワークを提供する。社会的側面を戦略に統合することによって、多くの企業は戦略をより持続可能なものにすることができる。

第3部と第4部の各章は、全体として、戦略の原則は経済の発展にとってだけでなく、社会の発展にとっても基礎的条件となっていることを示している。社会にもたらされる価値という観点から考えると、社会に本当の違いをもたらす企業と、価値ある取り組みにただお金を出しているだけの企業はまったく別物であることがわかる。

戦略とリーダーシップ

第5部は、リーダーシップの役割に関する新たな研究を紹介する。企業、国、社会組織は、効果的なリーダーシップがなければ最大の価値を創出することはできない。しかし、私たちはこの微妙な問題についてほとんど知らないことが多い。特に大きく複雑な組織のリーダーシップについてはそのことがいえる。

第15章「新任CEOを驚かせる七つの事実」(邦訳I巻・第9章)で、ニティン・ノーリア、ジェイ・ローシュと私は、CEOの役割が他のシニアマネジャーとどう異なるかを見ることで、複雑な企業組織におけるリーダーシップの根底にある性質を検証した。この章は、「ハーバード新任CEOワークショップ」で得られたユニークな視点を活かして執筆された。同ワークショップは、新たに任命されたCEOが課題《アジェンダ》を設定し、変化に対応するのを助けるための集中プログラムである。これまでに、数十億ドル規模の企業から一〇〇人以上の新CEOが参加している。

この章は、新人CEOを驚かせる仕事の実態と、その驚きを通して得られるCEOのための教訓を紹介している。これを読めば、CEOとして成功するために戦略が特に重要なツールであることがわかる。この章は、現在も継続中のCEOを対象とする一連のリーダーシップ研究から生まれた最初の論文である。

拡大する「競争」のフロンティア

本書の読者には明らかであってほしいと願うが、私のすべての研究は、競争と価値創造についての中核的アイデアをめぐって展開されており、一貫した視点で貫かれている。一貫した中で、私のアイデアはもちろん常に進化し、時間の経過とともに広がり、新しい次元を取り入れてきた。

「五つの競争要因《ファイブ・フォース》」は、業界構造が競争のフィールドのあり方を決定する、という考えを一言で表す略語として定着した。「バリューチェーン」は、企業の活動という視点から見た競争優位を示す略語となった。すなわち、高い収益性は、企業がコスト引き下げを可能にする活動か、より高価な料金を請求できる能力の違いによってもたらされるということである。「戦略的ポジショニング」と「業務効果」は、戦略の本質と、それが他のマネジメント課題とどう違うかを理解するための本質的な区別となっている。「ダイヤモンド」と「クラスター」は立地が競争に及ぼす影響のありようを一語で示す省略表現となった。これら一連の重要なフレームワークは、社会問題に関する著作も含め、私のすべての著作に顔を出している。個々の概念についての理解も、それらの間のつながりについての理解も、私の中でたえず深められ、拡張されている。

競争と戦略を研究する中で、一つの疑問が次の疑問、そのまた次の疑問へとつながっていった。単一の業界での競争と戦略から、多角化が業界の競争に与える影響へと関心が広がった。ポジショニングについての初期の研究がもとで、企業を活動《アクティビティ》という視点から見るようになり、そこから価値創造を考えるためのフレームワークが形づくられた。マネジャーにとって戦略立案と他の仕事は何が違うかを考えていた時に、戦略と業務効果の違いが見えてきた。

企業の活動について考えていると、グローバリゼーションの影響や地理的な活動の広がりについてもあれこれ考え始め、立地はどれほど重要なのかという疑問が生じた。場所に目を向けたことで、国や地域の競争力の源泉へと関心が広がり、企業だけでなく競争において政府が果たす役割についても考えるようになった。

国や地域社会を詳しく見ていると、競争と価値創造の原則を喫緊の社会的課題——環境の持続可能性、都市の貧困、質の高い医療など——の解決のために使うにはどうすればよいかという問題に引き寄せられた。財団や他のフィランソロピー組織を通じて配分される社会の資源が増えるにつれ、私はそのような組織が、どうすればもっと効果的になるかという問題に注目した。

時間が経つにつれ、分析対象とすべき新しい単位《ユニット》は何かということを考えるようになった。分析の単位は企業という考えが支配的だった当時、私は初期の研究において「業界」という分析単位を強調した。競争優位は企業全体から生じるのではないことが理解できると、その後の研究では企業の「活動」を強調した。マネジメントの研究が、もっぱら社内で起こっていることだけに目を向けていたころ、私は地理的「立地」を研究対象に加えた。産業政策といえば産業や国だけに目が向けられていたころ、私は「クラスター」の役割を強調した。医療分野では、主に保険、病院、診療所に目が向けられていたが、私たちの研究は、健康状態と診療サイクルこそ価値創造の本質を担う単位であるということを特定した。

新しい問題意識が生まれ、新しいアイデアを発展させる中で、私は以前のものを再検討するように導かれた。企業が行う活動を通して企業を見ることによって、一般的戦略についての以前の考え方を精緻化し拡張した。いまでは私は業務効果と戦略を区別しているが、その区別はそれ以前の研究に立脚しており、区別することで得られた情報をそれ以前の研究に返している。新しい理論によってポジショニングについての私の理解は深まり、それをより密接に活動に結び付けることができた。この新しい研究では、「トレードオフ」と「適合《フィット》」というコンセプトを通して活動ベースの企業観を拡張することができた。

業務効果とポジショニングの区別は、他のさまざまな問題にも新たな光を当てた。たとえば、金融市場からの圧力は業務効果の改善を促す望ましい動機を生む可能性があるが、企業は真の優位性を持たないセグメントでの成長を追い求め、ユニークな戦略ポジションをしばしば傷つけている。

もう一つの例は、競争におけるＩＴの役割の評価に関連するものだ。新しいＩＴの多くは、ユニークなポジショニングを可能にするための努力にではなく、ベストプラクティス（つまり業務効果）の向上に向けられている。新世代のＩＴツールの潜在的な危険性は、あまりにも多くの企業が同じ方法でそれを適用しようとしているところにある。これは、意図せざる競争の均質化を招き、顧客の選択を制限し、相互に破壊的な競争を誘発するだろう。

立地に関する研究も、重要な新しいつながりを開拓した。それが最もわかりやすいのはグローバル戦略のコンセプトが充実したことだ。立地という要因は、業界構造と競争優位に明らかに影響を及ぼし、実現可能な競争の形態に影響を与える。ダイヤモンドの状態とクラスターの深さは、業界への参入障壁を上げ下げし、顧客やサプライヤーの力を変え、代替品の組み合わせ《ミックス》や脅威の程度を設定する。

立地は、国の経済において生じる競合状況にも影響を及ぼす。開発途上国における模造品や価格競争から、先進国におけるイノベーションや差別化に至るまで、競合状況にはさまざまなものがある。途上国では、立地の欠点が、魅力的な産業への企業の参入を難しくし、価格競争の激化を避けにくくしている。政府による介入と資本不足がしばしば競争要因を抑え込み、独占状態を継続させてしまうのも途上国にありがちな問題である。

さらに立地は、競争優位にも強く影響し、企業が選択する戦略のタイプや、導入して成功する戦略のタイプにも影響を及ぼす。地元のインフラの現状、現地従業員のスキルといったダイヤモンドの条件は、業務効率に直接的に影響する。ダイヤモンドの諸条件（現地ニーズの洗練度、ユニークなスキル・プール、関連産業の有無など）は、戦略的ポジション（顧客セグメントや製品のバラエティなど）のタイプや多様性に影響を与える。立地のビジネス環境は、戦略の選択に影響を与えるだけでなく、その戦略を実行する企業の能力にも影響を及ぼす。活動レベルでは、企業の独自性に大きく貢献する多くの経営資源、能力《ケイパビリティ》、スキルをどれだけ調達できるかは、明らかに立地の性質に依存するのである。

立地は企業戦略にも影響する。ダイヤモンドの条件は企業が提供する付加価値——それが競争優位に真の影響を及ぼす——に影響を与える。開発途上国では、親会社の資本提供能力とプロフェッショナルなマネジメントを導入する能力によって、価値が創出される。多くの新興経済国で大手コングロマリットが優勢なのはその理由による。先進国では、事業のポートフォリオマネジメントはわずかな価値しかもたらさず、事業の多角化のためには他のアプローチが必要である。ロジスティックスシステムやサプライヤー産業などのダイヤモンドの条件は、その立地でどのようなシナジーが生まれるかを決める。

多くの読者は、戦略に関する私の研究と、立地に関する私の考えとの間に明らかな矛盾があることに気づいている。まず、業界構造のフレームワークは、強力な買い手とサプライヤー、そして厳しい競合関係は収益性を押し下げることを示している。次にダイヤモンド理論は、地元の競争、要求の厳しい顧客、洗練された地元のサプライヤーが、高い生産性と迅速なイノベーションを刺激しサポートすることで競争力を育てると示唆している。どうすれば、この二つの視点に折り合いをつけることができるだろうか。

まず、単一の立地にある業界とグローバルな業界を区別する必要がある。一つの立地に好ましいダイヤモンドが存在すれば（地元の厳しい競合関係を含む）、そこに拠点を置く企業は、全体として見れば高いレベルの生産性を達成し、他の場所に拠点を置く企業よりも速く進歩する。現地市場での収益性は低いかもしれないが、そこに拠点を置く企業は世界的に見て優れた収益性を実現することができる。

折り合いをつけるもう一つの方法は、ある場所に拠点を置く企業が他の場所に拠点のある企業よりも競争優位をつかむ能力は、ダイヤモンドの状況によって左右されることを認識することである。しかし、業界の収益性の世界平均は、世界におけるその業界の平均的な構造に依存している。

立地に関する研究は、生産性を決定する要因を扱い、競争力のダイナミックな改善の重要性を強調する。業界構造のフレームワークと企業活動のフレームワークは、企業とその市場を理解するための知的枠組みを提供する。私の初期の探究は、より横断的なものであった（たとえば、ある時点である業界が他の業界より高収益なのはなぜか、ある企業が他の企業よりも高収益なのはなぜか、といった疑問に答えようとした）。これらは論理的な最初の質問であった。

しかし、業務効果とポジショニングについての最近の研究では、私はポジショニング、立地、ダイナミックな改善を結ぶ橋を構築しようとしている。それは、業務効果を改善し続ける必要性を強調する一方で、戦略を継続させる必要性を強調する。業務効果と戦略は、いずれも立地の影響を受ける。

社会問題を解決する競争の力

競争と価値創造を深く理解し、立地の研究によってその理解がさらに充実したことによって、競争と社会問題の関係という新しい研究のフロンティアが現れた。経済の競争力と社会の進歩は調和させることができ、同時に改善することができる。社会組織は価値創造の原則を受け入れることでパフォーマンスを向上させることができる。価値の創造をめぐって競争が行われるようになれば、社会的セクターは急速に進歩するだろう。

最後に、競争と社会問題の関連を理解しようとする過程で、私はフィランソロピー・セクターに目を向けるようになった。それは急速に成長しているセクターで、そこに注ぎ込まれている資源も急拡大している。山積する社会問題を解決する政府の能力には限界があることが認識されたいま、このセクターの活動を、社会に大きな価値をもたらすような仕方で展開することは喫緊の課題である。

まだまだ見出すべきつながりがある。競争と価値創造についての私の学びは、当分止まることはないだろう。ビジネス環境とテクノロジーに現れている多くの変化は今後、理論と実践に組み入れられていくだろう。そんな変化の一つが企業と資本市場の関係で、ほとんどの資本は個人による長期保有株ではなく、活発な売買を行う機関投資によって所有されるようになった。もう一つの展開は、経済戦略と社会戦略の融合であり、市場の枠組みの中で社会目標（たとえば環境保護）が追求されるようになった。しかし、そうしたトレンドは、それ自体が価値創造のカギを握っているわけではない。価値創造は、組織とその文脈を広く全体的に見る能力によってもたらされるのだ。戦略思考はこれまで以上に稀少で貴重なものになるだろう。

未来がどうなるかはわからないが、確かなことが一つある。それは、競争がこれからも進化し続け、我々の繁栄を時に揺さぶりながら、繁栄の多くをもたらす源泉となるということである。私の長年にわたる論考を集めた本書から、読者が一つのことを感じ取ってくださるとするなら、よりよい世界――企業と社会の両方にとって――を創造する競争の圧倒的なパワーであることを願いたい。

第1部 競争と戦略

COMPETITION AND STRATEGY: CORE CONCEPTS

第1章

五つの競争要因

THE FIVE COMPETITIVE FORCES THAT SHAPE STRATEGY

MICHAEL E. PORTER

｜初出｜
Harvard Business Review, January 2008.

競争はどこで起こっているか

戦略担当者の仕事は、突き詰めれば、競争を理解し、競争に対処することである。その際、競争を狭く定義して、いま直接対峙している企業との間で起こっているものだけを競争と見なす過ちを犯しがちだ。しかし、利益をめぐる競争は、「業界内のライバル企業」という範囲を越えて、「顧客」「サプライヤー」「将来の新規参入者」「代替品」まで広がる。これら「五つの競争要因《ファイブ・フォース》」によって拡張された競合関係によって、業界の構造と競争の性質が決まる。

企業の収益性を決める基本的ドライバーは、表面的には業界によって異なるように見えるが、根底にあるものは同じである。たとえば、グローバル化している自動車業界には、世界的な美術品市場や、規制の厳しいヨーロッパの医療サービス業界と何ら共通点がなさそうに見える。しかし、これら三つの業界それぞれについて業界内の競争と収益性を理解するには、五つの競争要因という視点から各業界の基本構造を分析しなければならない（**図表1-1**参照）。

五つの競争要因が激しく作用する業界――航空、繊維、ホテルなど――では、投資に見合う収益を上げられる企業は稀である。競争がさほど激しくない業界――ソフトウェア、清涼飲料、トイレタリーなど――であれば、多くの企業が儲けを手にすることができる。つまり、業界の基本構造が競争と収益性を決める。その業界が製造業かサービス業か、新興業界か成熟業界か、ハイテクかローテクか、規制が厳しいか緩やかかということとは関係がない。業界の短期的な収益性には、天候や景気循環な

図表1-1 | 5つの競争要因

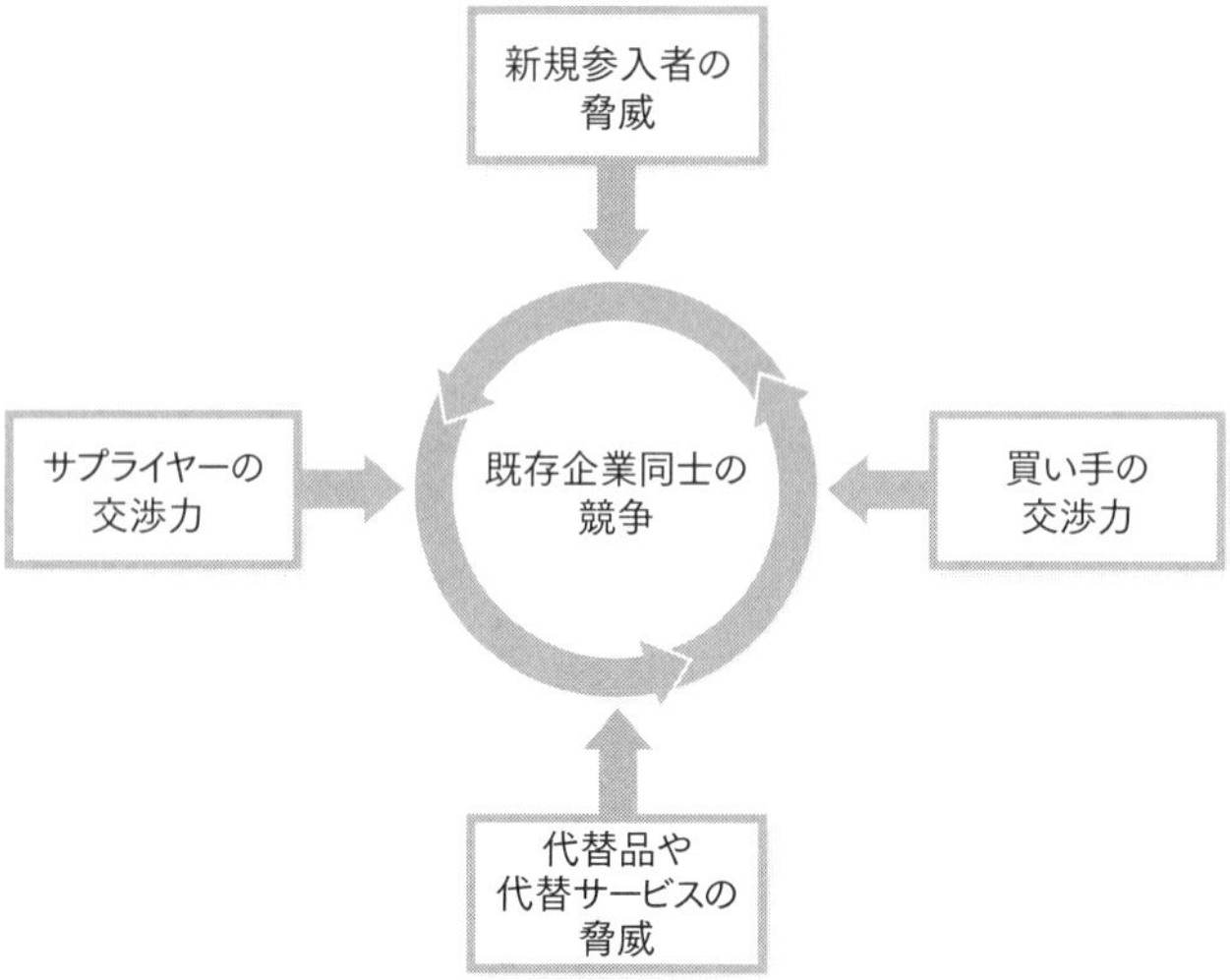

ど多数の要因が影響を及ぼしうるが、中長期的な収益性を決定付けるのは業界構造であり、その具体的な表れが五つの競争要因なのである（**図表1-2、図表1-3**参照）。

五つの競争要因とその根底にある原因を理解することで、何が現在の収益性を支えているかを理解できるだけでなく、将来の競争（および収益性）を予測し、みずからその競争に働きかけるために使える長期的フレームワークが得られる。

戦略担当者は、業界における自社のポジションだけでなく、業界構造が健全に保たれているかということも競争上の関心事とすべきである。戦略上有効なポジションを確保するためにも、業界構造の理解は欠かせない。

以下に示す通り、各競争要因から身を守り、これらを自分たちに有利なものにしていくことは、戦略上極めて重要である（章末のＢＯ

図表1-2 | 米国の業界別平均ROICの分布（1992〜2006年）

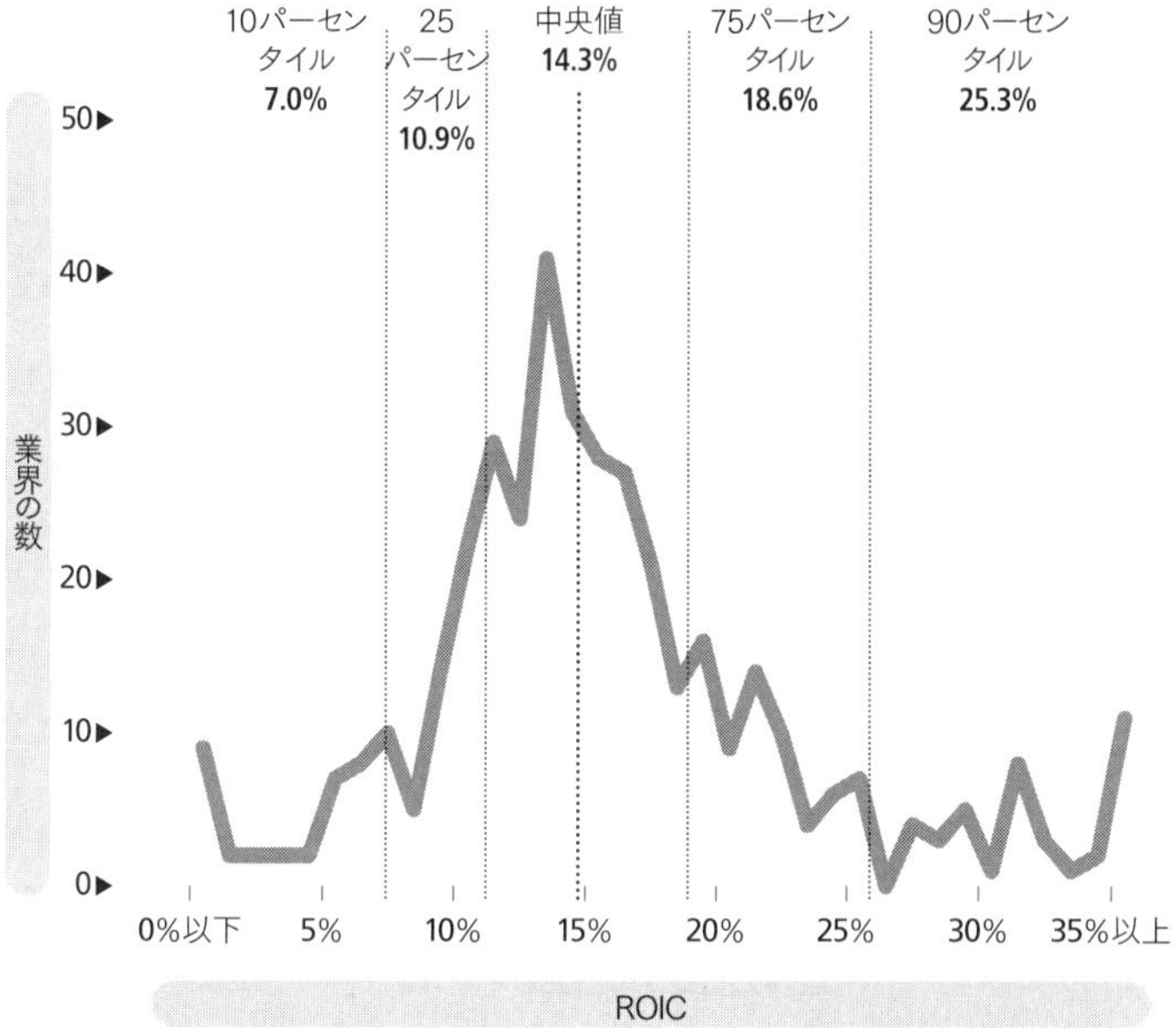

出所：スタンダード・アンド・プアーズ、コンピュスタット、および筆者の計算

ROIC（投下資本利益率）の平均値は業界によって大きく異なる。たとえば、1992〜2006年の期間で見た米国の各業界の平均ROICは、ゼロ以下から50％以上に幅広く分布している。高いのは清涼飲料や市販ソフトウェアなどの業界で、その収益性は対象期間を通じて航空業界のほぼ6倍である。

米国の各業界の平均ROIC

ROICは、株式投資のみならず戦略立案においても適切な収益性指標といえる。ROS（営業利益率）(*1)や利益成長率は、業界内で競争するうえで必要な資本を説明しない。ここでは、ROICを計算するに当たり、支払金利前税引前利益(*2)÷（平均投下資本−余剰現金）を用いている。この指標は、各企業や各業界の資本構造と税率における固有差を調整してくれる。

*1：ROS（Return on Sales）は、支払金利前税引前利益を売上高で除すことで求められる。
*2：多くの場合、税引後営業利益（NOPLAT：Net Operating Profit Loss Adjusted Tax）を用いる。

図表1-3 | 米国の各業界の収益性

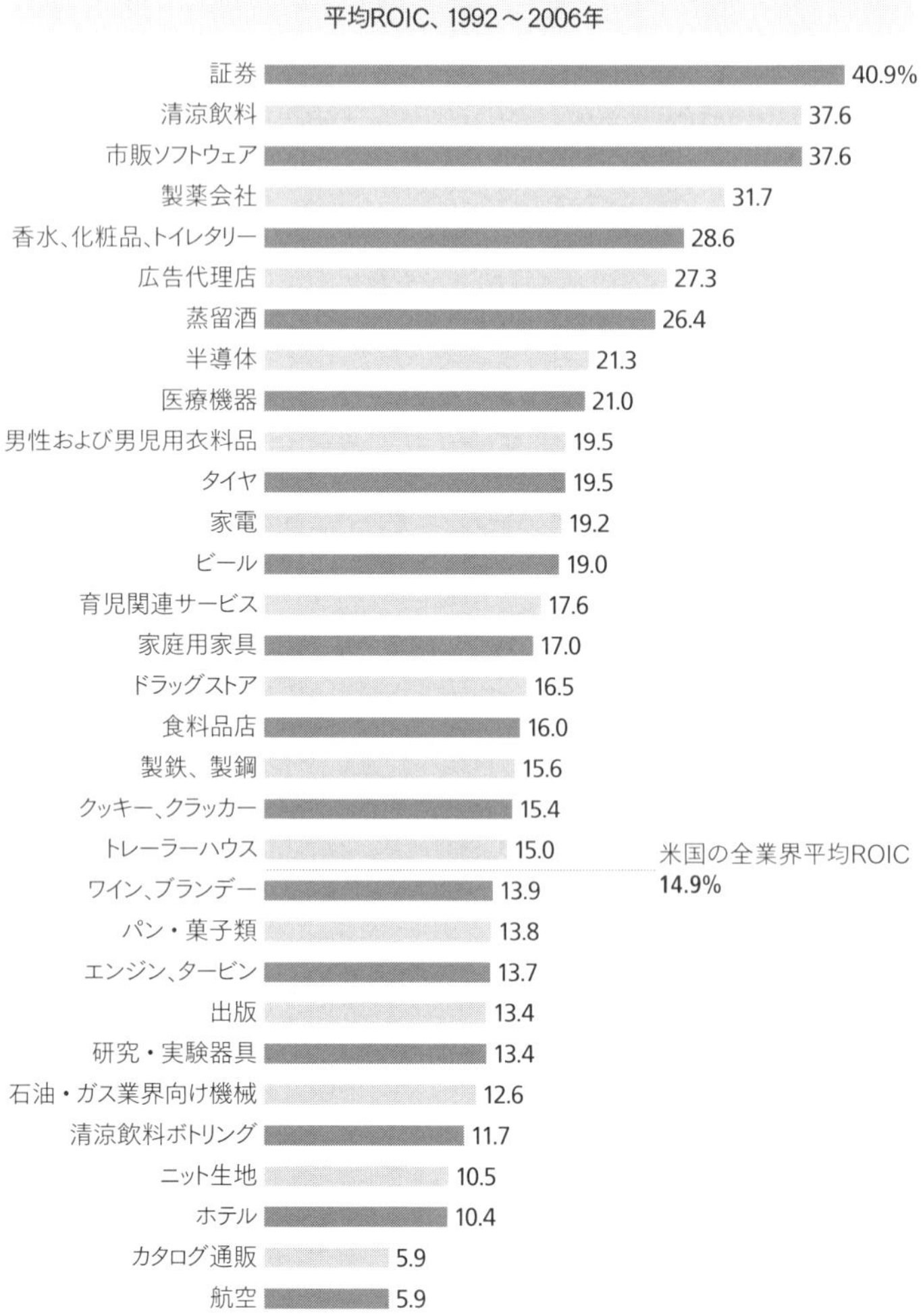

出所：スタンダード・アンド・プアーズ、コンピュスタット、および筆者の計算

X1-1、BOX1-2参照）。

競争を左右する「五つの競争要因」

五つの競争要因それぞれの影響力は、業界によって異なる。商業用航空機市場では、市場を二分する航空機メーカーであるエアバスとボーイングのつばぜり合い、および航空機を大量発注する航空会社の交渉力という二つの要因が優勢で、新規参入者の脅威、代替品の脅威、サプライヤーの交渉力は比較的穏やかである。映画館業界では、映画に代わる娯楽の増加や、不可欠なインプット（投入資源）である映画を供給する映画製作会社や配給会社の交渉力が無視できない。

最も強力な競争要因（複数の場合もある）が、業界の収益性を決定し、戦略の立案において何より重要なものとなる。だが、それが何かは、常に一目瞭然とは限らない。

たとえば、日用品を扱う業界では企業間競争が激しいことが多いが、それが収益性を制限する要因とは限らない。一例を挙げれば、イーストマン・コダックや富士フイルムなど、世界をリードする写真フィルムメーカーがデジタル写真の出現で学んだように、写真フィルム業界の収益性が低下したのは、優れた代替品のせいだ。このような状況下では、いかに代替品に対処するかが戦略上の最優先課題となる。

それぞれの業界には、各競争要因の影響力を左右する一連の経済特性や技術特性があり、それが業界構造を形づくっている。本章では、すでに業界に参入している既存企業の立場から、そうした特性について検証していく。本章の分析は、裏を返せば、新規参入を検討している企業が直面する課題を理解することにも応用できる。

新規参入者の脅威――競争要因1

新規参入者は、新たな生産能力を業界に持ち込み、市場シェアを奪取しようとする。そのため、既存企業にとっては価格やコスト、迎え撃つために必要な投資に圧力がかかる。

とりわけ、新規参入者が他の市場から多角化を図っている場合、たとえばペプシコがボトル飲料水業界に参入した時、マイクロソフトがインターネットブラウザーの提供を始めた時、アップルが音楽配信事業に進出した時のように、確立された能力《ケイパビリティ》やキャッシュフローをてこに競争を仕掛けてくる場合には影響が大きい。

そのため、新規参入者の脅威は、その業界が持っている潜在利益に上限をつくる。この脅威が大きければ、既存企業は新たなライバルを阻止するために、値下げをしたり投資を増やしたりしなければならない。スペシャルティコーヒー販売への参入障壁は比較的低いが、それはつまり、スターバックスは店舗の改装やメニューの見直しに積極的に投資しなければならないということを意味する。

業界への新規参入の脅威は、現在の参入障壁がどれくらい高いか低いか、また新規参入者が既存企業からどの程度の反撃があると予測するかによる。参入障壁が低く、新規参入者が既存企業からの反撃はほとんどないと予想するなら、新規参入の脅威は高まり、業界の収益性は抑え込まれる。実際には新規参入がなくても、その脅威があるというだけでも収益性は低下する。

参入障壁

参入障壁とは、新規参入者に対して既存企業が有する優位性である。主に次の七種類がある。

(1) 供給側（サプライサイド）の規模の経済

規模の経済が生じるのは、大量生産によって単位当たりコスト（限界費用）が低く抑えられる場合である。大量生産すれば、固定費を分散したり、より効率的な技術を導入したり、あるいはサプライヤーから有利な取引条件を引き出したりできるからである。

供給側に規模の経済が働いていると、これが参入障壁となる。なぜなら、新規参入に意欲的な企業は、既存企業を押しのけるために大々的に参入するか、コスト劣位を受け入れるかのいずれかを強いられるからである。

規模の経済は、バリューチェーン内のあらゆる活動で見られる。どれが最も重要かは業界によって異なる。(*1) 半導体チップ業界の場合、研究開発、チップ製造、B2Cマーケティングに規模の経済が働き、インテルなどの既存企業はこれに守られている。スコッツ・ミラクル＝グロのような園芸用品を扱う企業では、サプライチェーンとメディア広告における規模の経済が何より重要である。宅配業の場合、全国的な物流システムとITに規模の経済が働いている。

（2）需要側（デマンドサイド）の規模の利益

需要側の規模の利益（ネットワーク効果としても知られる）は、その製品を買う顧客が増えれば増えるほど顧客がその製品に支払ってもよいと考える金額（支払意思額）（WTP：willingness to pay）が高まるような業界で生じる。

たとえば重要な買い物をする場合、買い手は大企業のほうを信頼することがある。IBMがかつて世界一のコンピュータメーカーだった頃、「IBMを買ってクビになった者はいない」といわれていたのを思い出す人もいるだろう。

買い手はまた、同じような顧客多数とつながる「ネットワーク」に参加していることに価値を見出すかもしれない。たとえば、ネットオークションの参加者がイーベイに集まるのは、ここが最大の取引候補を擁しているからである。

需要側に規模の利益が働いている場合、新規参入者から買うという顧客の意欲が制限され、新規参入者は顧客ベースを拡大するまで価格を低く抑えなければならない。それが参入障壁となるのが、需要側の規模の利益である。

（3）顧客のスイッチングコスト

スイッチングコストは、買い手がサプライヤーを変更する場合に生じる固定費である。このコストは、買い手が供給業者を変更する場合、たとえば製品仕様の変更、新製品を利用するための従業員研修、業務プロセスやITシステムの更新を行わなければならないといった理由で発生する。

スイッチングコストが高ければ高いほど、新規参入者は顧客の獲得に苦労することになる。ERP（統合型業務ソフトウェアパッケージ）は、スイッチングコストが極めて高い製品の一例である。たとえば、ひとたびSAPのERPを導入した場合、新たなITベンダーに変更するコストは、そこに組み込まれているデータ、SAP仕様になっている社内プロセス、広範な研修の必要性、各種アプリケーションのミッションクリティカル（二四時間三六五日、信頼性や耐障害性を確保する必要性）などについて考えると、天文学的に高くなる。

（4）資金ニーズ

競争のために巨額の投資が必要な場合、そのことが参入障壁となる。たとえば、各種設備のほか、顧客への信用供与、在庫の確保、参入当初の損失の補填などに必要な投資がこれに当たる。

特に、テレビCM枠の買い付けや研究開発など、回収の可能性が不透明で手当ての難しい支出に資金を振り向けなければならない場合、参入障壁は高くなる。大企業なら豊富な資金力でたいていの業界に参入できるかもしれないが、それでも分野によっては巨額の資金が必要になるため、参入できる企業は限られる。逆に、確定申告代行サービスや短距離貨物輸送といった分野はわずかな資金で済むため、参入は簡単である。

資金ニーズが参入障壁になるとしても、その影響度を過大評価しないことが大切である。業界の収益性が高く、その状態が続くことが予想されれば、そして資本市場が効率的に機能していれば、新規参入者は必要な資金を調達することができるからだ。たとえば、拡大志向の強い航空会社にとって、高価な航空機の購入資金を調達することは難しくない。それは航空機の転売価値が高いからであり、ほとんどすべての地域に路線が張りめぐらされている理由の一つはそこにある。

（5）企業規模と無関係な既存企業の優位性

既存企業の中には、企業規模とは関係なく、新規参入者が持ちえないコスト上あるいは品質上の優位性を備えているところがあるかもしれない。このような優位性は、独占的な技術、最高の原材料への優先的アクセス、地理的な優位性、揺るぎないブランドアイデンティティ、さらには生産性向上につながる方法を学習できる経験の蓄積などに由来する場合が多い。

そこで新規参入者は、このような優位性をすり抜けようとする。たとえば、新興のディスカウント小売業であるターゲットやウォルマートなどは、デパートががっちり押さえている既存の商業地域ではなく、独自の場所に店舗を構えている。

（6）流通チャネルへの不平等なアクセス

新規参入者は、言うまでもなく製品やサービスの流通チャネルを確保しなければならない。たとえば新しい食品を販売しようと思えば、値引きやプロモーション、懸命な営業努力などによって、スーパーマーケットの棚から他社の商品を追い出さなければならない。

卸売りや小売りのチャネルが限られていればいるほど、また既存のライバルによる流通チャネルの締め付けが厳しければ厳しいほど、新規参入は難しくなる。時には、この障壁があまりに高いため、新規参入者は流通チャネルを迂回したり、独自のチャネルを開拓したりしなければならなくなる。新興の格安航空会社（LCC）は、運賃の高い既存航空会社をひいきしがちな旅行代理店の介在を避けて、インターネット販売に注力している。

（7）政府の引き締め政策

政府の政策は、直接的に新規参入を妨げたり促したりすることがあるし、他の参入障壁を高めたり取り払ったりすることもある。また、許認可制や外資規制等によって、特定業界での新規参入を制限したり禁じたりする場合もある。酒類販売、タクシー、航空会社などの規制業種が端的な例である。

政府の政策は、特許制度の適用で独占的な技術を模倣から保護したり、環境規制や安全規制によって既存企業が持つ規模の経済を働かせたりして、参入障壁を高めることがある。もちろん、逆に新規参入を促す場合もある。そのような例として、直接的な支援では補助金が、間接的な支援では基礎研究への資金提供などが考えられる。後者においては、どの企業もその研究結果が利用できるようになり、規模の経済が働きにくくなる。

参入障壁によって業界がどの程度守られているかは、新規参入を検討しているかもしれない企業――スタートアップ企業、外資企業、関連産業の既存企業などさまざまな場合がありうる――の能力に照らして評価すべきである。本章の事例が示すように、どんな参入障壁が立ちはだかっていようと新規参入者が創造的な方法で障壁を乗り越えてくる可能性があることを、戦略担当者は忘れてはならない。

予想される既存企業からの反撃

新規参入を検討している企業が、既存企業からどのような反撃があると予測するか。そのことも、新規参入を実行するか見送るかの判断を左右する。反撃が激しく長期にわたるようであれば、その業界に参入した場合の利益は資本コストを下回る可能性がある。そのため、既存企業は新規参入者に対して、公式発言や対応を通じて「市場シェアを死守する」というメッセージを発するが、それは同時に、ほかにもいるであろう参入検討中の他社に向けてのメッセージでもある。

次のような場合、新規参入者は既存企業からの反撃を恐れる可能性が高い。

◉既存企業が新規参入者に対して猛烈な反撃に出たことがある場合。
◉既存企業が反撃のための資源を潤沢に持っている場合。たとえば余剰資金、融資枠、生産能力、流通チャネルや顧客への影響力など。
◉既存企業が、いかなる犠牲を払ってでも市場シェアを守りたいという理由で、あるいは、固定費が高い業界であるがゆえに生産能力をフル稼働させる必要があり、値下げに踏み切る可能性が高い場合。
◉業界の成長スピードが遅く、既存企業から削り取らなければ必要な販売量を確保できない場合。

新規参入を狙う企業にとって、参入障壁と予想される反撃について分析することは極めて重要である。新規参入しようとする企業にとってのチャレンジは、投資に見合う収益を失わないような方法で参入障壁を乗り越えることである。

サプライヤーの交渉力——競争要因2

交渉力の大きいサプライヤーは、他社よりも高い価格を課す、サービスの質を制限する、業界内の各社にコストを転嫁するなどして、より大きな利益を獲得できる。

コストの上昇を価格に転嫁できない業界の場合、交渉力の大きいサプライヤー（労働力の提供者を含む）の存在によって収益性が低下する可能性がある。たとえば、マイクロソフトがOSの価格を上げたことで、PCメーカー各社の収益性が落ち込んだ。PCメーカーは、移り気な顧客をめぐって激しい競争を展開しており、製品価格を値上げしようにもその余地は限られていた。

企業は、活動に必要なインプットを得るために、さまざまなサプライヤーグループに依存している。サプライヤーの交渉力が大きくなるのは、たとえば次のような場合である。

◉サプライヤーの数が、販売先の業界に存在する企業より少ない場合。たとえば、マイクロソフトがOS市場で独占に近い状態にあるのに対し、PCの組立メーカーが乱立していることなどがその典型である。

◉サプライヤーグループにとって、その業界での売上げがさほど重要でない場合。多数の業界に納入しているサプライヤーは、遠慮なく各業界から最大限の利益を上げようとするだろう。一方、サプライヤーグループの販売量や利益の大半が特定業界で占められている場合、サプライヤーは、ほどほどのプライシングによって当該業界を守ろうとしたり、研究開発やロビー活動を支援したりするだろう。

●買い手側の企業がサプライヤーを変更する際のスイッチングコストが高い場合。たとえば、特注装備の購入や操作方法の研修（金融の専門家たちに利用されているブルームバーグの情報端末など）に多額の投資をしているような場合、企業はサプライヤーを変更しにくい。企業の生産ラインにサプライヤーの生産施設が隣接しているような場合も、これに該当する（飲料メーカーと容器メーカーの場合など）。スイッチングコストが高ければ、買い手企業はサプライヤー同士に競わせることも難しい（もちろん、サプライヤーにもスイッチングコストがかかるかもしれず、それによりサプライヤーの交渉力が制限されるかもしれないことには留意しなければならない）。

●サプライヤーが差別化された製品を提供している場合。治療効果の高い特許薬を提供する製薬会社は、模倣薬（既発品と同じ主成分の薬）やジェネリック薬を提供する製薬会社よりも、病院、会員制健康医療組織（ＨＭＯ）をはじめ、医薬品の買い手への交渉力が強い。

●サプライヤーグループが提供するものに代替品がない場合。たとえば、パイロットの労働組合は航空会社に対して相当な交渉力を有するが、訓練を積んだパイロットの代わりがいないことがその一因である。

●サプライヤーグループが当該業界を川下統合する可能性が高い場合。このような場合、買い手側の業界内の企業がサプライヤーよりも儲けすぎていると、サプライヤーの市場参入を招くことになる。

買い手の交渉力――競争要因3

有力な買い手は、有力なサプライヤーとは逆に、値下げを迫り、品質やサービスの向上を求め（したがってコストが上昇する）、供給側業界の企業を競わせることで、業界全体の収益性を押し下げ、みずからの収益性を高めることができる。買い手がその影響力をてこに業界各社に交渉を迫る場合、特に価格感度が高い業界で価格引き下げ圧力をかけてくるような場合は、買い手の力は強くなるといえる。

買い手についても、サプライヤーの場合と同じく、さまざまな交渉力を有する注目に値するグループが存在しうる。買い手の交渉力は次のような場合に大きくなる。

◉買い手の数が少ない場合、あるいは買い手がサプライヤー一社の規模を超えて大量購入する場合。とりわけ固定費が高い業界では大口の買い手の交渉力が強くなる（たとえば情報通信機器、海底油田・ガス田採掘、大量生産される基礎化学品《バルク・ケミカル》など）。固定費が高く、限界費用が低いと、競合各社は値引きしてでも販売量を保って設備を常時稼働させなければならないというプレッシャーが強まるからである。

◉その業界の製品が標準化されている場合、あるいは差別化されていない場合。買い手は同等の製品をどこからでも調達できるため、サプライヤー同士を競わせる傾向が見られる。

◉買い手がサプライヤーを変更しても、そのスイッチングコストが低い場合。

◉買い手が川上統合によって製品をみずから生産する可能性がある場合。サプライヤーの収益が過大な場合にこの状況が発生することがある。清涼飲料やビールなどのメーカーは長年、容器の内製をちらつかせ、時には実際に生産して、容器メーカーに対する交渉力を維持してきた。


買い手グループの価格感度が高くなるのは、次のような場合である。


◉当該製品が、買い手の原価構造もしくは調達予算においてかなりの部分を占める場合。買い手は、消費者が住宅ローンを比較するように、あちこち物色し、粘り強く交渉する。逆に、当該製品が原価構造や支出において取るに足らない程度であれば、一般的に買い手の価格感度は低くなる。

◉買い手グループの利益が小さい場合、現金が不足している場合、あるいは調達コストを下げる必要に迫られている場合。逆に、儲かっていて現金も潤沢な買い手は、一般的に価格感度が低い（もちろん、当該製品が買い手の原価構造においてそれほどの部分を占めていない場合）。

◉何を調達しても、買い手の製品やサービスの質にほとんど影響しない場合。反対に、調達する製品次第で品質に大きな差が生じる場合、買い手は通常あまり価格にこだわらない。たとえば、大手映画製作会社が撮影用の高性能カメラを購入またはレンタルするような場合、価格は気にせず、最新機能付きで信頼性の高いものを選ぶ。

◉何を調達しても、買い手の他のコストにあまり影響がない場合、買い手は価格にこだわる。反対に、調達する製品やサービスによって、性能向上、人件費削減、原材料費削減などの効果が生じて儲けが大きくなるような場合には、買い手は価格よりも品質に関心を払う。このような製品やサービスの例に、税務会計や油田検層（地下の油井の状況を測定する作業）があり、高品質のものを購入すれば買い手はコストを節約できるだけでなく、より大きな利益を生み出すことすらある。同様に、たとえば投資銀行業務など、パフォーマンスが低いとコスト高や面倒な事態を招きかねないサービスの場合も、価格にこだわらない傾向がある。

以上のような買い手の交渉力の源泉は、個人消費者でも法人顧客でもほぼ等しく当てはまる。消費者も、法人顧客同様、差別化されていない製品、自分の所得に照らして高額な製品、性能はそれほど重要ではない製品を購入する場合、価格感度が高くなりやすい。大きな違いは、消費者のニーズは漠然としていて定量化が難しいことだ。

中間顧客、すなわち製品は購入するがエンドユーザーではない顧客（たとえば組立業者や流通チャネルなど）も、他の買い手と同じ方法で分析できるが、一つ補足しておくべき重要な点がある。それは、中間顧客が交渉力を発揮できるのは、川下の顧客（中間業者の顧客やエンドユーザーなど）の購買意思決定に影響を及ぼせる場合である。家電製品や宝石商、農機販売業などは、最終顧客に強い影響を及ぼすことができ、したがって交渉力を発揮できる流通チャネルの好例である。

生産者は、特定の卸売業者や小売業者と独占契約を結んだり、エンドユーザーに直接マーケティングを展開したりして、流通チャネルの影響力を弱めようとする。部品メーカーは、川下の顧客が自社の部品を選ぶようにすることで、組立業者への影響力を強化しようとする。自転車部品や甘味料などに、そのような例を見ることができる。デュポンは、カーペット用素材のステインマスターを、これを直接購入するカーペット製造業者のみならず、川下の消費者に向けて宣伝することで、大きな影響力を獲得した（デュポンは二〇〇二年、同ブランドを扱うインビスタ〈旧デュポン・テキスタイル・アンド・インテリア〉をコーク・インダストリーズに売却）。デュポンはカーペット製造業者ではないが、多くの消費者がステインマスターのカーペットをほしがった。

代替品の脅威――競争要因4

代替品とは、ある業界の製品やサービスと同等もしくは類似の機能を、異なる形で果たすもののことである。テレビ会議は出張の、プラスチックはアルミニウムの、メールは速達郵便の代替品である。サプライヤーにとっては、買い手の業界の製品が代替品に取って代わられる時、代替品の脅威が川下において、あるいは間接的に生じることがある。たとえば、郊外の戸建て住宅が都市部の集合住宅に取って代わられると、ガーデニング関連の製品やサービスが脅威にさらされる。旅行代理店が航空会社のウェブサイトや旅行関連のウェブサイトに取って代わられると、旅行代理店向けのソフトウェアが危機にさらされる。

代替品は常に存在しているが、姿形が既存の製品やサービスとあまりにも違っているため、見落とされやすい。つまり、父の日のプレゼントを探している人にとっては、ネクタイの代替品は電動工具かもしれない。あるいは、なしで済ませる、新品ではなく中古品を購入する、自前で済ませる（たとえば製品やサービスの内製化）なども代替品の一種といえる。

代替品の脅威が大きいと、業界の収益性が低下する。代替品や代替サービスが現れると、価格に天井が生じ、業界の潜在利益は抑え込まれる。製品性能やマーケティングなどの手段で代替品を遠ざけないと、業界の収益性は低下し、将来の成長も見込めなくなる。

代替品は、通常時の利益を制限するだけでなく、好況時に享受できるはずの大きな儲けを削り取ってしまう。新興経済国では、携帯電話を最初にして唯一の電話として選ぶ消費者が多く、固定電話の需要が伸び悩んでいる。

代替品の脅威が高まるのは、次のような場合である。

◉代替品によって、よりコストパフォーマンスの高いトレードオフが生まれる場合。また、代替品の相対的価値が高いほど、業界の潜在利益は抑え込まれる。たとえば、従来の長距離電話会社は、ボネージやスカイプなど、格安のインターネット電話サービスの出現に苦しんでいる。同様にレンタルビデオ店は、ケーブルテレビや衛星放送のビデオ・オン・デマンド・サービスの出現、ネットフリックスなどのオンライン動画配信サービス、グーグルが運営するユーチューブなどのインターネット動画サイトの台頭に悩まされている。

◉買い手が代替品に乗り換えるスイッチングコストが低い場合。たとえば、特許のあるブランド薬からジェネリック薬への乗り換えは通常わずかなコストで済むため、ジェネリック薬への切り替え（そして価格の下落）が大規模かつ急速に進んでいる。

戦略担当者は他業界での変化、すなわちこれまでなかった魅力的な代替品の登場に十分注意すべきである。たとえば、プラスチック素材の改良により、多くの自動車部品で鉄の代わりにプラスチックを利用できるようになった。このように、一見関連がなさそうな業界における技術の変化、あるいは競争の不連続性によって、業界の収益性が大きく影響されることがある。もちろん代替品の脅威を、収益性と成長性を飛躍させる幸先となるよう、みずからの業界に都合よく導くことも可能である。

既存企業間の競合——競争要因5

企業間の競争の多くは、価格競争、新製品の投入、広告キャンペーン、サービスの改善など、お馴染みの形で展開される。競争が過熱するとその業界の収益性が制限される。競争によって業界の収益性がどれくらい抑え込まれるかは、第一に企業間競争の激しさの程度、第二にどのような面で競争が行われているかによって決まる。

競争が最も激しいのは、次のような場合である。

◉ライバル企業が無数に存在する場合、もしくはライバル企業の規模や影響力がほぼ同等である場合。このような状況下では、互いの事業を奪い合うようにならざるをえなくなる。業界リーダーがいないと、業界全体にとって望ましい慣行が徹底されない。
◉業界の成長率が鈍い場合。低成長はシェア争いに拍車をかける。
◉撤退障壁が高い場合。撤退障壁は参入障壁と表裏一体で、極めて専門的な資産、特定事業への経営陣の思い入れなどによって高まる。これらの撤退障壁があると、たとえ利益がわずかでも、また赤字であっても、市場から退出できない。このような病んだ企業が居座っているせいで、過剰設備が稼働し続け、その結果、健全な競合他社の収益性も落ち込んでしまう。

◉ライバルたちが、業界のリーダーシップを握ろうとして、その事業に全力を投入している場合。特に、業界の経済的パフォーマンスを上回る目標を設定しているような場合には、競争が激しくなる。事業に全力を傾ける理由はさまざまである。たとえば、政府系企業には雇用や威信といった目標があるかもしれない。大企業の事業部門ならば、イメージアップのため、あるいはフルラインで製品やサービスを提供するという目標があるのかもしれない。メディアやハイテク業界などの分野では、個性やエゴのぶつかり合いのせいで、競争が過剰になり、収益性が損なわれることがある。

◉互いをよく知らない、異なるアプローチで競争している、目標が異なるといった理由で、他社が発しているシグナルを理解できない場合。

競争の度合いは、競争がどれくらい激しいかだけではなく、どのような面で競争しているかをも反映している。どの次元で競争が起こっているのか、そして競合他社も同じ次元で競争に集中しているのかが、収益性に大きな影響を及ぼす。

競争が価格のみに向かっていくと、企業の収益は大打撃を被る。価格競争によって、業界の利益が顧客に移るためである。値下げは、競合他社に見えやすく、対抗的値下げを誘発しやすい。すると、さらなる値下げが行われる。値下げ合戦が続くと、顧客は製品の特性やサービスに関心を払わなくなっていく。

価格競争が起こりやすいのは、次のような場合である。

◉ライバル同士が同じような製品やサービスを提供しており、買い手のスイッチングコストが低い場合。このような場合、企業は顧客を獲得するために値下げに踏み切りがちである。長年にわたる航空料金の価格戦争は、このような状況を反映している。

◉固定費が高く、限界費用が低い場合。これにより各社には、価格を自社の平均費用以下、時には限界費用まで引き下げ、少しでも顧客を確保して多少なりとも固定費を回収しようというプレッシャーがかかる。製紙やアルミニウムなど素材産業の多くは、特に需要が低迷した場合、この問題に苦しむ。運送業も一定の配送ルートを抱えているため、量の多寡にかかわらず、サービスを提供しなければならない。

◉効率を高めるために、生産能力を増強しなければならない場合。ポリ塩化ビニール業界のように、生産能力の大規模な拡張が必要な業界では、業界内の需給バランスが崩れ、長期にわたって過剰生産と値引きが繰り返し発生する。

◉製品が陳腐化した場合。陳腐化が起こると、まだ製品に価値があるうちに、値引きして売り払ってしまおうという誘惑にかられる。多くの製品やサービスは、一般に考えられている以上に陳腐化しやすい。トマトが腐れば価値を失うように、コンピュータの各モデルもすぐ時代遅れになって陳腐化する。情報もすぐ行き渡ったり古くなったりして陳腐化する。ホテルの部屋も、使われなければ利益は回収できないという意味で陳腐化しやすく、価格競争に陥りやすい。

価格以外の次元――製品特性、サポートサービス、納期、ブランドイメージなど――で競争している場合、業界の収益性は損なわれにくい。顧客が享受する価値を高め、かつ高価格を維持できるからである。

また、主にそのような次元で競争するならば、代替品より高い価値を実現できると同時に、参入障壁を高くすることもできる。価格以外の競争でも、収益性を蝕むレベルまで発展することもあるが、価格競争の場合よりもその可能性は低い。

どのような面で競争しているのかと同じく、同じ次元で競争しているのかどうかも重要である。競合各社が顧客の同じニーズに応えようとしたり、あるいは同じ製品特性で競争したりすると、ゼロサム競争が生じる。誰かの利益は誰かの損によってもたらされることになり、業界の収益性は低下する。価格競争は価格外競争よりもゼロサムゲームになるリスクが高いが、各社が市場のセグメンテーションを行い、それぞれが異なる顧客に低価格を提供すれば、そのような事態は起こらないかもしれない。

競合各社が、異なる価格、異なる製品やサービス、異なる機能、異なるブランドアイデンティティを組み合わせ、異なる顧客セグメントのニーズに対応しようとする場合、競争がプラスサムゲームになることも、また業界の平均収益性を向上させることもありうる。

そのような競争は、より多くの顧客グループのニーズを満たすことになるため、平均収益性を押し上げるだけでなく、その業界を拡大させる可能性がある。さまざまな顧客グループを抱えている業界では、プラスサム競争のチャンスはより大きいといえる。

戦略担当者は、競争の基本構造をきちんと理解しておくことで、時には競争をプラスサムゲームへと転換させることができる。

競争要因と誤解されやすい要素

五つの競争要因の強さによって規定される業界構造は、業界の長期的な収益性を決定付ける。なぜなら、その業界が生み出す経済価値の分配、すなわち、業界内の企業がどれくらい利益を確保し、顧客やサプライヤーにどれくらい持ち去られるか、また代替品や新規参入者によってどれくらい利益を抑え込まれるかは、業界構造に左右されるからだ。

五つの競争要因をもれなく検討することによって、戦略担当者は、特定の要素《ファクター》に引きずられるのではなく、業界構造全体を意識するようになる。加えて、一過性の要素ではなく、業界構造に関わる条件に注意を向け続けることができる（BOX1-3参照）。

特に、その業界が持つ目につきやすい属性を基本的な業界構造と取り違えるという、よくある落とし穴にはまらないことが肝要である。その点を理解するために、以下の検討をしておこう。

業界の成長率

急成長を遂げている業界は常に魅力的である、と思ってしまいがちだが、よくある誤解である。業界が成長すると、パイが大きくなり、各社すべてにチャンスが与えられるので、競争は沈静化する。しかし、急成長によってサプライヤーの影響力が増す可能性もあるし、参入障壁が低ければ、高成長ゆえに新規参入者を呼び込みやすいということにもなる。

新規参入がなくても、顧客の影響力が強く、代替品が魅力的なら、成長率が高くても収益性が保証されるわけではない。事実、急成長しているPC業界などは、近年最も利益の薄い業界になっている。成長性に焦点を絞るのは、悪しき戦略意思決定の大きな一因である。

技術とイノベーション

先端技術やイノベーションは、それだけで業界構造の魅力を高める（または引き下げる）わけではない。ありふれたローテク業界でも、買い手の価格感度が低い、スイッチングコストが高い、あるいは規模の経済のために参入障壁が高い場合には、ソフトウェア業界やインターネット業界などライバルを呼び寄せる魅力度の高い業界よりも、よほど収益性が高いことがある。(*2)

政府

政府を第六の競争要因と見るのもよろしくない。なぜなら、政府の介入は本来、業界の収益性にとってプラスにもマイナスにも作用しないからである。政府が競争に及ぼす影響を理解する正しい方法は、政府の政策が五つの競争要因にどのような影響を与えるかを把握することである。

たとえば、特許は参入障壁を高め、業界の収益性を引き上げる。逆に、政府が労働組合に有利な政策を打ち出せば、労働力のサプライヤーの影響力が増し、収益性が低下する。たとえば破産規則が、破綻企業に対して市場退出せずに再建に取り組むことを認めると、過剰生産や過当競争が起こりかねない。政府は、さまざまなレベルで、さまざまな政策を通じて活動しており、個々の政策はさまざまな形で業界構造に影響を及ぼす。

補完的な製品やサービス

補完品とは、ある製品と一緒に利用される製品やサービスのことだ。二つを組み合わせて使ったほうが、それぞれの製品単独の価値を合計した場合よりも顧客が得られる便益が高まる場合、それは補完品といえる。たとえば、コンピュータのハードウェアとソフトウェアは一緒に使ってこそ価値があるが、別々では無意味である。

近年、戦略研究者たちは補完品の役割、とりわけハイテク業界における補完品の顕著な役割にスポットライトを当てている(*3)。しかし、補完品はハイテク産業だけのものではない。たとえば自動車の価値は、ガソリンスタンド、ロードサービス、自動車保険といった補完品を利用できる場合などに高まる。

補完品は、それが製品の需要全体に影響を及ぼす場合に重要度を増す。しかし政府の政策と同じで、補完品は業界の収益性を決定付ける第六の競争要因ではない。なぜなら、補完品は業界の収益性に直接的にマイナス（またはプラス）に働くわけではないからだ。補完品は五つの競争要因に影響を及ぼすことで収益性に作用するのである。

補完品が収益性に及ぼす影響を把握するために、戦略担当者は、補完品が五つの競争要因のそれぞれに与えるプラスとマイナスの影響を調べなければならない。補完品の存在は、参入障壁を高くもすれば低くもする。アプリケーションソフトの場合、その補完品であるOSの生産者、とりわけマイクロソフトがアプリケーションソフトを簡単につくれる一連のツールを提供したことで、参入障壁が低くなった。逆に、ビデオゲーム機のように、補完品であるゲームソフトの生産者を集める必要性がある場合、参入障壁は高くなる。

補完品の存在は、代替品の脅威にも影響を及ぼす可能性がある。たとえば、代替燃料自動車が既存の自動車に取って代わるのを難しくしているのは、それにふさわしい燃料補給所が必要だからである。その一方、補完品によって代替が容易になりうる。たとえば、アップルのｉＴｕｎｅｓによって、デジタル配信音楽はいっきにＣＤに取って代わった。

補完品は、業界内の競争を抑制することもあれば（補完品がスイッチングコストを上げる場合）、激化させることもある（製品の差別化を無意味にしてしまう場合）。買い手やサプライヤーの影響力に関しても、同様の分析が当てはまるだろう。

補完品の業界との取引条件を変えることで、自社の競争力を高めることもできる。ビデオレコーダーを製造する日本ビクター（ＪＶＣ）は、ライバルであるソニーの規格のほうが技術的には優れていたにもかかわらず、映画会社を自陣営に引き入れ、映画ビデオに同社の規格を使わせることに成功した。

補完品を見極めることも、競争を分析する作業の一部である。政府の政策や重要な技術と同様、戦略における補完品の重要性は、五つの競争要因への影響という視点で見る時、最もよく理解できる。

業界構造の変化

以上、ある一時点における競争要因について見てきた。業界構造は比較的安定していること、業界ごとの収益性の違いは、時間が経過しても実はそれほど変わらないこともわかった。とはいえ、業界構造はたえず微調整が進行しており、たまにそれが突然大きな変化をもたらすこともある。

業界構造の変化は、業界の内側から生じることもあれば、外側から生じることもある。業界の潜在収益性を高めることもあれば、低下させることもある。技術の変化や顧客ニーズの変化などによって起こるかもしれない。五つの競争要因は、業界が発展していくうえで最も重要なものは何かを特定し、かつ業界の魅力度に影響を及ぼすものは何かを予測するためのフレームワークとなる。

新規参入がもたらす脅威の変化

前述した七つの参入障壁のいずれかに変化が生じると、新規参入者の脅威は高まることもあれば低下することもある。

たとえば、特許が切れれば、新規参入者が押し寄せてくるかもしれない。メルクの高コレステロール血症治療薬ゾコールの特許が切れた日、製薬会社三社がこの市場に参入した。逆に、アイスクリーム業界では、商品が増えすぎて、食料品店の冷凍庫が物理的にいっぱいになり、北米やヨーロッパでは新たなアイスクリーム製造業者が流通にアクセスしにくい状況になっている。

有力なライバルの戦略上の意思決定によって、新規参入者の脅威に大きな影響が及ぶことが多い。一九七〇年代から、ウォルマート、Kマート、トイザらスなどの小売業者は、莫大な固定費を伴う、新たな調達システム、物流システム、在庫管理技術を採用し始めた。それには、物流センターの自動化、バーコード化、POS端末なども含まれる。これら一連の投資によって規模の経済が働き、中小の小売業者の参入（および既存の小規模プレーヤーの生き残り）がいっそう難しくなった。

サプライヤーまたは買い手の交渉力の変化

サプライヤーや買い手の交渉力を支えている要素が時間の経過とともに変化すると、その影響力が増大したり低下したりする。

グローバル化している白物家電業界では、エレクトロラックス、ゼネラル・エレクトリック（GE）、ワールプールなどが、小売チャネルの統合（家電専門店の衰退、米国におけるベスト・バイやホーム・デポといった大型量販店の台頭など）によって圧迫されている。

ほかの例として、旅行代理店が挙げられる。彼らは主要サプライヤーである航空会社に依存しているが、航空会社がインターネットによって航空券を顧客に直接販売できるようになったことで、代理店手数料引き下げの圧力が大幅に高まった。

代替品の脅威の変化

代替品の脅威も時間の経過とともに変化する。その理由は、技術進歩によって新たな代替品が登場したり、コストパフォーマンスの比較優位が変化したりするためである。

初期の電子レンジは大型で、価格も二〇〇〇ドルを超えており、既存のオーブンの代替品としてはお粗末だったが、技術進歩によって手強い代替品となった。また、コンピュータのフラッシュメモリーは、容量の小さいハードディスクの有用な代替品になるまでに改良されている。入手しやすさや補完品生産者の動向によっても、代替品の脅威は変化する。

新たな競争の出現

競争は通常、時間とともに激しさを増していく。業界が成熟すれば、成長は鈍化する。業界内の慣行が定着し、技術が広がり、消費者の嗜好が絞られるにつれて、各社とも同質化してくる。そして、業界の収益性が低下し、非力な企業は退出を強いられる。このような物語が繰り広げられている業界は、テレビ、スノーモービル、電気通信機器など、枚挙にいとまがない。

価格競争をはじめ、さまざまな競争に激化していく傾向が見られるが、回避できないわけではない。米国のカジノ業界では、この数十年間、激しい競争が繰り広げられてきたが、そのほとんどは、新たなニッチ市場や地理的セグメントを探すという方向でのプラスサム競争であった（たとえばリバーボート〈船上カジノ〉、有名不動産物件、米国先住民保留地、海外進出、家族客といった新たな顧客層への展開など）。そのため、価格の引き下げや、競争に勝つための負担を高騰させるような直接対決はあまりなかった。

Ｍ＆Ａ（企業の合併・買収）によって新たな組織能力《ケイパビリティ》や競争手法が持ち込まれることによって、業界内の競争は変質する。技術革新によっても競争のありようは変わる。個人向け証券業界では、インターネットの出現によって限界費用が下がり、しかも差別化が難しくなり、これまで以上に手数料競争が激化することになった。

業界によっては、コストや品質の向上のためではなく、競争の激化に歯止めをかけようとして合併や統合に向かう企業がある。しかし、競合他社を排除することはリスクの高い戦略である。五つの競争要因が教えるところでは、目の前のライバルを排除することで利益を手にしたような場合は、別の競合が登場したり、顧客やサプライヤーの反感を買ったりすることが多い。

ニューヨークの銀行界では、一九八〇年代と九〇年代、マニュファクチャラーズ・ハノーバーとケミカル・バンク（一九九一年に合併）、チェース・マンハッタン・バンク、ダイム・セービングス・バンクなど、商業銀行や貯蓄銀行の統合が急増した。しかし、今日のマンハッタンのリテールバンキング業界を見ると、ワコビア、バンク・オブ・アメリカ、ワシントン・ミューチュアル（二〇〇八年九月に破綻し、ＪＰモルガン・チェースに買収された）などの新手が参入しており、かつてないほど多様化している。

優れた戦略の四条件

業界の競争を形成する競争要因を理解することは、戦略立案の出発点である。業界の平均収益性はどれくらいか、それは時間とともにどのように変化してきたかについて、すべての企業が知っておくべきである。五つの競争要因によって、業界の収益性がなぜ現在のレベルなのかという理由を説明することができる。その理由がわかって、初めて業界の諸状況を自社の戦略に反映させることができるのである。

五つの競争要因によって、競争環境の最も重要な側面が明らかになる。それはまた、企業の強みと弱みを評価する基準にもなる。すなわち、買い手、サプライヤー、新規参入者、競合他社、代替品に対する自社の立ち位置がわかる。

何より大切なのは、業界構造がわかれば、どのような戦略行動が自社に有利に働くのかが見えてくることだ。それには、次のようなものが含まれる。

◉現在の競争要因により適切に対応できるよう、自社をポジショニングする。
◉競争要因における変化を予測し、それを自社の有利になるように活用する。
◉自社に有利な業界構造を新たに生み出すために、各競争要因のバランスを図る。

これらの可能性を組み合わせてうまく利用するものが、最も優れた戦略といえる。

最適なポジショニングを発見する

戦略とは、各競争要因に対する防衛策を講じること、あるいは各競争要因の影響が最も小さいポジションを業界内に見出すこと、と考えることもできる。

そのことを説明する例として、パッカー（本社はワシントン州ベルビュー）の大型トラック市場でのポジションについて考えてみたい。大型トラック市場の業界構造は、なかなかやっかいである。まず、買い手の多くが車両を多数保有する運送業者、もしくは大手リース会社であり、トラックを大量購入するに当たってはその影響力を行使して値引きを要求してくる。ほとんどのトラックが規制基準に従って製造され、その機能特性も似ているため、価格競争が常態化している。資本集約的であるため競争が熾烈で、景気循環の下降期にあってはとりわけそうである。また労働組合が労働力のサプライヤーとして大きな影響力を行使している。一八輪トラックに直接取って代わる代替品はほとんどないものの、貨物鉄道などの無視できない代替サービスが存在する。

このような状況下、パッカーは北米の大型トラック市場で約二〇％のシェアを誇るが、ある顧客層に焦点を絞る戦略を選択した。すなわち、トラックを所有して荷送人《におくりにん》と直接契約を結ぶか、大手トラック会社の業務を請け負う個人運送業者に焦点を絞ったのである。

トラックの買い手として、このような小規模運送業者の買い手としての交渉力は限られている。また、トラックへの愛着が強く、しかも経済的にもトラックに依存しているため、価格感度は低い。彼らは時間の大半をトラックとともに過ごし、自分のトラックに誇りを持っている。

パッカーは、そんな個人運送業者を念頭に置き、一連の機能、たとえば立派な仮眠スペース、豪華な革張りシート、防音の運転席、しゃれた外装などの開発にかなりの投資をした。また、同社のディーラー網は全米に広がっており、そこに行けば、買い手はソフトウェアを使って、トラックに自分らしさを演出するオプションを数千種類の製品から選択できる。このような特注トラックは、在庫を持たない受注生産で、六～八週間で納車される。パッカーのトラックは、空気力学を考慮した設計で、燃費を削減し、他のトラックよりも中古価値が高い。また、パッカーのロードサービスやＩＴを利用した交換部品の配送システムのおかげで、故障の際の修理時間を短縮できる。

個人運送業者にすれば、これらはすべて重要である。だからこそ、パッカーの顧客は一〇％高いプレミアム価格を支払う。同社のブランド、ケンワースとピータービルト（どちらもパッカーの子会社）は、トラックステーションにおけるステータスシンボルと見なされている。

パッカーの例は、自社が置かれた業界構造の中でのポジショニングの原則を端的に示している。同社は、業界において競争要因があまり作用しない部分、すなわち買い手の交渉力や価格競争をかいくぐれるところを見つけたのである。そして、そのセグメント内の各競争要因に対処するために、バリューチェーンのあらゆる部分を調整している。その結果、パッカーは六八年間連続黒字で、ＲＯＥ（自己資本利益率）がずっと二〇％を超えている。

五つの競争要因のフレームワークによって、業界におけるポジショニングのチャンスが明らかになるだけではなく、参入と撤退についても正しく分析できる。いずれも、「この事業にはどれほどの可能性があるか」という難しい問いへの回答次第といえる。

業界構造が貧弱あるいは弱体化しつつあり、企業がいま以上のポジショニングを確保できる見込みがない場合、撤退が考えられる。

逆に、新たな業界への参入を検討する場合、知恵の回る戦略担当者なら、買収の相場が上がる前に、五つの競争要因のフレームワークを用いて将来性の高い業界を見つけられるかもしれない。たいていの新規参入者にとっては魅力のない業界であっても、他社より低コストで参入障壁を乗り越えられるとか、当該業界の競争要因に対処しうる独自の能力があるといった理由で、自社にとっては魅力があるような業界が明らかになるかもしれない。

業界の変化を自社が有利になるように利用する

戦略担当者が競争要因とその基盤をよく理解していれば、業界に変化が生じた時、戦略上有利な新しいポジションを見極め、これを確保するチャンスが見えてくる。

ここ一〇年間における音楽業界の進化について考えてみよう。インターネットと音楽のデジタル配信の出現により、何千もの音楽レーベル（すなわち、アーティストを発掘し、その楽曲を販売するレコード会社）が生まれると予測した業界アナリストたちがいた。

彼らによれば、これは、トーマス・エジソンが蓄音機を発明して以来続いてきたパターン、すなわち三～六社の大手レコード会社が常に業界を牛耳ってきた状況を打破するものであった。その予測では、インターネットによって参入障壁が崩れ、新たなプレーヤーが音楽業界になだれ込んでくるとされた。

しかし注意深く分析すれば、決定的な参入障壁は物理的な流通システムではないことがわかったことだろう。むしろ新規参入は、大手レーベルが享受していた他のメリットによって妨げられていたのである。

大手レーベルは、大勢の新人アーティストを傘下に抱えることで、アーティストの発掘や育成に伴うリスクを分散し、このビジネスで避けることのできない失敗の影響を緩和できる。さらに重要なことは、大手レーベルには、有象無象を押しのけ、自社の新人アーティストの曲を顧客に届けられるという強みがあった。大手レーベルなら、ラジオ局やCD販売店に、新人アーティストのプロモーションに協力してもらうことと引き替えに、自社の有名アーティストを出演させることを約束するというような手も使える。新規レーベルがこれに対抗することはほぼ不可能だろう。大手レーベルの優位は変わらず、新規レーベルの登場はごく少数であった。

音楽業界の構造はデジタル配信によっても変化しなかったと言いたいわけではない。無許可のダウンロードは、違法とはいえ、強力な代替品となっている。音楽レーベル各社は、デジタル配信のための自社プラットフォームの開発を目指してきたが、大手レーベルはライバルのプラットフォームで楽曲を販売することを躊躇した。

この間隙を突いたのが、アップルの音楽プレーヤーｉＰｏｄをサポートするために二〇〇三年に立ち上げられたｉＴｕｎｅｓである。この新しくて強力なゲートキーパーの誕生を許してしまったことで、業界構造は大手レーベルに不利なものに変わってしまった。実際、大手レコード会社の数は、一九九七年には六社あったが、デジタル現象との戦いの中で、二〇〇八年現在四社に減っている。

業界構造が流動的な時には、新しく有望な競争上のポジションが現れるかもしれない。業界構造が変化すると、新たなニーズ、あるいは既存のニーズに応える新たな方法が生まれてくる。業界リーダーはこれらを見落としたり、追求しようにも過去の戦略のせいで身動きできなかったりする。中小のプレーヤーは、このような変化を利用する可能性が高い。さもなければ、その間隙は新規参入者によって埋められることになるだろう。

みずからの力で業界構造を変える

業界構造の変化で利益を得るのは、変化という避けがたい事態を認識し、それに対応する企業である。しかし企業は、起こった変化に対応するだけでなく、みずから変化を起こすことができる。それができる企業は、業界に新たな競争の方法を持ち込むことにより、五つの競争要因を自社に有利な形に変えることができる。業界構造を再構築しようとする企業は、自社の動きに競合他社も追随し、業界全体が姿を変えることを望む。その過程で他の多くの企業も恩恵を受けるが、最大の恩恵にあずかるのは、競争のあり方を自社に有利な方向へ変えたイノベーターである。

そのような業界再構築を実現する方法には、次の二つがある。

◉既存企業にとって有利になるように業界の収益性を再配分する。

◉プロフィット・プール（業界のバリューチェーンの各領域における利益の総和）全体を大きくする。

業界のパイを再配分するという方法では、利益をサプライヤー、買い手、代替品に向かわせるのではなく、競合する既存企業全体の利益を増やし、新規参入を防ぐことを目指す。プロフィット・プールを拡大するという方法では、業界が生む経済価値のプール全体を大きくし、既存企業、買い手、サプライヤーでこれを分け合う。

(1) 収益性を再配分する

業界各社の利益の取り分を増やすには、現在どの競争要因が業界の収益性を左右しているのかを見極め、そこに働きかけることが起点となる。すべての競争要因に影響を及ぼすことも可能である。ここでの戦略担当者の目標は、サプライヤー、買い手、代替品に流れる利益を減らし、新規参入者を抑え込むために吐き出す利益を減らすことである。

サプライヤーの交渉力を弱める方法としては、たとえば部品の規格を標準化してサプライヤーを容易に変更できるようにする、別のサプライヤーを開拓する、技術の変更によって交渉力の大きいサプライヤーグループを排除するといったことが考えられる。

顧客の交渉力に対抗する方法としては、買い手のスイッチングコストを引き上げるサービスを拡充する、顧客に直接アプローチする手段を開拓して交渉力の大きい流通チャネルへの依存を減らすといったものがある。

利益を蝕む価格競争を緩和するには、製薬業界に倣って、独自性の高い製品への投資を大規模に増やす、あるいは顧客へのサポートサービスを拡充するといったことが可能だろう。

新規参入者を追い払う方法としては、たとえば研究開発やマーケティングの支出を増やすなどして、競争の固定費を引き上げることが考えられる。

代替品の脅威を抑えるには、新しい機能を追加したり製品にアクセスしやすくするなどして、より高い価値を提供するとよい。たとえば、清涼飲料メーカーが自動販売機を導入したり、コンビニエンスストアというチャネルを利用し始めたことで、清涼飲料の買いやすさは他の飲料に比べて劇的に向上した。

北米の大手食品流通業者シスコは、業界リーダーがどのように業界構造を改善しうるかを示す好例である。食品流通業者は、農家や食品加工業者から食品や関連製品を購入して倉庫に保管し、レストラン、病院、社員食堂、学校、その他の外食サービス会社に配送する。参入障壁が低いので、食品流通業界は昔から、各地の企業がひしめき、モザイク化している。

競合各社とも顧客リレーションシップの強化に努力しているが、買い手の価格感度は高い。それは、食品がコストに占める割合が大きいからだ。買い手は、生産者から直接購入するとか小売業者を利用するといった代替手段によって流通業者を迂回することもできる。一方、サプライヤーたちは交渉力を振りかざしてくる。そのようなサプライヤーは、調理者や消費者によく知られている有名ブランドを保有する大企業である場合が多い。そのような理由で、業界の平均収益性は平凡な水準を超えることはなかった。

シスコは、自社の規模と国内展開の範囲に鑑みて、「自分たちは状況を変えられるかもしれない」と考えた。そこで、流通業者でありながら、製品仕様を外食市場向けにあつらえたプライベートブランドを立ち上げ、サプライヤーの交渉力を抑え込んだ。また、競争を価格から他へ移すために、信用供与、メニュー作成、在庫管理など、付加価値の高いサービスを買い手に提供することに力点を置いた。こうした手段によって、またＩＴや各地の配送センターへの投資拡大によって、新規参入のハードルは目に見えて上昇し、代替品の魅力は低下した。当然ながら、業界では統合が進み、収益性が高まっている。

業界リーダーは、業界構造の改善に特別な責任を負っている。なぜなら、構造改善には大企業だけが持っている経営資源が必要になることが多いからだ。また、業界構造の改善は、それを牽引した企業だけでなく、すべての企業に利益をもたらすので、公共性を帯びた取り組みといえる。とはいえ、構造改善の恩恵を最も多く受けるのは業界リーダーなので、リーダー企業には構造改善のための投資を行う十分な理由がある。実際、ただ市場シェアを拡大しようとすると、競合他社、顧客、サプライヤーの強い反発を引き起こしかねないので、業界構造の改善は業界リーダーに最大の利益をもたらす戦略上の機会といえるかもしれない。

ただし業界構造の形成には負の側面もあるので、それを理解しておくことが肝要である。競争上のポジショニングや事業慣行を軽率に変えると、業界構造を弱体化させかねない。市場シェア引き上げ圧力がかかったり、努力の方向が改善のための改善に流れたりすると、誰も勝者にならない新種の競争を引き起こすこともある。自社の競争優位を高めるような行動に出る際、戦略担当者は、そのせいで業界構造を長期的に弱める力学が働いていないか自問すべきである。

初期のＰＣ業界では、ＩＢＭが出遅れを取り戻そうとして、オープンアーキテクチャーを提供した。

これが業界標準となり、アプリケーションソフトや周辺機器などの補完品メーカーがここに集まってくるはずだった。しかし、ＩＢＭはその過程で、ＰＣに不可欠な部品、すなわちＯＳと半導体チップの所有権をマイクロソフトとインテルに譲るはめになった。ＰＣの標準化は、価格競争に棹を差し、サプライヤーへのパワーシフトが進んだ。つまるところＩＢＭは、未来永劫魅力に欠ける構造の業界において「三日天下」を取ったにすぎなかった。

（２）プロフィット・プールを拡大する

需要が拡大した時、品質が向上した時、業界固有のコストが低下した時、あるいは無駄が排除された時に、パイは大きくなる。そして、競合他社、サプライヤー、買い手が得るプロフィット・プールも増える。

プロフィット・プールが拡大するのは、たとえば、流通チャネルの競争力が高まった時、あるいは業界がこれまで取引していなかった隠れた買い手を見つけた時である。清涼飲料メーカーがその効率と効果を改善するために、独立系ボトラーのネットワークを合理化した時、清涼飲料メーカーとボトラーの双方に恩恵がもたらされた。

プロフィット・プールは、企業がサプライヤーと協力して連携のあり方を見直し、サプライチェーン内に生じた不要なコストを低下させた時にも高まる。こうして業界固有のコストが引き下げられれば、利益増か値下げによる需要増のいずれか、あるいはその両方がもたらされる。また、品質基準が制定されると、業界全体の品質およびサービスが向上し、それによって値上げが可能になり、競合他社もサプライヤーも、また顧客もその恩恵にあずかる。

プロフィット・プール全体が大きくなると、業界内のさまざまな企業にウイン・ウインのチャンスが訪れる。既存企業が、たとえばサプライヤーや買い手の交渉力を小さくしようとしたり、市場シェアをさらに増やそうとしたりすると、破壊的な争いが生じることがあるが、そのリスクを引き下げることも可能である。

しかし、パイが拡大しても、業界構造の重要性が低下するわけではない。大きくなったパイをどのように配分するかも、結局は五つの競争要因に左右される。最も成功している企業は、自分たちに最大のメリットがもたらされるような方法で業界のプロフィット・プールを拡大した企業である。

自社の業界を正しく定義する

五つの競争要因は、企業が競争する業界(複数の場合もある)を定義するカギを握ってもいる。実際に競争が起こっている領域を含め、業界の境界線を正しく引くことで、収益性の源、そして戦略を必要とする適切な事業単位が明らかになるだろう。戦略は業界ごとに立案する必要がある。競合他社が業界の定義を見誤れば、自社が戦略上有利なポジションを確保するチャンスに恵まれる(BOX1-4参照)。

競争と価値

五つの競争要因は、競争に拍車をかける各種ドライバーを明らかにする。競争がライバル企業間だけのものではないと理解している戦略担当者なら、より広い範囲で競争上の脅威を見つけ出し、それに対応する手段を抜かりなく用意できるだろう。そして、業界構造を包括的に考えることでチャンスを見つけることができる。つまり、顧客、サプライヤー、代替品、新規参入を検討している企業、競合他社との違いがわかれば、優れた業績を生み出す戦略のベースになる。オープンな競争と絶え間ない変化が生じている世界にあって、業界構造の観点から競争を考えることはこれまで以上に重要である。

業界構造を理解することは、経営者にとってだけでなく、投資家にとっても重要である。五つの競争要因は、その業界が本当に魅力的かどうかを明らかにするだけでなく、業界構造にプラスもしくはマイナスに作用する変化が顕在化する前に、それを予測する一助となる。また五つの競争要因によって、短期的な変動と業界構造上の変化の違いがはっきりし、投資家は過度な悲観主義や楽観主義を見抜いて利益を得ることができる。そして、業界を改革する可能性を秘めた戦略を持っているのはどの企業かということも見えてくる。このように競争について深く考えることは、純粋に投資を成功させる方法として、今日の投資分析の主流である財務予測やトレンド予測よりも強力である。

経営者と投資家の双方がこのように競争を見るならば、企業の成功と経済的繁栄のために、資本市場はよりいっそう効果的な力となるだろう。そして、経営者と投資家は同じファンダメンタルズ――持続可能な収益性を推し進めるもの――に焦点を絞るだろう。また、経営者と投資家の対話は、一過性の事象をめぐるものではなく、業界構造に焦点を当てたものになるだろう。想像してみてほしい。

「ウォール街を喜ばせる」ことに費やされるエネルギーすべてを、真の経済価値を創造する競争要因に振り向けた場合、企業の業績がどれほど改善し、経済全体がどれほど向上するかということを。

BOX 1-1 戦略上の洞察を得るための業界分析

構造を調べる

優れた業界分析とは、業界の収益性はどのような構造によって支えられているのかを正しく調べるものである。最初のステップは、適切な時間軸を理解することである。その際、重要なことの一つが、一過性あるいは周期的な変化と構造的変化を区別することである。

適切な時間軸を考えるうえで格好の指標が、当該業界における景気循環の周期である。ほとんどの業界では、三~五年が妥当だが、鉱工業のようにリードタイムが長い業界もあり、一〇年以上になるかもしれない。この分析で注目すべきは、この期間を通じた平均収益性であって、特定の年の収益性ではない。

定量的に調べる

業界分析のポイントは、業界が魅力的か否かを判定することではなく、競争を支える基盤と収益性の主要因を理解することである。分析者は、定性要因を列挙することでよしとするのではなく、できる限り定量的に業界構造を調べるべきである。実際、五つの競争要因に関する要素の多くが定量化できる。たとえば、次のようなものがある。

◉当該業界の製品が買い手の総コストに占める割合（買い手の価格感度を理解するため）
◉生産設備をフル稼働させるために、または物流ネットワークを効率的な規模で運営するために必要な業界全体の売上げの（総売上げに占める）割合（参入障壁の評価に役立つ）
◉買い手のスイッチングコスト（これによって新規参入者や競合他社が顧客に提供しなければならないインセンティブが決まる）

経済的な関係を調べる

競争要因の影響力は価格、コスト、そして競争に必要な投資水準を左右する。したがって、競争要因は企業の財務諸表と直接関係している。実際、売上げとコストの間に生じる差は、業界構造によって決まる。

◉競争が激しいと、価格が引き下げられたり、マーケティング、研究開発、顧客サービスなどのコストが上昇して利益率が下がる。それはどれくらいか。
◉強い立場にあるサプライヤーによって、仕入れのコストが上がる。それはどれくらいか。
◉買い手の交渉力によって、価格が引き下げられたり、手持ち在庫を増やす、ローンを提供するといった買い手の要求に応えるコストが上昇したりする。それはどれくらいか。
◉参入障壁が低かったり、似たような代替品があったりすると、製品やサービスを継続しうる価格水準が抑えられる。それはどれくらいか。

このような経済的関係を知ることで、戦略担当者は競争に関する理解を深めることができる。

総合的かつ体系的な視点で調べる

最後に、優れた業界分析は、単にプラス面とマイナス面を列挙するだけでなく、業界を総合的かつ体系的な視点で調べるものである。どの競争要因が現在の収益性を支えている基盤（または制約要因）なのか。ある競争要因が変化すると、他の競争要因にどのような反応が生じるか。このような問いに答えることが、真の戦略的洞察の源泉となる。

BOX 1-2　業界分析の標準的な手順

（1）業界を定義する。

◉その業界にはどのような製品があるか。他業界の製品の一部になっているものは何か。

◉地理的に見た競争の範囲はどこか。

（2）業界の参加者を特定し、必要ならば以下のグループに分ける。
◉買い手および買い手グループ
◉サプライヤーおよびサプライヤーグループ
◉競合他社
◉代替品
◉新規参入の可能性がある企業

（3）どの競争要因の影響力が大きく、どの競争要因が小さいか、またその理由は何かを見極める。そのために、各競争要因の基本的なドライバーについて評価する。

（4）業界構造全体を見極め、業界分析の整合性を検証する。
◉収益性が現在の水準であるのはなぜか。
◉収益性に制約を加えているのは、どの競争要因か。
◉業界分析の結果は、実際の長期的収益性と一致しているか。
◉収益性の高いプレーヤーは、五つの競争要因に照らして有利なポジションにあるか。

（5）各競争要因において、現在および将来のプラスとマイナスの変化を分析する。
（6）競合他社、新規参入者、あるいは自社による影響を受けるかもしれない業界構造の側面を特定する。

BOX 1-3 業界分析で犯しやすい過ち

業界分析を行う際には、以下のような犯しがちな過ちを避けることが大事である。


◉業界の定義が広すぎる、または狭すぎる。

◉厳密な分析を試みるのではなく、単なるリストをつくる。

◉最も重要な競争要因を掘り下げるのではなく、すべての競争要因に等しく注意を払う。

◉原因（買い手の経済状態）と結果（価格感度）を混同する。

◉静的分析を用いて、業界動向に注意を払わない。

◉一過的あるいは周期的な変化と業界構造上の変化を混同する。

◉五つの競争要因というフレームワークを、戦略上の選択を導くためではなく、業界が魅力的か否かを判定するために用いる。

BOX 1-4 業界分析の対象を正しく定義する

競争が実際に行われている業界を定義することは、業界分析を正しく行うために重要である。戦略を考案したり事業部門を設定したりするうえでも重要であることは、言うまでもない。戦略に狂いが生じるのは、多くの場合、業界を広く定義しすぎたか、狭く定義しすぎたかのいずれかが原因である。

業界の定義が広すぎると、競争、戦略的ポジショニング、収益性にとって重要な意味を持つ製品や顧客や地域の違いが曖昧になってしまう。逆に狭すぎると、競争優位を築くうえで不可欠な、関連商品との間に存在する共通点や関連性、あるいは地理的市場を見落としてしまう。戦略担当者は、業界の境界線が変化する可能性にも留意しなければならない。

業界の境界には二つの主要な側面がある。一つは「製品やサービスの範囲」である。たとえば、自動車用エンジンオイルの業界は、大型トラックや定置機関（発電用やポンプの動力になるもの）に使われるエンジンオイルの業界と同じなのだろうか、それとも異なるのだろうか。

もう一つは「地理的な範囲」である。ほとんどの業界が世界のあちこちに広がっている。そこでの競争は、州レベルなのか、全国的なのか、ヨーロッパや北米といった地域レベルなのか、それとも全世界的なものなのか。

五つの競争要因は、これらの質問に答えるための基本ツールである。

製品やサービスの範囲による業界の定義

二つの製品があって、それぞれが属する業界の構造が同じ、または類似しているならば（すなわち、買い手、サプライヤー、参入障壁などが同じならば）これらの製品は同じ業界に属すると見なすのが妥当であろう。一方、業界構造が明らかに異なるならば、別の業界に属すると見るのがよいだろう。

潤滑油のうち、自動車用エンジンオイルはトラック用のそれと類似あるいは同一の場合もあるが、類似性はここまでである。自動車用エンジンオイルは、大々的に宣伝され、さまざまな有力チャネルを通じて、さほど製品知識のない多種多様な顧客に販売される。製品は小さな容器に詰められ、物流コストも高いため、必然的に地域生産になる。かたやトラックや発電機用の潤滑油は、まったく異なる買い手に、まったく異なる手法で、別のサプライチェーンを通じて販売される。

つまり、業界構造（買い手の交渉力、参入障壁など）が本質的に異なるのだ。したがって、自動車用エンジンオイルは、トラックや定置機関用のエンジンオイルとは異なる業界に属する。これら二つは、業界の収益性も異なるであろうから、潤滑油メーカーはそれぞれの製品で競争するために異なる二つの戦略が必要になるだろう。

地理的な範囲による業界の定義

五つの競争要因の違いから、競争の地理的範囲も明らかになる。ある業界の構造（競合他社、買い手など）がどの国でも同じならば、その競争はグローバルなものと推測され、グローバルな観点から分析された五つの競争要因によって平均収益性は決まることだろう。この場合、必要なのはグローバル戦略である。

しかし、ある業界の構造が地域によってまったく異なるのであれば、各地域は異なる業界と見るのが妥当かもしれない。そうでなければ、競争によって地域差はなくなっていたはずである。この場合、地域ごとに分析した五つの競争要因によって、各地域の収益性が決まる。

関連製品における、あるいは各地域における五つの競争要因の違いの幅は、程度の問題であり、業界の定義は分析者の判断次第となるケースが多い。ざっくり言うと、競争要因のいずれか一つの違いが大きい場合、あるいは違いが複数の競争要因に及ぶ場合には、業界が異なると判断してよいだろう。

しかし幸いなことに、業界の線引きを間違えても、五つの競争要因を注意深く分析すれば、競争上の重要な脅威が明らかになるはずである。たとえば、狭く定義してしまったために業界の外にあった関連製品が代替品として浮上してきたり、見落とされていた競合企業が新規参入者として認識されたりする。逆に、広すぎる業界内における主要な差異も明らかになるはずである。それは、業界の境界線あるいは戦略を修正する必要性を示唆している。

第2章

戦略とは何か

What Is Strategy?

Michael E. Porter

｜初出｜
Harvard Business Review, November-December 1996.

「戦略」と「業務効果」は違う

企業の経営者は、ほぼ二〇年の間、新しいゲームのルールを学んできた。たとえば、競争や市場の変化に素早く対応できるよう臨機応変でなければならない、ベストプラクティスを実践すべくベンチマーキングを怠ってはならない、効率を高めるために積極的にアウトソーシングする必要がある、競争でライバルに勝つためにはコアコンピタンスを確立する必要がある――といったルールである。

ポジショニングは、かつては戦略の要《かなめ》とされてきたが、今日のように市場も技術も激しく変動する時代にあっては机上のものにすぎない、と一蹴される。新たな教えによれば、いかなる市場ポジションであろうと、すぐさまライバルに真似されてしまうため、競争優位も一時的にすぎないという。

このような考えは、事実の半分しかとらえていない危険な思い込みであり、多くの企業を共倒れの競争に向かわせている原因でもある。たしかに、規制緩和が進み、市場がグローバル化したことで、競争上の障壁は下がりつつある。また各社とも、よりスリムに、より俊敏になろうと、しかるべき努力を傾けているのも事実である。しかし、一部で「ハイパーコンペティション(＊1)」と呼ばれるものは、みずから招いたものであり、競争にパラダイムシフトが起こったからではない。

このような誤解が生じているのは、「業務効果」(operational effectiveness)と戦略を区別していないことに原因がある。

生産性や品質、スピードを追求する中で、数多くのツールと経営手法が登場した。たとえば、TQ

M（総合的品質管理）、ベンチマーキング、タイムベース競争、アウトソーシング、パートナリング、リエンジニアリング、チェンジマネジメント（変革活動）などだ。これらのおかげで、しばしば大幅な業務改善が実現したが、持続的な収益力にはつながらず、多くの企業が落胆した。これらのマネジメントツールは、少しずつ、知らずしらずのうちに、戦略に取って代わってしまった。そして経営陣がどれもこれも改善するように号令をかけたことで、企業は競争力を発揮しうるポジションから遠ざかっていった。

業務効果追求の落とし穴

優れた業績を達成することは企業の究極の目標だが、そのためには戦略と業務効果の両方が欠かせない。ただし、それらの作用は企業によってまったく異なる。

差別化を図り、これを維持・継続した場合のみ、ライバルに勝る業績が実現する。そのためには、顧客にこれまで以上の価値を提供するか、これまで通りの価値をより低コストで提供するか、あるいはその両方を提供する必要がある。その結果、提供する価値とコストの差し引きで、より高い収益性がもたらされる。すなわち、優れた価値を提供すれば平均単価を上げられる、また効率を高めれば平均単位コストを下げられる。

つまるところ、企業間でコストや価格に違いが生じるのは、客先に出向いたり、最終製品を組み立てたり、従業員を研修したりといった、製品やサービスの企画、生産、販売、配送に必要な活動ゆえである。

これらの活動には、言うまでもなくコストが伴う。そしてコスト優位は、ある種の活動を競合他社より効率的に行うことで実現される。同じく差別化は、どの活動を選択し、それらをどのように実行するかによって実現される。つまり、活動は競争優位の基本単位である。概して、優位性も劣位性も、その企業のあらゆる活動から生じるものであり、一部の活動からではない[*2]。

業務効果とは何か

業務効果とは、競合他社よりも類似の活動を上手に行うことである。業務効果には、むろん単純な作業効率も含まれるが、それだけではない。そこには、たとえば製品の欠陥を減らす、より優れた製品をより速く開発するなど、インプット（投入資源）を有効活用するための多数の活動が含まれる。他方、戦略ポジショニングは、競合他社とは異なる活動を行う、あるいは類似の活動を異なる方法で行うことである。

企業間での業務効果の違いは至るところで見受けられる。インプットを他社よりも有効に活用できる企業は、たとえば無駄な作業をなくす、新しい技術を採用する、従業員を動機付ける、ある種の活動や一連の活動を管理するコツを心得ている企業である。企業間で収益性が異なるのは、このような業務効果の違いが大きい。なぜならこれが、相対的なコストポジションや差別化のレベルに直接影響を及ぼすからである。

一九八〇年代、日本企業は欧米企業に挑戦したが、その核心こそ業務効果の違いであった。業務効果において、日本企業は欧米企業を大きくリードしており、低コストと高品質を同時に実現した。この点についてはじっくり検討する価値がある。なぜなら、競争に関する近年の考察はここを拠り所にしているからである。

生産性の限界線

ここで「生産性の限界線」(productivity frontier)について、しばし考えてみたい。これは、言わば「ある時点における既存のベストプラクティスのすべてをつなぎ合わせた曲線」である。言い換えると、「ある特定の製品やサービスを提供する企業が、一定のコストの下で利用しうる最高の技術、最高のスキル、最高の経営手法、最高の資材を使用することで生み出しうる最大価値」である(**図表2-1参照**)。

生産性の限界線は、個々の活動はもちろんのこと、関連する複数の要素から成る活動(たとえば受注処理や製造)、さらには企業の活動すべてにも当てはまる。業務効果を向上させると、企業は生産性の限界線に近づいていく。そのためには、たとえば設備投資、異質な人材、新たな経営手法などが必要かもしれない。

新しい技術やマネジメント手法が開発されたり、新たなインプットが利用できるようになるにつれ、生産性の限界線はだんだん外側へ移動していく。ラップトップコンピュータや携帯通信端末、インターネット、ロータスノーツなどのソフトウェアのおかげで、営業業務における生産性の限界線は再定義され、営業活動と受注処理やアフターサービスといった活動を連携できる可能性も、大きく高まっ

図表2-1｜業務効果と戦略ポジショニング

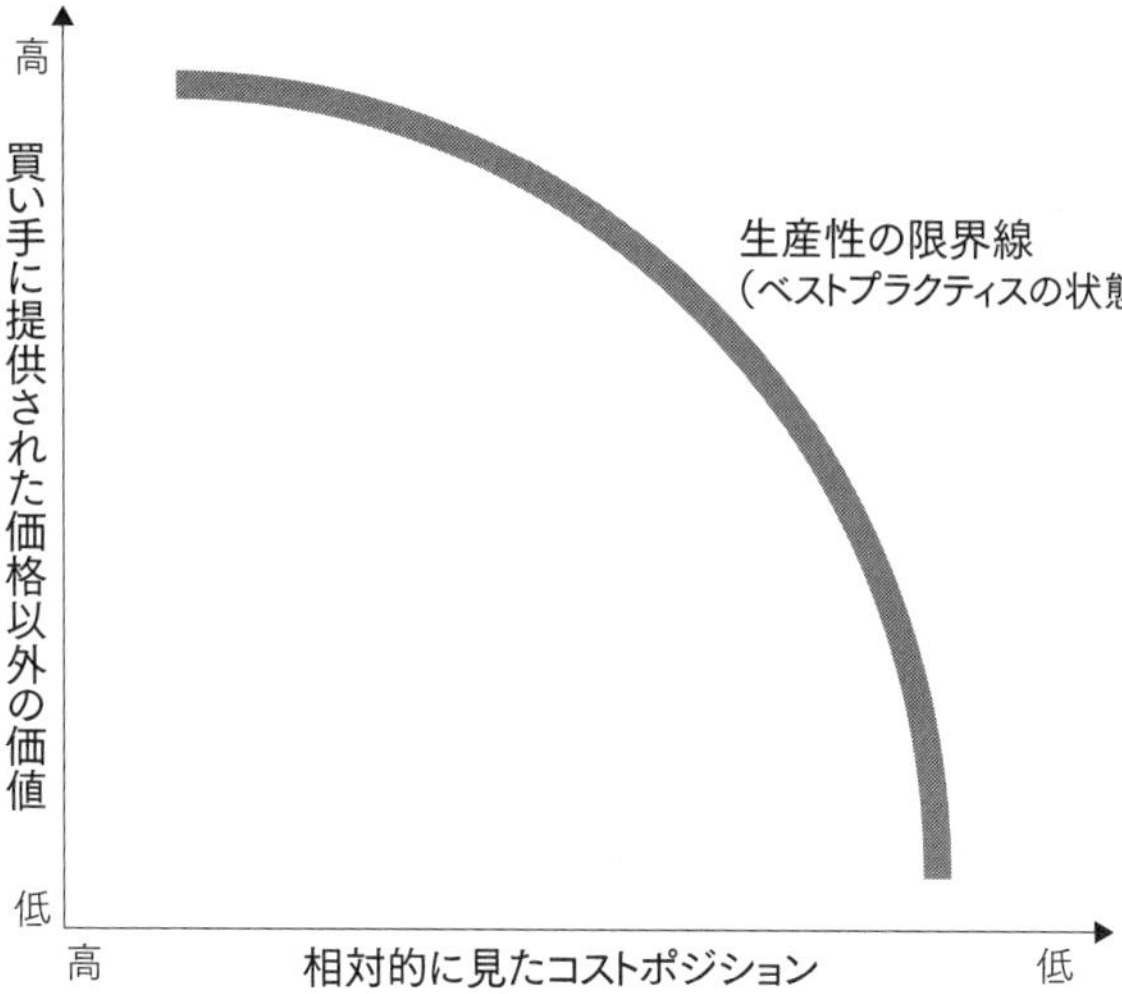

た。同様に、リーン生産（一連の複数の活動から構成される）によって、製造の生産性と資産の活用度が劇的に向上した。

少なくともここ一〇年間、マネジャーの頭は業務効果の改善のことでいっぱいだった。TQMやタイムベース競争、ベンチマーキングなどに取り組み、活動のやり方を変え、それによって無駄を排除し、顧客満足度を高め、ベストプラクティスを実現しようとした。

生産性の限界線が外側に移動すれば、これに遅れまいとして、マネジャーたちは、継続的改善、エンパワーメント、チェンジマネジメント、学習する組織などを取り入れてきた。また、アウトソーシングやバーチャルコーポレーションが人気なのは、「あらゆる活動について、それを専業としている企業と同等の生産性を上げることは難しい」という認識が広がっていることの反映である。

生産性の限界線に近づくにつれて、企業のパフォーマンスはさまざまな次元で同時に改善されていく。一九八〇年代、製品ラインの素早い切り替えという日本企業の手法を導入したメーカーは、低コストと差別化の両方を同時に実現した。かつてはトレードオフの関係にあると信じられていたことが（たとえば欠陥品発生とコスト）、業務効果の低さゆえの幻想であったことが判明した。マネジャーたちはこのような偽りのトレードオフを認めなくなった。

ベストプラクティスはあっと言う間に広まる

高収益を実現するには、業務効果を継続的に向上させることが欠かせない。しかし、それを十分なレベルで実現できている企業は稀である。業務効果を武器に長きにわたり競争を制してきた企業などほとんどないし、ライバルの機先を制することも日に日に難しくなっている。その最大の理由は、第一に、ベストプラクティスはあっと言う間に広まるということにある。

競合他社は、経営手法や新技術、インプットの改善、顧客ニーズにより的確に応える方法など、どれもすぐに模倣できる。さまざまな状況で利用できる一般的なソリューションでさえ、あっと言う間に広まる。コンサルタントたちの後押しも手伝って、業務効果の改善手法は増殖していった。

業務効果をめぐる競争によって、生産性の限界線は外側に移動し、あらゆる企業が底上げされる。しかし、業務効果は間違いなく改善されるが、どの企業も似たり寄ったりになる。

市場規模五〇億ドル超といわれる米国の印刷業界について考えてみよう。この業界の主要企業といえば、RRドネリー・アンド・サンズ・カンパニー、ケベコア、ワールドカラープレス、ビッグフラワープレスがあり、各社がっぷり四つに組んでおり、あらゆる種類の顧客に対応し、同じ印刷技術（グラビア印刷やオフセット印刷など）を提供し、同じ最新機器に大規模投資をし、印刷のスピードを上げ、そして従業員を削減している。

しかし、生産性の向上による成果は、収益力として結実することなく、顧客や印刷機のサプライヤーなどに流れていった。業界リーダーのドネリー・アンド・サンズでさえ、一九八〇年代には七％以上だった利益率が、一九九五年には四・六％以下に下降した。さまざまな業界で、このパターンが繰り返されている。新しい競争を生み出した日本企業ですら、利益率の低さに悩まされ続けている（章末のBOX2-1参照）。

すべての企業が同質化する

業務効果の向上だけでは不十分である第二の理由は、競争の収れん（さまざまなやり方で競争していた複数の企業が次第に同質化していくこと）である。これは、静かに進行し、察知するのが難しい。

ベンチマーキングが流行れば各社とも似通ってくる。ライバル関係にある複数の企業が、自社の活動を効率的なサードパーティにアウトソーシングするようになれば――しかも、しばしばアウトソーシング先まで同じとなれば――どこも似たりよったりになっていく。

品質、サイクルタイム、サプライヤーとの関係などの改善について、競合同士が互いに模倣し合えば、戦略が収れんし、競争は勝者なきレースとなり、どこの企業も同じ道をたどることになる。業務効果のみを基礎とした競争は、競合するすべての企業にダメージを与え、競争を制限しない限り、やがて消耗戦に発展する。

近年、買収による業界再編が盛んだが、業務効果をめぐる競争という文脈から考えると、腑に落ちる。業績アップへのプレッシャーを受けながらも、戦略的なビジョンがない企業は、他社を買収する以外、名案が浮かんでこない。存続している企業の多くは、単に他社より長生きしているというだけで、真の優位性を備えているわけではない。

この一〇年で業務効果は飛躍的に向上したが、その後、多くの企業が利益減に直面している。継続的改善は、マネジャーたちの頭に刻み付けられている。しかし、そのための各種ツールのせいで、企業は意図せざる横並びと同質化へ向かっていった。

業務効果は次第に戦略の代わりになっていった。その結果がゼロサム競争であり、価格の据え置きや引き下げであり、コストへの圧力だった。また、このコスト圧力のせいで、長期投資を諦めることになった。

戦略は他社と異なる「活動」に宿る

競争戦略とは、他社との違いを打ち出すことである。あえて異なる活動を選択することで、価値を独自に組み合わせ、これを提供することができる（BOX2-2参照）。

サウスウエスト航空の戦略ポジショニング

サウスウエスト航空は、中都市の空港と大都市の二次的空港という短距離の二点間を結ぶサービスを低コストで提供している。大空港を使わず、また長距離は飛ばない。同社の顧客には、ビジネス客、家族連れ、学生などがいる。サウスウエスト航空の便の多さと価格の安さに、価格感度の高い旅客が集まってくる。彼らは、同社がなければ、バスか自動車を利用するだろう。サウスウエスト航空は、他の路線ではフルサービスの航空会社を利用する、利便性重視の旅客にも選ばれている。

サウスウエスト航空の顧客に関する戦略ポジショニングについては、次のように言われる。「サウスウエスト航空は、価格や利便性にうるさい旅客を対象としている」。しかし、戦略の本質は活動にある。すなわち、活動のやり方が競合他社と異なるか、活動そのものが異なる場合である。さもなければ、戦略は競争に耐えられないマーケティングスローガンと何ら変わらない。

フルサービスを提供する航空会社は、A地点からB地点まで、それがどこであろうと乗客を運ぶ。たくさんの目的地を用意しており、乗り継ぎ便を利用する旅客も対象としているため、主要空港を中心とした「ハブ・アンド・スポーク・システム」を採用している。快適な乗り心地にこだわる旅客には、ファーストクラスやビジネスクラスといったサービスを提供する。乗り継ぎが必要な乗客のために、運航スケジュールを調整し、手荷物を預かり、これを次の飛行機まで運ぶ。長時間乗り続ける乗客もいるので食事も提供する。

対照的に、サウスウエスト航空は、固有の路線で利便性の高いサービスを低価格で提供するために、あらゆる活動を特別仕立てにしている。ゲートでの航空機のターンアラウンド時間（折り返し準備時間）はわずか一五分で、これにより、サウスウエスト航空の航空機の飛行時間は競合他社よりも長く、機体の数が少なくてもたくさんの便を飛ばすことができる。同社は、機内食も出さなければ、座席指定もない。手荷物を乗り継ぎ便に運ぶこともしなければ、ファーストクラスなどのサービスも提供しない。ゲートでの自動発券によって、顧客は旅行代理店を使わなくなり、サウスウエスト航空も手数料を支払わなくて済む。機種をボーイング737に統一したことで、メンテナンスの効率も高い。サウスウエスト航空は、独自にしつらえた活動システムに基づいて、破天荒で得がたい戦略ポジションを獲得している（図表2-2参照）。フルサービスの航空会社が、サウスウエスト航空が運航している同じ路線で、同じように便利で安いサービスを提供するのはまず無理だろう。

イケアの戦略ポジショニング

イケアは一九四三年、スウェーデンのエルムフルトで創業された家具小売りの企業で（本社はオランダにある）、現在はグローバルに事業を展開している。同社の戦略ポジショニングも明快である。

イケアが狙う顧客は、低価格でデザインのよい家具を求める若い世代である。このマーケティングコンセプトを戦略ポジショニングへ昇華させたのは、これを可能たらしめる型破りな活動である。サウスウエスト航空同様、イケアも競合他社とは異なる方法によって、これらの活動に取り組んできた。

典型的な家具店を思い浮かべてほしい。ショールームには、製品の見本が展示されている。店内の一角には、二五種類のソファが並んでいる。別の場所では、五種類のダイニングテーブルが置いてある。しかし、それは顧客のために用意された製品のほんの一部にすぎない。布地の見本帳や木材の板見本は数十種類あり、またデザインもあれこれ選べるため、顧客には何千という選択肢がある。販売

図表2-2 | サウスウエスト航空の活動システムマップ

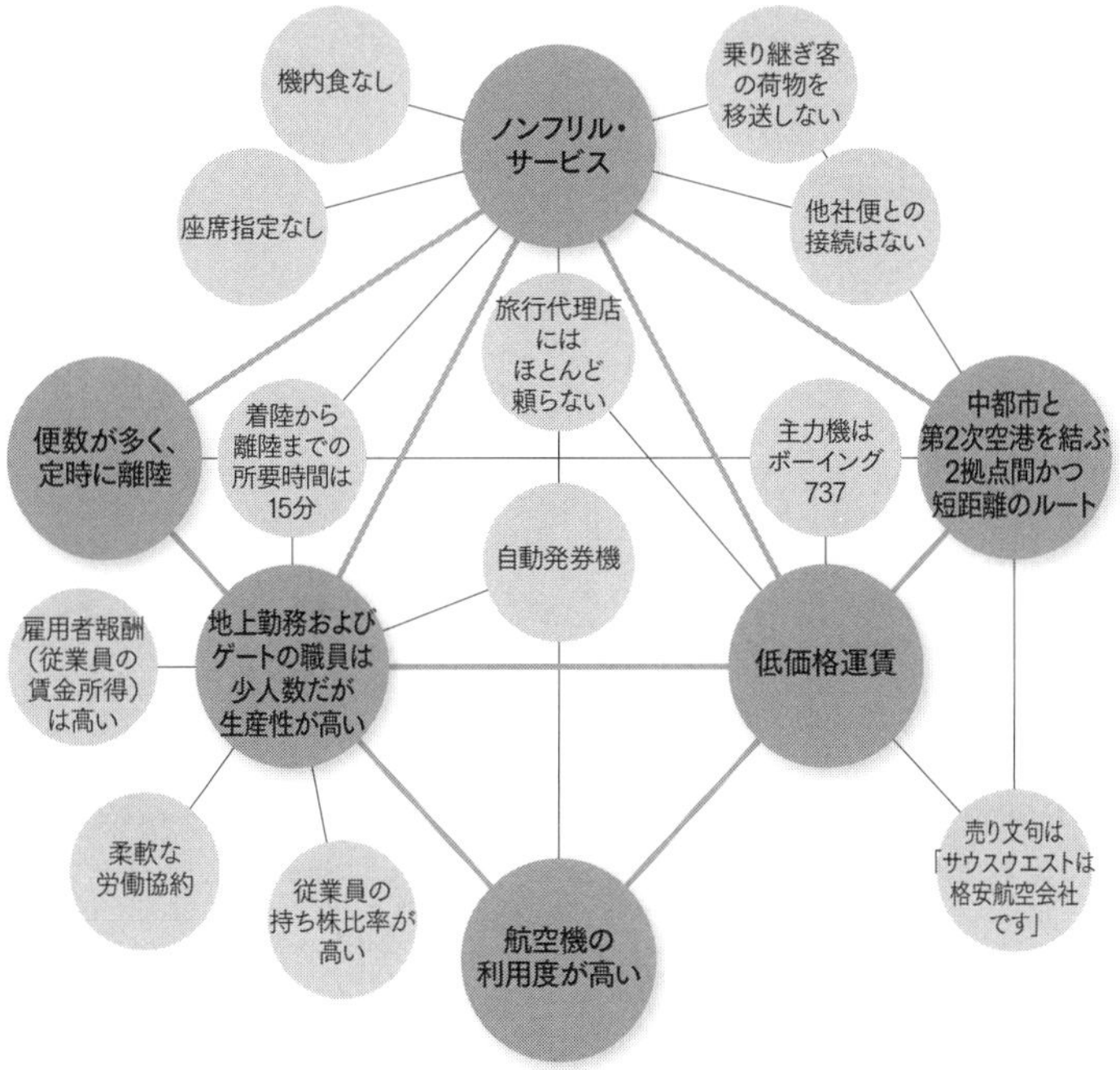

員は通常、顧客に店内を案内し、質問に答え、何を選べばよいのか迷っている顧客の手助けをする。顧客が選び終えると、その注文は外部のメーカーに伝えられる。注文した家具は、運がよければ、六～八週間くらいで顧客の元に届くだろう。このバリューチェーンは、オーダーメードとサービスに力点を置いたもので、コストは高くつく。

対照的にイケアは、価格とサービスのトレードオフ、すなわち価格が安ければサービスが悪くてもかまわない顧客を対象としている。販売員が店内を案内する代わりに、イケアは、わかりやすい店内展示を用意し、セルフサービスを採用した。外部のメーカーに頼るのではなく、同社の戦略ポジショニングにふさわしい、低価格でモジュール式の組立家具をみずからデザインした。イケアは広い店舗を使って、販売する家具のすべてを、まるで部屋に置かれているように展示する。したがって顧客は、どれとどれを一緒に置くのがよいか、といったことをイメージするために店員に頼る必要がない。家具を展示しているショールームの隣には倉庫があり、箱詰めされた製品が積まれている。顧客はそこに行き、自分で製品を選んで運ぶことになっている。イケアは自動車用ルーフラックも販売しており、これは次に来店した時に返品できる。

この低価格のポジションは、顧客のセルフサービスに負うところが大きいが、その一方でイケアは、他社が提供しないサービスを提供している。その一つが店内の託児所で、遅くまで営業している。

これらのサービスは、同社の顧客固有のニーズに応えたものである。彼らは若く、裕福でもなく、幼い子どもを抱えている可能性が高く(しかしベビーシッターを雇ってはいない)、生活のために働いているため、遅い時間に買い物をする必要がある(**図表2-3**参照)。

図表2-3｜イケアの活動システムマップ

企業は、戦略ポジションを実現するためにふさわしい活動を用意する。活動システムマップは、これら一連の活動において、戦略ポジションがどれくらい考慮されているかを示すものである。ここではイケアの例を挙げよう。

戦略ポジションがはっきりしている企業では、いくつかの「高次元の戦略テーマ」（濃い色の円で示す）が見つかると同時に、これらと密接に結び付いた一群の活動（淡い色の円で示す）によって実現されている。

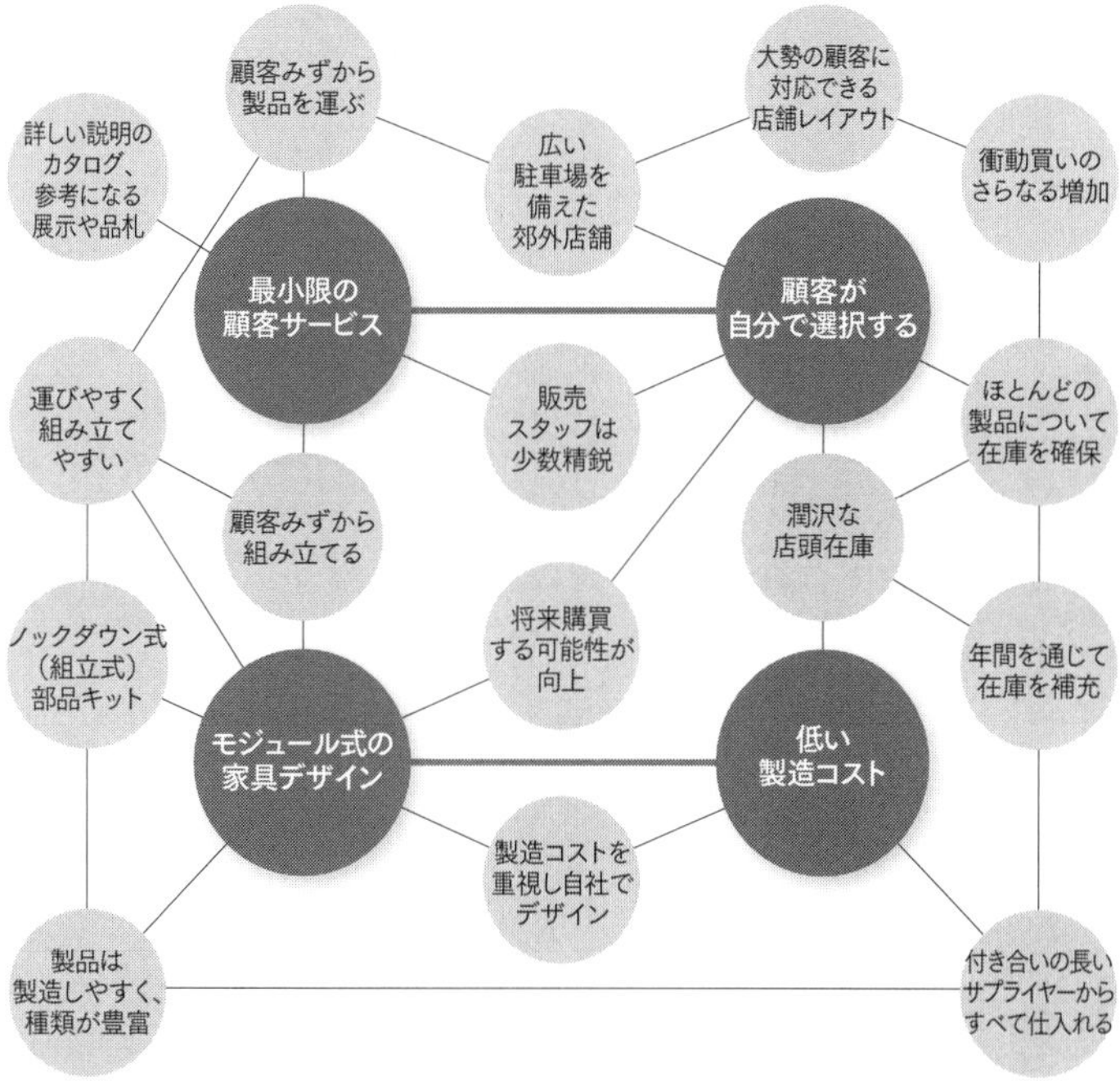

三種類の戦略ポジショニング

戦略ポジションは、その依拠するものによって三種類に分けられる。それらは相互排他的ではなく、重なる場合が多い。

(1) バラエティ・ベース・ポジショニング

これは、業界の製品やサービスの中から一部を選んで提供することによるポジショニングである。顧客セグメントではなく、製品やサービスの組み合わせ《バラエティ》によるポジショニングなので、このように呼ぶ。バラエティ・ベース・ポジショニングは、企業がその活動を通じて、業界で最も優れた製品やサービスを提供できる場合、経済的に正当化しうる。

ジフィ・ルーブ・インターナショナルは、自動車用オイルに特化しており、修理やメンテナンスなどのサービスは提供していない（本稿執筆当時）。そのバリューチェーンは、さまざまなサービスを提供する修理工場よりも、スピードと低価格を可能にしている。多くの顧客がそこに魅力を感じて、オイル交換はその専門家であるジフィ・ルーブのところに行き、ほかのサービスは他社に任せるといった具合に、（ワンストップサービスではなく）場合分けをして購買している。

投資信託業界のリーダー企業、バンガードグループもバラエティ・ベース・ポジショニングの一例である。同社は主に、一般的な株式と債券、マネーマーケットファンド（MMF：公社債を中心とした投資信託）など、運用成績が予測しやすく、かかる費用が最も少ないものを扱っている。バンガードの投資方針は、相対的に高い運用益を毎年継続して出し続けることであり、ある特定の年に限られるようであれば大儲けできる可能性があっても手を出さない。そのため、インデックスファンドで有名である。また、金利先物取引をしたり、利ざやの薄い株式を買ったりはしない。

同社のファンドマネジャーたちは、積極的に売買することはほとんどなく、それによってコストが抑えられる。

加えて、短期売買を控えるよう、顧客に釘を差す。取引頻度が増えれば費用もかさむし、ファンドマネジャーも新たに資金を用意したり買い戻し資金をさらに積み上げたりするために、売買を増やさざるをえなくなるからだ。バンガードは、販売チャネル、顧客サービス、マーケティングについても、低コストをモットーとしている。たいていの投資家が、そのポートフォリオにバンガードの投信を入れており、予想利回りの高いものやある分野に特化したものは他社から購入している。

ある種のサービスは、優れたバリューチェーンの賜物であり、バンガードやジフィ・ルーブのサービスを利用する人たちはこのバリューチェーンに魅力を感じている。バラエティ・ベース・ポジショニングは、さまざまな顧客に広く対応できるが、多くの場合、これらの顧客が抱えているニーズの一部だけに対応するものでもある（図表2-4参照）。

（2）ニーズ・ベース・ポジショニング

これは、ある顧客グループを選んだら、そのニーズのほとんど、あるいはすべてに対応するというものである。あるセグメントの顧客をターゲットにするという伝統的な考え方に近い。このポジショ

図表2-4｜バンガードの活動システムマップ

活動システムマップは、戦略との適合性を検証し、これを強化するうえで効果的といえる。そのプロセスを進めるには、以下のように自問する必要がある。

第1に、「各活動は、総合的に見たポジショニング、すなわち製品の幅、対応するニーズ、アクセスする顧客のタイプと齟齬を来していないか」である。あわせて、各活動の責任者に、「社内の他の活動によって、あなたの活動のパフォーマンスはどれくらい改善あるいは毀損されているか」を尋ねる。第2に、「それぞれの活動を相互に強化させる方法はあるか」を問う。そして最後の質問は「ある活動を変えると、他の活動をやる必要がなくなるか」である。

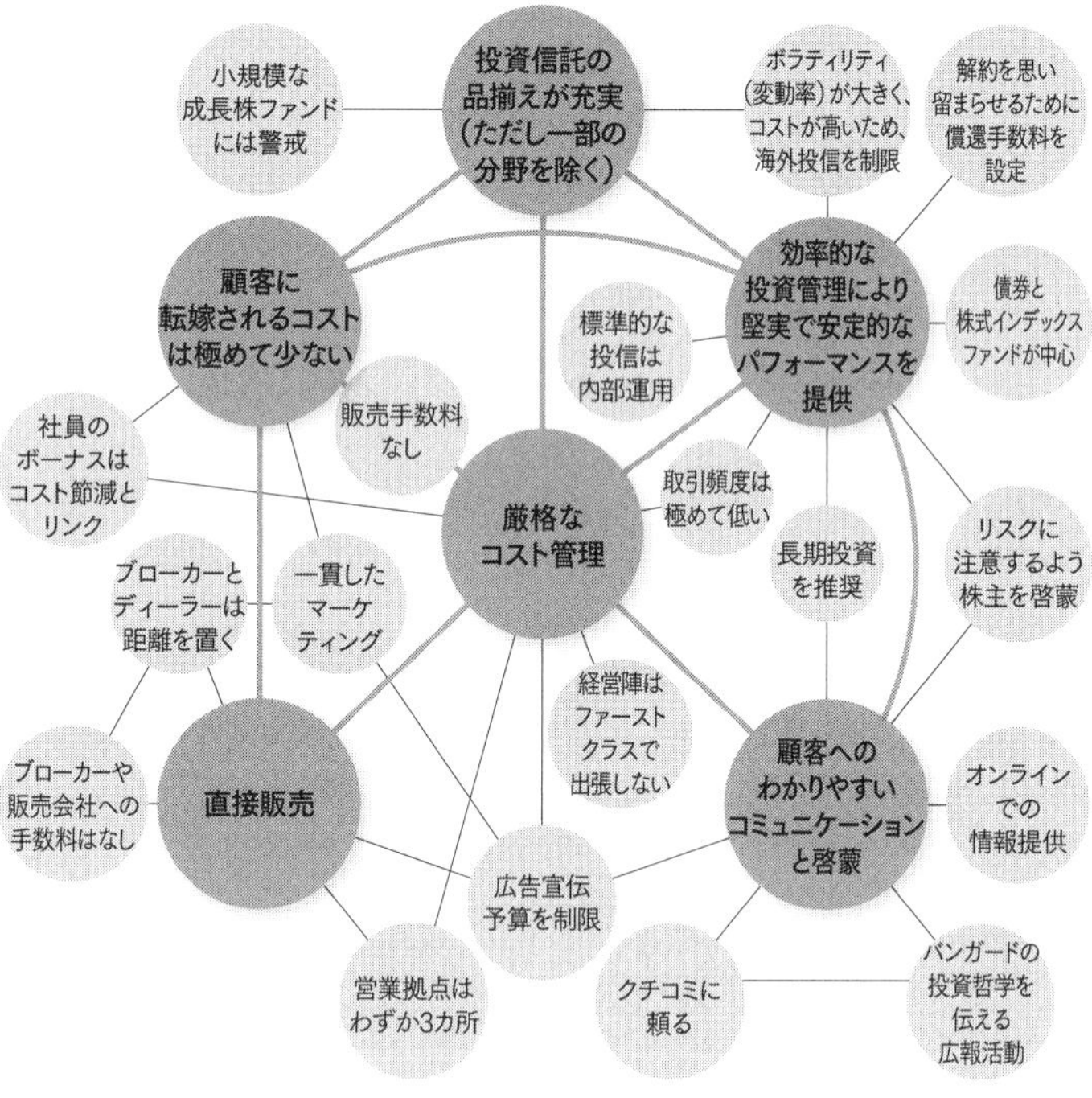

ニングが必要になるのは、ニーズが異なる顧客グループが存在し、それぞれにふさわしく活動を組み合わせることがニーズに応えるための最善策であるような場合である。

価格感度が比較的高い顧客グループの中でも、求める製品はそれぞれ異なるし、必要な情報量やサービス、サポートも異なる。イケアの顧客は、このような顧客グループの典型である。同社は、ターゲット顧客のインテリアに関するニーズの一部だけでなく、すべてに応えようとする。

同じ顧客でも、そのニーズが状況によって、あるいは取引の種類によって変わってくる場合、ニーズ・ベース・ポジショニングの変化形が必要になる。同じ人でも、出張の時と家族旅行の時ではニーズが異なるかもしれない。また、容器を購入する企業（たとえば飲料品メーカーなど）は、主要な納入業者から仕入れる場合と二次的な納入業者から仕入れる場合では、おそらくニーズが異なると思われる。

ほとんどのマネジャーは顧客ニーズに直面した時、それを直感的に自社事業と結び付けようとする。しかし、ニーズ・ベース・ポジショニングで重要な要素は直感的に把握できるようなものではなく、しばしば見過ごされがちである。異なるニーズが存在するとしても、そのニーズに応えるための最善の活動も他社と異なるようでなければ、意味のあるポジショニングは実現しない。そうでなければ、あらゆるライバルが同じニーズに同じような方法で応えようとすることになり、そのポジショニングには独自性も価値も存在しないことになる。

プライベートバンキング業界を見てみると、たとえばベッセマー・トラスト・カンパニーが対象としている顧客は、投資可能な資産が最低五〇〇万ドルで、所有資産を維持しつつ富を増やしたいと考えている人々である。ベッセマーでは、ベテランのアカウントマネジャー（顧客担当者）一人が一四の顧客を担当し、個別のサービスを提供できるよう、その活動を組み立ててきた。顧客とのミーティングは、オフィスではなく、たとえば顧客の牧場やヨットの上で行われることが多い。同社はまた、さまざまなサービスをカスタマイズして提供している。投資はもとより、動産や不動産、石油やガスへの投資、競走馬や航空機なども管理する。プライベートバンキングでは、主要製品はローンであることが多いが、ベッセマーの顧客がローンを必要とすることはめったになく、取引残高や売上げの中のごく一部を占める程度である。ベッセマーはアカウントマネジャーに高額な報酬を支払っており、営業コストに占める人件費の割合が高い。しかし、対象顧客を棲み分けたことで、そのＲＯＥ（自己資本利益率）は、プライベートバンキング業界の中で最高といわれる。

一方、シティバンクのプライベートバンキング部門は、二五万ドル以上の資産を有する顧客を対象としている。ベッセマーの顧客とは対照的に、同行の顧客は住宅ローンから資金調達まで、ローンの利便性を重視する。同行のアカウントマネジャーは、つまるところ融資担当である。顧客がローン以外のサービスを必要とすれば、これらアカウントマネジャーは、シティバンクの専門家と引き合わせ、あらかじめパッケージ化された商品を提供する。シティバンクの活動システムは、ベッセマーほどの特別仕様ではなく、アカウントマネジャー一人で一二五人の顧客を担当できる。顧客とのミーティングは、オフィスで半年に一回、しかも大口顧客のみを対象としている。

ベッセマーとシティバンクはそれぞれ、プライベートバンキング業界の異なる顧客グループのニーズに応じて、異なる活動を行っている。確実に利益を上げつつ、二つの顧客グループのニーズを同時に満たせるバリューチェーンは存在しない。

(3) アクセス・ベース・ポジショニング

このポジショニングの基盤となるのは、アクセスの方法の違いによって顧客をセグメントすることである。ニーズは他の顧客と同じでも、アプローチするための最善の活動の組み合わせは異なる、という点に基盤を置くポジショニングである。

アクセスの方法は、顧客の地理的所在地や規模、あるいは顧客に最も効果的にアプローチするために通常とは異なる活動が必要となる、その他のあらゆる要素によって決まる。先の二つのポジショニングに比べて、アクセス・ベース・ポジショニングは一般的でないばかりか、あまり理解もされていない。

カーマイク・シネマズは、人口二〇万人以下の都市や街だけで映画館を運営している。大都市と同じ入場料は取れない小規模市場で、カーマイクはどのように稼いでいるのだろうか。その秘密は、あらゆる無駄を排除した同社の原価構造にある。

小都市の住人であるカーマイクの顧客たちは、大都市にある標準化された低コストのシネマコンプレックスに比べて、スクリーンの数が少なく、上映技術がそれほど優れていなくても気にしない。同社独自の情報システムとマネジメントプロセスを導入したことで、運営スタッフの必要性をなくし、支配人が一人いれば事足りるようになった。カーマイクは、集中購買、小都市ならではの低い家賃と人件費、二％という本社間接費（業界平均は五％）のおかげで、他社よりも優位にある。また、狭い地域社会で商売していることで、属人的なマーケティングも可能になる。支配人は気心の知れた顧客に対し、映画館に来てくれるよう個人的に頼むことができる。地元唯一でなくとも、地元一の映画館――主たる競合は観客を奪い合う地元の高校のアメフト部――になることで、カーマイクは、上映したい映画を確保できると同時に、配給でも好条件を引き出せるのである。

地方の顧客と都市部の顧客の違いは、アクセスによって活動が異なる一例といえる。そのほか、顧客のニーズが同じでも、相手にする顧客が多数か少数か、地域の人口密度が高いか低いかといったことによって、マーケティング、受注処理、ロジスティックス、販売後のアフターサービスなどの最も効果的な組み合わせは違ってくる。

ポジショニングは、ニッチ市場をあぶり出すことだけではない。何に依拠するかによって、ポジショニングは広くもなれば、狭くもなる。

イケアのように焦点を絞った企業は、一部の顧客の特殊なニーズに狙いを定め、それにふさわしい形に活動を設計する。このように焦点を絞った企業は、幅広い顧客を対象とする競合企業によって過剰なサービス（したがって高価格）を提供されている顧客グループ、あるいは不十分なサービス（したがって低価格）しか提供されていない顧客グループを成長源としている。一方、バンガードやデルタ航空など、顧客対象が広い企業は、さまざまな顧客の共通のニーズに応えるべく活動を設計している。こうした企業は、特殊な顧客グループの特殊なニーズについては限定的な対応に留めるか、無視することになる（BOX2-3参照）。

バラエティ・ベースであろうと、ニーズ・ベースであろうと、アクセス・ベースであろうと、またこれらの組み合わせであろうと、ポジショニングには、それぞれにふさわしい活動の組み合わせを設計することが不可欠である。なぜなら、ポジショニングは常に供給側《サプライサイド》の差異の関数、すなわち活動の違いによって決まる結果だからである。逆に、ポジショニングは必ずしも需要側《デマンドサイド》の差異の関数、つまり顧客の違いで決まるとは限らない。特にバラエティ・ベース・ポジショニングとアクセス・ベース・ポジショニングは、顧客の違いにはいっさい影響されない。

ただし、バラエティ・ベースやアクセス・ベースが異なると顧客ニーズに違いが生じる。たとえば、カーマイクの顧客たちは小都市の住人であり、その嗜好、すなわち彼ら彼女らのニーズゆえに、もっぱらコメディやウェスタン、アクション映画、ファミリー映画が上映される。カーマイクはＮＣ－17（一七歳以下入場禁止）指定の映画は上映しない。

ポジショニングの定義ができたことで、本章のテーマである「戦略とは何か」を議論する準備が整った。戦略とは、独自性と価値の高いポジションを創造することであり、ポジションには活動の違いが伴う。唯一にして理想のポジションが存在するなら、戦略に出番はなくなる。企業はただそのようなポジションを発見し、他社より先にそれを手に入れれば足りることになる。

どの企業においても同じ活動が、あらゆるバラエティの製品やサービスを生み出し、あらゆるニーズを満たし、あらゆる顧客にアクセスする最善の方法であるなら、すべての企業が同じ活動を行うことになり、業務効果によってのみ業績が決まることになってしまう。それは戦略ではない。戦略ポジショニングの本質は、競合他社とは異なる活動を選択することである。

戦略は「トレードオフ」で持続する

独自のポジションを選択するだけでは、持続的優位は保証されない。高い価値が得られるポジションならば、ライバルが真似ようとすることだろう。模倣の方法は、次の二つのうちのどちらかである。第一の方法は、みずからを好業績企業と重ね合わせるように、ポジショニングし直す（リポジショニング）ことである。たとえば、百貨店のＪＣペニー・カンパニーはかつて、シアーズ・ローバック（現シアーズ）とそっくりだったが、リポジショニングによって高所得者向けに最新流行の非耐久消費財を販売するようになった。

第二の方法で、よく見られる模倣の種類は、両天秤をかける（ストラドリング）ことである。このような企業は、既存のポジションを維持しながら、うまくいっているポジションのいいとこ取りをする。こうして、従来からの各活動に新しい特徴やサービス、技術を追加する。

トレードオフは持続的優位の条件

どんな市場ポジションでもライバルは模倣できるとする説がある。航空業界は、これを検証する格好の事例といえる。どの企業も、他の航空会社の活動をほとんど模倣できるように見える。実際、同じ飛行機を購入したり、ゲートを借りたり、他社の機内食や発券手続き、手荷物サービスなどを真似したりできる。

コンチネンタル航空は、サウスウエスト航空がうまくやっている様子を見て、両天秤をかけることにした。フルサービスを提供する航空会社としてのポジションを維持しながら、サウスウエスト航空に倣って、二点間ルートを多数用意した。同社はこのサービスをコンチネンタル・ライトと名づけた。機内食もファーストクラスもないが、とにかく便数を増やし、運賃を下げ、ゲートでのターンアラウンド時間を短縮した。コンチネンタル航空は、これ以外のルートではフルサービスを続けたため、引き続き旅行代理店やさまざまな機種を利用し、荷物の預かりや座席指定などのサービスを提供した。

しかし、戦略ポジションは、他のポジションとの間にトレードオフが存在するようなものでなければ持続性がない。トレードオフは、ある活動とある活動が相容れない時に生じる。簡単に言えば、あちら立てればこちら立たず、何かを増やすと別の何かが減る、という状態のことである。

航空会社は、機内食を出すかどうかを選択できる。出すならコストが上がり、ゲートでのターンアラウンド時間も長くなる。出さないという選択も可能である。しかし、活動に重要な非効率を生じさせることなく両方を同時に選択することはできない（コンチネンタル・ライトは一九九三年にサービスを開始したが、一九九五年に停止した）。

トレードオフがあるために、企業はあれかこれかを選ぶ必要がある。だから、自社のポジションにトレードオフがあれば、リポジショニングや両天秤で同じポジションを狙ってくる他社から自社を守ることができるのである。

石鹸のニュートロジーナ（一九九四年にジョンソン・エンド・ジョンソンが買収）について考えてみよう。ニュートロジーナは、バラエティ・ベース・ポジショニングを取っており、「肌にやさしい」、

pH《ペーハー》バランスを考えた低刺激石鹸を基本としている。同社は、皮膚科医を訪問する大規模な営業部門を擁しており、そのマーケティング戦略は石鹸メーカーというより製薬会社のそれに近い。医学専門誌に広告を出し、医者にダイレクトメールを送り、医学関連のカンファレンスに参加し、スキンケア研究所を抱え、研究開発に取り組んでいる。このポジショニングを強化するために、ニュートロジーナは当初、流通チャネルは薬局に限定し、価格競争を回避した。また、くずれやすい石鹸の成形のために、スピードが遅くコストの高い製造プロセスを採用した。

このポジションを選択するに当たり、ニュートロジーナは、たいていの消費者が石鹸に求める体臭防止のためのデオドラントや皮膚軟化剤などを取り入れなかった。スーパーマーケットでの販売や値下げなどのプロモーションを展開すれば大量販売も可能だったが、あえて行わなかった。理想の石鹸をつくるために生産効率の犠牲も辞さなかったのである。当初のポジショニングにおいて、ニュートロジーナはこのようなトレードオフを築き上げ、このトレードオフのおかげで模倣者から守られたといえる。

トレードオフが生まれる三つの理由

(1) イメージや評判の一貫性

トレードオフが生じる理由は三つある。第一の理由は、イメージや評判の一貫性である。ある価値を提供することで知られている企業が、別の種類の価値を提供すれば、あるいは相容れないものを並行して売ろうとすれば、信用を失い、顧客を混乱させ、かつての評判までも傷つけてしまうだろう。

たとえば、石鹸のアイボリーのポジションは、ふだん使いの廉価な石鹸の定番というものであり、ニュートロジーナの高級かつ医学的な評価の高いイメージに一からつくり直すのは至難の業であろう。市場規模の大きい業界の場合、イメージを刷新するには、一般的に数千万ドル、時には数億ドルかかり、これが模倣への大きな障壁になっている。

(2) 活動の一貫性

第二の理由はさらに重要で、活動そのものにトレードオフが存在するというものである。他社とは異なるポジションを選択すれば、それにふさわしく活動を調整することになり、製品の仕様、設備、従業員の行動、スキル、マネジメントシステムも変わってくるが、そこにはトレードオフが存在する。このトレードオフは機械や人間、システムの柔軟性の欠如の反映であることが多い。イケアがコストを下げるために活動を調整し、いま以上に組み立てや配送を顧客の手に委ねれば、より高いレベルのサービスを求める顧客の満足度は低くなるだろう。

トレードオフはもっと身近なところにも表れる。一般的に、活動に求められる品質水準が目的に比して高すぎても低すぎても収益が損なわれる。トレードオフを無視して、優秀な営業担当者にすべての顧客のサポートをさせたような場合、ある顧客には高いレベルのサポートを提供しても、別の顧客にはその必要がなかったとすれば、この担当者の能力と人件費の一部は二番目の顧客については無駄になったといえる。しかし、トレードオフを考慮して、この担当者の顧客を高次元のサポートを提供する顧客に絞れば、そのような無駄は生じないばかりか、学習効率も高まって営業活動の範囲が広がるという効果も期待できる。

(3) 調整と統制の限界

第三に、社内の調整と統制の能力には限界があることで、トレードオフが生じる。ポジショニングを一つ選べば、それにつれて組織上の優先順位も明らかになる。しかし、あらゆる顧客にあらゆることを提供しようとする企業では、社員たちは具体的なフレームワークがないまま日々の業務上の判断を下すことになるため、社内のあちこちで調整と統制の混乱が生じかねない。

ポジショニングのトレードオフは、競争にはつきものであり、戦略の本質である。トレードオフゆえに選択の必要性が生じ、自社が提供するものを意図的に制限する必要が生じる。また、トレードオフが存在することで、リポジショニングや両天秤によって模倣しようとする競合他社の戦略が弱まり、活動の価値が下がるため、模倣を食い止める効果がある。

トレードオフのために、コンチネンタル・ライトは結局離陸できなかった。数億ドルを失い、CEOは解任された。飛行機の出発が遅れ、そのせいでハブ空港は混雑し、しかも乗り継ぎ客が荷物を運び出すためにゲートでのターンアラウンドもたついた。便の遅延や運休により、一日に一〇〇〇件もの苦情が寄せられた。価格競争をしながら旅行代理店に標準的な手数料を支払うことができなかった。かといって、代理店を切ってしまったらフルサービス事業を続けられないので、結局すべての便の手数料を一律引き下げた。同様に、低額のコンチネンタル・ライトの旅客に同水準のマイレージサービスを提供する余裕もなかったため、マイレージサービス全体でマイル基準を一律に引き下げた。

その結果、旅行代理店とフルサービスの顧客の怒りを招いた。

コンチネンタル航空は同時に二つの方法で競争しようとした。一部の路線では低コストで、それ以外の路線ではフルサービスの提供を試みたわけだが、この両天秤のツケは高くついた。これら二つのポジションの間にトレードオフがなければ、コンチネンタル航空は成功していたかもしれない。とはいえ、トレードオフが存在しないことがあるなどというのは危険な半面の真理にすぎず、最初から無視しておいたほうが安全だ。質というものは無料では得られない。サウスウエスト航空の利便性という、ある種の質の高さは、短時間のターンアラウンドや自動発券などによって実現しているわけだが、それはたまたま低コストのオペレーションと両立しているということにすぎない。航空会社が別の側面の質、たとえば座席指定、機内食、預け入れ荷物の移送などを追求するなら、その提供にはコストがかかる。

トレードオフのない戦略に価値はない

一般的に、コストと品質の間にトレードオフがないという状態は、企業の活動に重複や無駄があったり、統制がおざなりだったり、正確さに欠けていたり、調整が不十分だったりする時である。コストと差別化を同時に改善できるのは、その企業が生産性の限界線から大きく後れを取っている時か、限界線が外側に移動している時だけである。限界線上にある時、言い換えれば、その企業がベストプラクティスを実現している時には、コストと差別化はトレードオフとなる（BOX2-2参照）。

本田技研工業（ホンダ）とトヨタ自動車はここ一〇年ほど、生産性で優位に立っていたが、その後、限界線に達した。一九九五年、高くなった自動車価格に異議を唱える顧客が増えてきたことで、ホンダは、いくつかの特長を削ぎ落すことが低価格車をつくる唯一の方法であると思い至った。米国では、顧客に気づかれないことを祈りつつ、シビックの後輪のディスクブレーキを低コストのドラムブレーキに変更し、また後部座席の布地を安いものに変えた。トヨタは、日本で一番売れているカローラのバージョンを、バンパーを塗装せず、より低コストの座席を使って発売した。トヨタの場合、顧客はそっぽを向き、このニューモデルは早々に引っ込められた。

ここ一〇年、業務効果の大幅な向上の中で、マネジャーたちは「トレードオフは解消することが望ましい」という考え方を身につけてきた。しかし、トレードオフがなければ、持続的優位は獲得できない。また、その位置に留まるにはますます速く走り続けなければならない。

「戦略とは何か」という問いに対し、トレードオフの存在が回答に新たな次元を加えることがわかった。戦略とは、競争においてトレードオフをつくることなのである。戦略の本質とは、「何をしないか」を選択することである。トレードオフがなければ、選択する必要はなく、したがって戦略も不要である。優れたアイデアは、どのようなものであれ、すぐさま模倣できるし、実際に模倣されるだろう。その成果は、繰り返しになるが、業務効果によって決まることになる。

活動の「適合性《フィット》」が競争優位と持続性を強化する

どのポジショニングを選択するかによって、どのような活動を行うのか、各活動をどのように組み合わせるのか、またどのように関連させるのかが決まる。業務効果とは、個々の活動や機能を実施する際の卓越性であり、戦略とは、さまざまな活動や機能の組み合わせである。

サウスウエスト航空は、ゲートでのターンアラウンド時間を短縮したことで便数を増やし、一機当たりの活用度を高めた。これは、高い利便性と低コストというポジショニングに不可欠である。それにしても、同社はどのようにそれを実現したのだろうか。ゲートや地上業務を担当する職員たちに高給を支払っていることも、その答えの一部といえる。そして、ターンアラウンド作業において彼らの生産性が高いのは、労働協約が柔軟な内容であることも大いに関係している。

とはいえ、何より重要な部分は、サウスウエスト航空がどのように他の活動を行っているのかにある。同社では、他社のターンアラウンド時間を長引かせている活動、すなわち、機内食、座席指定、乗り継ぎ客の手荷物の移送を行わない。また、遅延の原因となる混雑を避けるため、利用空港やルートを選んでいる。ルートとその距離を厳しく制限することで、機種をすべてボーイング737に統一することができた。

サウスウエスト航空のコアコンピタンスは何だろうか。また、KSF（主要成功要因）は何だろうか。正解は「すべて」である。同社の戦略は、各活動を一つのシステムにまとめ、その全体を包含したものであり、単なる部分の寄せ集めではない。同社の競争優位の源は、どのように各活動を適合させ、どのように強化させるのか、その方法にある。

この「適合性《フィット》」によって、各活動が最強度でつながった強力なバリューチェーンが生まれ、これが模倣者への障壁となる。優れた戦略を有する企業と同様、サウスウエスト航空の各活動は相互に補完し合い、真の経済価値を創出している。たとえば、ある活動のコストを下げられるのは、他の活動がそれを可能とするように作用するからである。同様に、ある活動によって顧客にもたらされる価値が高まるのも、他の活動がその活動を強化しているからである。このように戦略上の適合性から、競争優位と優れた収益性が生み出される。

適合性の三種類

組織の各部分が一致した方針の下で機能していることの重要性は、戦略において古くから考えられてきたことの一つである。しかし経営課題において、それは次第にほかのものに取って代わられてきた。いまではマネジャーは、企業を全体として見るよりも、コアコンピタンス、最重要資源《クリティカル・リソース》、KSFなどに注目するようになった。しかし実際には、適合性は、多くの人々が認識している以上に競争優位の根幹を成す構成要素なのである。

適合性が重要なのは、個々の活動が相互に影響することが多いからである。たとえば、その企業の製品が優れた技術を備えており、マーケティングにおいて顧客をしっかりサポートすることが強調されている場合、営業部門が有能であれば、優位性はいっそう高まるであろう。多品種少量生産ができる生産ラインの価値が高まるのは、完成品在庫を最小化できる在庫システムと受注処理システムがこれに組み合わさった時、また営業プロセスが特注生産に対応でき、その受注を増やすように設計されている時、あるいは製品の種類が豊富で顧客の特殊ニーズにも対応可能であることを宣伝できる時である。

このような補完性は戦略にはつきものである。活動間の適合性には、多くの企業に適用できる基本的なものもあるが、どのような適合性が最も価値が高いかは戦略によって変わる。それは、適合性がポジションの独自性を高め、トレードオフを増幅させるからである(＊3)。

適合性には三種類ある。これら三つは重なり合う部分がある。

(1) 戦略と活動のシンプルな一貫性

第一は、ある活動(あるいは機能)と戦略全体の間の「シンプルな一貫性」という意味での適合性である。

たとえばバンガードでは、あらゆる活動を低コスト戦略に連動させている(前出図表２－４参照)。ポートフォリオの入れ替えを最小限に留めているため、高給のファンドマネジャーは必要ない。みずから組成した投信をみずから直販しているため、仲介業者に手数料を支払わなくて済む。広告も極力控え、ＰＲとクチコミに頼っている。コストの節約度が従業員のボーナスに反映される。

こうした一貫性があるからこそ、活動の競争優位は積み上がり、陳腐化したり相殺されたりすることもない。また一貫性ゆえに、顧客、従業員、株主たちに、戦略をわかりやすく伝えられる。そして一貫性のおかげで、社内が一丸となり、戦略を実行しやすい。

(2) 活動の相互補完性

第二は、「各活動が相互に補強し合う」という意味での適合性である。

ニュートロジーナは、皮膚科医が推薦する石鹸を宿泊客に提供したいと考えている高級ホテルに売り込む。ホテル側は、他社の石鹸にはホテル名を入れるように求めるが、ニュートロジーナには同社オリジナルのパッケージの使用を特別に認めている。高級ホテルに宿泊してニュートロジーナの石鹸を使えば、後日それを薬局で買い求めたり、医師にその石鹸について尋ねたりする可能性が高まる。こうして、対医療機関と対ホテルへのマーケティングは互いに補強し、マーケティングコストも全体として低下する。

別の例として、文具のビックを紹介しよう。同社は、よくある廉価なペンを、種類を限定して販売している。ほぼすべての主要顧客——小売店向け、業務用、販促ノベルティ用、景品用——に向けて、ほぼすべての流通チャネルを利用している。競合他社も、バラエティ・ベース・ポジショニングの下、広範な顧客層を相手にしているが、ビックも同じく、多くに共通するニーズ（安物だが、ペンとして最低限の条件を満たしている）を強調し、広範囲を網羅するマーケティング手法（大規模な営業部門と大量のテレビCM）を用いる。ビックでは、たとえば、製品面では製造しやすいデザインを追求し、工場ではコスト削減を徹底し、購買では原材料費を最小限に抑え、部品が高くつく時は必ず内製化するなど、ほぼすべての活動にわたって一貫性を追求し、そのメリットを確保している。

ただしビックでは、第一の適合性である単純明快な一貫性を超えて、各活動が相互に補完し合っている。同社は、衝動買いを促すために、たとえば小売店の店頭に陳列したり、パッケージを頻繁に変更したりしている。小売店での販売には、大規模な営業部門が必要だが、ビックのそれは業界一の規模で、競合他社よりも長けている。

さらに、このような店頭活動、大量のテレビＣＭ、パッケージの変更を組み合わせることで、これらの活動を単独で実施した場合よりも、衝動買いをより増やすことが可能になる。

（３）労力の最適化

第三は、活動間の相互補完性を超える、「労力を最適化する」という意味での適合性である。

ＳＰＡ（アパレル製造小売り）の元祖ＧＡＰは、店でほしい商品が必ず買えることこそ戦略の要であると考えた。すべての商品を店頭に揃えるには、店舗在庫を置くと同時に、倉庫から補充する必要がある。そこでＧＡＰは、定番商品を三つの倉庫からほぼ毎日補充することで、労力を最適化している。その結果、大量の店舗在庫を抱えずに済む。補充に重点を置いているのは、同社が定番商品を比較的少ない色数で展開するというマーチャンダイジング戦略にこだわっているからである。同規模の小売業の在庫回転率は年三、四回だが、ＧＡＰは七・五回である。さらに、この迅速な補充のおかげで、六～八週間という短いモデルチェンジのサイクルを低コストで実現できる[*4]。

労力の最適化の基本は、冗長性を排除し無駄を最小化するために、活動間での調整や情報交換を行うことである。もちろん、それよりも高次元の最適化もある。たとえば、ある製品デザインを選択することで、アフターサービスを不要にできたり、顧客自身に行ってもらうこともできる。サプライヤーや流通チャネルを調整することで、エンドユーザーの教育といった、これまで自社で行っていた活動の必要性もなくすこともできる。

以上三つの適合性すべてにおいて、個々の部分ではなく、全体が重要である。競争優位の拠って立つ基盤は「活動システム全体」なのである。実際、活動間の適合性によって、コストが大幅に低下したり、差別化がいっそう強化されたりする。競争における各活動の価値――あるいは、それに関連したスキルやコンピテンシー、経営資源など――は、システムや戦略から切り離すことができない。

企業競争における成功を、各部分の強み、コアコンピタンス、最重要資源《クリティカル・リソース》などによって説明しようとすると、間違いにつながる可能性が高い。企業の強みはさまざまな機能や活動にまたがり、ある強みは他の強みと関係しているからである。したがって、戦略はさまざまな機能や活動に関わるテーマ――たとえば低コスト、顧客サービスにおける特殊なアイデア、提供する価値に関する特殊な概念など――から考えることが有益である。これらのテーマは、各活動が緊密に連携し合うつながりの中で具体化される。

適合性が持続性を生む

活動間の適合性は、競争優位の基礎となるだけでなく持続可能性の基礎ともなる。競合他社にすれば、相互に関連している活動システムを完璧に模倣するのは、ただ営業手法を真似たり、同様のプロセス技術を導入したり、製品に同じ特徴を取り入れたりするより、ずっと難しいだろう。活動システムに基づくポジショニングは、個々の活動だけに基づくポジショニングよりも、はるかに持続可能性が高い（図表2-5参照）。

次の簡単な計算について考えてみたい。いかなる活動でも、競合他社がそれを完璧に模倣できる確

図表2-5｜戦略についての異なる見解

過去、暗黙のうちに了解されていた戦略モデル	持続的な競争優位を目指す戦略モデル
□業界の中に理想的な競争ポジションは1つしかない。	□競争において、その企業独自のポジションを確保する。
□あらゆる活動をベンチマーキングし、ベストプラクティスを実践する。	□戦略にふさわしい活動を整える。
□積極的にアウトソーシングし、効率を高めるために他社と提携する。	□明確なトレードオフを確立し、競合とは異なる選択をする。
□少数のKSF（主要成功要因）と重要資源、そしてコアコンピタンスが、優位性の源泉となる。	□競争優位は各活動間での適合性から生じる。
□競争上の変化と市場内の変化のすべてに柔軟かつ迅速に対処する。	□持続可能性は活動システム全体から生じるものであり、その一部からではない。
	□業務効果は当然の必要事項である。

率は一より小さい。活動システム全体を模倣すれば、〇・九×〇・九＝〇・八一、また〇・九×〇・九×〇・九×〇・九＝〇・六六といった具合に、確率はいっきに下がり、模倣は非現実的となる。既存企業がリポジショニングや両天秤を試みようとすれば、多くの活動を設計し直さなければならない。新規参入者は、既存企業が直面するようなトレードオフに遭遇することはないが、それでも模倣するには大きな障壁が立ちはだかる。

ある企業のポジションが、第二もしくは第三の適合性による活動システムに基づくものならば、その優位性はいっそう持続性が増すだろう。そのような活動システムは、その本来の性質により、外部から解明することが難しく、模倣も難しい。たとえ各活動がどのように結び合わさっているのか、活動システムの内部を明らかにすることができたとしても、競合他社がそれを再現するのは難しいだろう。実際、適合性を実現するのは難しい。複数の部門にまたがる意思決定や行動を統合する必要があるからだ。

競合他社が活動システムを模倣しようとしても、一部の活動しか真似できず、全体を再現できないため、得られるものはほとんどない。業績は、上がるどころか、下がる可能性すらある。サウスウエスト航空を模倣しようとしたコンチネンタル・ライトの悲劇を思い出してほしい。

さらに、活動間に適合性があると、業務効果の改善への圧力やインセンティブが生まれ、これにより模倣はますます難しくなる。適合性が存在するということは、ある活動のパフォーマンスが低調だと他の活動もうまくいかなくなるということでもある。その結果、弱みが露呈し、ライバルから目をつけられやすくなる。反対に、ある活動が改善されれば、他の活動にも好影響が及ぶ。活動間の適合性が高い企業は、ライバルから狙われにくい。戦略とその実行に優れていると、優位性のみならず、模倣を阻む障壁が高まる。

各活動が相互に補完し合っている場合、競合他社がこれを模倣しようとしても、システム全体を同じにできない限り、得られるものはほとんどない。このような状況では、「一人勝ち《ウィナー・テイクス・オール》」の競争になりやすい。

業界一の活動システムを構築した企業、たとえばトイザらスは、チャイルド・ワールドや、ライオネル・レジャーなど、戦略が似通ったライバルに大きく水を開け、勝利した。既存のポジションを踏襲して二番手や三番手の模倣者になるよりも、多くの場合、新たな戦略ポジションを見つけるほうが賢明といえる（BOX2-3参照）。

最も成功しやすいポジションは、その活動システムがトレードオフの存在で守られ、ライバル企業のシステムと相容れないようなポジションである。個々の活動をどのように構成し、どのように統合するかは、戦略ポジショニング次第である。

活動システムの視点から戦略を考えると、組織構造、各システムや各プロセスがなぜ戦略に従うべきなのか、その理由がはっきりする。裏を返せば、戦略に従って組織を調整すれば、相互補完性も実現しやすくなり、持続可能性も高まる。

戦略ポジショニングは、立案から見直しまでの一回のサイクルではなく、どうやら一〇年もしくは一〇年を超える期間で考える必要がありそうだ。一つのポジショニングを継続することで、各活動や活動間の適合性が改善され、それにより組織として戦略にふさわしい能力やスキルが得られるし、その企業らしさも強化される。

反対に、ポジショニングを頻繁に変更すると、コスト高になる。各活動を再構成しなければならないだけでなく、システム全体についても再調整しなければならないからである。また、戦略が振り子のように揺れていると、これに対応できない活動も出てくる。戦略を何度も変えたり、最初のポジショニングがはっきりしなかったりすると、横並びに走ったり、各活動が重複したり、機能間に一貫性がなかったり、組織内に不和が生じたりする。

戦略とは何か。もう、この問いへの答えを出せるだろう。戦略とは、企業の活動間の適合性をつくり出すことである。戦略の成功は、多くのことを──少数ではなく──戦略と適合するよう統合できるかどうかにかかっている。活動間に適合性がなければ、メリハリの効いた戦略も実現しなければ、持続可能性もない。マネジャーの仕事は個々の機能を単に監督するだけとなり、組織の相対的な業績は業務効果に左右されることになる。

戦略を再発見する

なぜこんなに多くの企業に戦略がないのか。なぜマネジャーは戦略の選択から逃げるのか。あるいは以前に立案した戦略があっても、なぜそれをありきたりなもの、曖昧なものにしてしまうのか。

戦略の選択から逃げない

戦略への脅威は、技術進歩や他社動向など、社外からやってくる、と一般的には考えられている。たしかに外部の変化も問題だが、戦略を脅かすものは実は社内にある。健全な戦略も、競争についての間違った見方、組織の機能不全、とりわけ成長への欲求によって腰砕けになっていく。

戦略を選択する必要性について、マネジャーたちは混乱している。大半の企業が生産性の限界線のはるか遠くで経営しているような時なら、トレードオフは考慮する必要はなさそうに思える。順調に成果を上げている企業なら、成果が上がっていないライバルを、あらゆる面で同時に出し抜くことができそうに見える。人気の経営思想家たちから「トレードオフなど考える必要はない」と吹き込まれたマネジャーたちは、トレードオフを考えるのは弱点があることを示すようなものだ、と強気の姿勢を見せるようになった。

しかし、大競争時代の到来の予測にたじろいだマネジャーたちは、競合他社をそっくり真似しようとする方向に走った。かと思えば、企業変革を考えろと言われて、あらゆる新技術を追いかけようとした（BOX2-4参照）。

業務効果の追求は、わかりやすく、すぐ実施できるという魅力がある。ここ一〇年ほど、マネジャーたちは、可視化と定量化のできる業績改善を要求されてきた。業務効果を改善するプログラムが優れた収益性につながるかについては判然としないが、前よりよくなることは間違いない。ビジネス書やコンサルタントのせいで、他社が何をしているのかという情報が氾濫し、ベストプラクティスを求める心理に拍車がかかった。このように業務効果を競うレースに参加したことで、多くのマネジャーが、なぜ戦略が必要なのかという理由を見失ってしまっている。

戦略の選択を回避したり、曖昧にしたりする理由は、ほかにもある。業界の常識はしばしば払拭しがたく、同質化競争に陥りやすいのである。「顧客第一主義《カスタマー・フォーカス》」を誤解して、あらゆる顧客に対応し、流通チャネルから上がってくる要求すべてに応えなければならないと考えるマネジャーもいる。これを柔軟性を失いたくないという欲求の表れと見る向きもある。

組織の現実も戦略の足かせになる。トレードオフはやっかいであり、間違った選択を下して責められるより、何も選択しないほうが賢いと考えてしまう。一種の群集行動から、各社が互いを模倣し合う。ライバルは自分が知らないことを知っていると思い込んでいるからである。自主性を発揮するべく権限委譲された社員たちは、改善できるところをもれなく探し出そうと頑張るが、えてして大局観がなかったり、トレードオフを認識する視点が欠けていたりする。上司や部下を失望させたくないために戦略の選択をためらうという状況すら生じている。

成長の罠を避ける

さまざまな理由の中で、戦略を機能不全に陥らせる最大のものは、おそらく成長への欲求であろう。トレードオフや何らかの制約は、成長を阻害するものに見える。たとえば、ある顧客グループにはサービスを提供するが、それ以外は対象外としたような場合、売上げには想像上もしくは実際上の上限が設定される。広範な顧客に低価格をアピールする戦略では、製品の特徴やサービスに敏感な顧客からの売上げが減る。また差別化戦略では、価格感度の高い顧客からの売上げが減る。

マネジャーたちはいつも、こうした制約を少しでも減らしたいと思っているので、戦略ポジションを曖昧にしておこうとする。とどのつまり、成長の圧力や市場の飽和により、製品ラインを拡大したり、新たな特徴を追加したり、ライバルの評判のサービスを真似したり、プロセスを同じにしてみたり、時には買収に走るなどしてポジションを広く取ることになる。

メイタグ（二〇〇六年にワールプールが買収）は長年にわたり、信頼性と耐久性の高い洗濯機と乾燥機を製造し、後に食器洗浄機もつくるようになったが、ここに集中することで成功の基盤を築いた。ところが、フルラインの製品を販売するというアイデアが、業界の常識として台頭してきた。業界の成長の遅さ、そして幅広い製品を扱う家電メーカーとの競争が懸念された。メイタグは、販売店からだけでなく顧客からも製品ラインを拡大してほしいと求められた。そこで、同社はメイタグのブランド名で冷蔵庫や調理用器具へと製品ラインを拡大した。さらに買収したジェン・エアー、ハードウィック・ストーブ、フーバー、アドミラル、マジック・シェフなどのブランドで、さまざまな製品を投入した。

メイタグは大きく成長を遂げ、一九八五年には六億八四〇〇万ドルだった売上げは、一九九四年には三四億ドルのピークに達した。しかし、ROS（売上高利益率）は低下した。一九七〇年代から八〇年代は八～一二％の間にあったが、一九八九～九五年は平均一％以下だった。コスト削減により、一九九六年以降、この値が改善する可能性もある。しかし、メイタグの収益性の基盤は、いまでも洗濯機であり食器洗浄機である。

ニュートロジーナも、同じ罠にはまってしまったのかもしれない。一九九〇年代初頭、米国国内の販路を広げ、ウォルマートなどの量販店でも販売するようになった。ニュートロジーナというブランド名の下、アイメーク・リムーバーやシャンプーなど、さまざまな製品を展開した。これらの製品はニュートロジーナ独自のものではなく、同社のイメージは希薄化し、ついには価格プロモーションを始めるようになった。

成長を追求する過程で妥協し、企業としての一貫性が損なわれると、独自の製品や対象顧客によって築いてきた競争優位が崩れてしまう。さまざまな方法を並行させて競争しようとすると、混乱を招き、組織内のモチベーションと基軸がゆらぐ。

利益は落ちるが売上げが伸びているため、間違いに気づかない。マネジャーたちは取捨選択ができず、いっそうの拡大に着手し、そして妥協する。各社とも、互いを真似し続け、どうにもならなくなってようやくこのサイクルが止まり、合併あるいは当初のポジションに戻るための事業縮小という結末を迎えるのである。

利益を伴う成長を追求する

ここ一〇年間、リストラクチャリングやコスト削減が続いたが、いまでは多くの企業が成長に目を向け始めている。成長に注力すると、しばしば独自性が曖昧になり、妥協を生み、適合性を低下させ、ついには競争優位が弱体化していく。実際、成長の追求によって戦略は蝕まれる。

では、戦略を維持し強化する成長策とは、いかなるものだろうか。大まかに言えば、戦略ポジションを掘り下げることに集中し、拡大したり妥協したりしないことである。

そのための一つの方法は、現在の戦略の延長線上で活動をさらに強化し、競合他社が不可能だと諦めるか、コスト負担に耐えられないと思うような特長やサービスを提供することだ。言い換えれば、こう自問することである。「自社の活動の間にある相互補完性を踏まえると、どのような活動、どのような製品特性、どのような競争のやり方が可能であり、またコストがかからないか」

ポジションを掘り下げるとは、活動をより特徴的にし、適合性を高め、価値を認めてくれる顧客に向けて的確に戦略を伝えることにほかならない。しかし多くの企業が、精査や戦略とのすり合わせを怠ったまま、人気の機能、人気の製品やサービスに飛び付くという安易な成長策に走っている。また、自分たちではそれほどの価値を提供できない顧客や市場を新たなターゲットに選んでしまっている。

成長可能性は高いが独自性に欠ける分野に専念するよりも、優位な分野において、さまざまなニーズを奥底まで掘り下げ、さまざまな種類の製品やサービスを提供したほうが、成長スピードも速く、収益性も高いことが多い。いまや全米最大の映画館チェーンとなったカーマイクの場合、ひたすら小さな市場に専念してきたことが急成長の理由である。同社は、買収した映画館チェーンの中に大都市の映画館が含まれていたら即売却してしまう。

グローバル化は、焦点を絞った戦略によって大規模な市場を開拓することができるので、多くの場合、戦略の一貫性を損なうことなく成長を実現する方法となりうる。国内で事業を拡大する場合より、自社のユニークなポジションやアイデンティティを活用しやすい。

業界内で事業を拡大して成長を目指すならば、独立した部門をいくつかつくり、それぞれに異なるブランド名を冠し、独自の活動を行わせるとよい。これが戦略へのリスクを最も抑えられる方法の一つである。メイタグは、まさにこの点で苦しんだ。同社は高級ブランドと廉価ブランドを戦略ポジションが異なる部門として分割する一方で、クリティカル・マス（市場で最低限必要な供給量）を確保するために、全ブランドを傘下に収める家電会社を設立した。しかし、設計、製造、配送、顧客サービスを共有すれば、均質化は避けられない。ある部門が異なるポジションと異なる製品で競争しようとした場合、何らかの妥協を避けることは不可能だろう。

リーダーシップの役割を再認識する

明確な戦略を考案したり、再構築する仕事は、組織を挙げて取り組むべき課題であり、その成否のカギを握るのはリーダーシップである（BOX2-5参照）。組織内に戦略の選択やトレードオフを嫌う反対勢力が多数いる状況にあっては、これらに対抗し、戦略を正しい方向へと導く明確かつ知的なフレームワークが必要である。そしてそれ以上に、率先して選択の決断をする強力なリーダーの存在が欠かせない。

多くの企業において、リーダーシップは、業務改善の調整、取引や交渉といった仕事へ矮小化されてしまった。しかし、リーダーの役割はそれよりも広範で、はるかに重要である。ゼネラルマネジャーの仕事は、個々の職能を管理する以上のものである。その核となるのは戦略である。すなわち、自社ならではのポジションを定義し、これを伝え、トレードオフを生み出し、活動間に適合性をつくり出す。

リーダーは、どのような顧客ニーズや業界の変化に対応すべきかを判断する規律を示し、組織が脇道に逸れることを避け、会社が独自性を失わないようにしなければならない。下位のマネジャーには、このような視点はなく、戦略を貫くという信念もない。しかも、妥協し、トレードオフを緩め、競合他社を模倣するという方向のプレッシャーに常にさらされている。したがって、リーダーの仕事の一つは組織のメンバーに戦略について教えることであり、「ノー」と言うことである。

戦略にとっては、「何をすべきか」と同じぐらい「何をすべきでないか」が重要である。実際、制約を設けることはリーダーの役割の一つである。どの顧客グループに向けて、どの製品を提供し、どのニーズに対応するかを決めるのが、戦略立案の基本である。しかし、どの顧客やどのニーズには対応しないと決めることも、ある種類の特徴またはサービスは不要であると決定することも、同様に戦略の基本である。それゆえ戦略には、明確な規律とコミュニケーションが要求される。社員は個々の活動の中でトレードオフゆえに生じる選択に対処しなければならないが、リーダーは、そのためのガイドとなるよう、戦略をわかりやすく伝えることが重要である。

業務効果の向上は、経営上不可欠な部分とはいえ、それは戦略ではない。両者を混同してしまうと、無意識のうちに競争に関する考え方が退化し、その結果、多くの業界において競争が収れんした。それは誰のためにもならないばかりか、回避可能である。

業務効果と戦略は、明確に区別されなければならない。どちらも重要だが、別物である。

業務効果においてやるべきことは、トレードオフが存在しないなら、あらゆる場所で継続的改善を推進することである。これを怠ると、いかに優れた戦略を有する企業でも脆さが生じる。業務効果においては、不断の改革に取り組み、柔軟性を確保し、ベストプラクティスの実践にひたすら努めることが望ましい。

一方、戦略においては、独自のポジションを定義し、まごうかたなきトレードオフをつくり出し、適合性を強化するのが正しい。そのためには、自社のポジションを強化・拡大する方法をたえず模索する必要がある。戦略には規律と継続性が求められる。そして、排除すべきは針路からの逸脱と妥協である。

戦略の継続とは、競争を固定的に認識するということではない。企業は業務効果を継続的に向上させ、生産性の限界線を押し広げ、活動間の適合性を強化しながら、独自性の拡充にたえず努めなければならない。実際、戦略を継続することにより、組織の継続的改善の効果を高めるべきである。

業界に大きな構造的変化が起こった時には、戦略を変更する必要があるかもしれない。実際、新しい戦略ポジションは業界構造の変化から生まれてくることが多く、そのような時には、過去に縛られない新規参入者のほうが新しいポジションを見出しやすいものである。とはいえ、そのような場合でも、新たなポジションを取捨選択する際には、新たなトレードオフを発見し、新しい相互補完的な活動システムをてこに持続的優位を構築する必要がある。

BOX 2-1 日本企業には戦略がない

日本企業は一九七〇年代および八〇年代、TQMや継続的改善といった慣行を真っ先に取り入れ、業務効果の領域において世界的革命を起こした。その結果、日本製造業は長きにわたって、コストと品質の両方で優位性を享受してきた(*5)。

しかし日本企業が、本章で論じるような戦略ポジションを明確に確立したことはめったになかった。ソニー、キヤノン、セガ(現セガサミーホールディングス)など、戦略ポジションを築いた企業もあるが、どちらかといえば例外である。ほとんどの日本企業は、互いに真似し、押し合いへし合いをしている。各社とも、ほぼあらゆる種類の製品、機能、サービスを提供しており、あらゆる流通チャネルに対応し、どこの工場も同じようにつくられている。

このような日本流の競争については、その危険性が理解され始めている。一九八〇年代、欧米のライバル企業は生産性の限界線からほど遠く、日本企業はこのままずっとコストと品質の両面で勝ち続けられるように思えた。実際、日本企業各社は、自国経済の拡大とグローバル市場への進出によって成長を果たした。彼らの勢いを止めることは、およそできそうになかった。しかし、業務効果の差が縮まってくると、日本企業は次第に自縄自縛に苦しみ始めた。

もし、業績を悪化させ、共倒れを招きかねない戦いから逃れようというのであれば、日本企業は戦略を学ばなければならない。そのためには、打破しがたい文化的障壁を乗り越える必要がある。日本はコンセンサスを重視することで知られ、また企業では、個人間の違いを強調するより、むしろ調整する傾向が強い。かたや、戦略には厳しい選択が求められる。日本人には、顧客から出されたニーズすべてに応えるために全力を尽くすという、サービスの伝統が深く染み付いている。このようなやり方で競争している企業は、そのポジションが曖昧になり、あらゆる顧客にあらゆるものを提供するはめになる。

BOX 2-2　新たなポジションを見出すには

戦略的に競争するとは、新たなポジションを見つけるプロセスと考えられる。そこは、既存のポジションから顧客を獲得する、あるいはまったく新しい顧客を市場に招き入れるポジションである。

たとえば、大規模小売店は単一カテゴリーの品揃えを充実させることによって、多くのカテゴリーを網羅しているが個々の品揃えは限られているデパートから、市場シェアを奪い取る。また通販会社は、利便性を重視する顧客を狙い撃ちする。原則的には、新しい戦略ポジションを見つけるに当たって、既存企業も起業家も同じ課題に直面する。しかし現実には、新規参入者のほうが有利なことが多い。

戦略ポジショニングはわかりにくいことが多く、それを見出すには創造性と洞察力が要求される。そして、新規参入者はしばしば、既存企業が見逃していた、またとないポジションを見つけ出す。たとえばイケアは、いままで無視され、放置されていた顧客グループを見出した。家電量販店のサーキットシティ・ストアーズ（リーマンショックの影響を被り、二〇〇八年一一月にチャプター11を申請し、その後清算された）は一九九三年、カーマックス（こちらはいまなお「フォーチュン500」の常連）を立ち上げ、中古車販売事業に参入したが、その際、隅々まで洗車する、製品保証をつける、いっさいかけ値なし、自社ローンを上手に利用してもらうなど――いずれも既存企業でもやれたことであった――顧客に喜ばれるような活動を新たに用意した。

新規参入者は、かつては競合他社のものだったポジション、すなわち何年にもわたる模倣や他の事業との両天秤のせいで既存企業が譲り渡さざるをえなくなったポジションを占有することでも、成長を享受しうる。他業界から参入してきた企業の場合、他の事業での優れた活動を利用することで、新たなポジションを創造できる。カーマックスは、在庫管理やクレジット販売など、サーキットシティで蓄積した家電小売りのノウハウを大いに活用した。

大半において、新しいポジションは変化から生じる。たとえば、新たな顧客グループの台頭や購買チャンスの発生、社会の発展によって生じた新たなニーズ、新しい流通チャネルの登場、新技術の開発、新しい機器や情報システムの利用といった変化である。このような変化が生じると、その業界の長い歴史など気にしない新規参入者は、新たな競争のやり方を見出す可能性が高い。既存企業とは異なり、新参者は柔軟である。なぜなら、既存の活動とのトレードオフに直面しないからである。

BOX 2-3｜基本戦略を再考する

私は一九八〇年に上梓した『競争の戦略』(*6)の中で、業界内には選択すべき戦略ポジションが存在することを示すために、「コスト・リーダーシップ」「差別化」「集中」という「基本戦略」(generic strategy)の概念を提示した。戦略ポジションについて多くの人にわかりやすく説明するうえで、基本戦略はいまなお便利である。

たとえば、バンガードはコスト・リーダーシップ戦略の一例であり、イケアは限られた顧客グループに対するコスト・ベースの集中戦略の一例である。ニュートロジーナは集中しながら差別化を図っている。

ポジショニングの基盤、すなわち「バラエティ」(種類)、「ニーズ」「アクセス」を検討することで、これら基本戦略の理解はより具体的になる。たとえば、イケアとサウスウエスト航空はコスト・ベースの集中戦略だが、イケアは顧客グループのニーズに、またサウスウエスト航空は独自のサービスバラエティに焦点を絞っている。

基本戦略のフレームワークは、私が当時「異なる(三つの)戦略に内在する矛盾」と呼んだ状態に陥るのを回避するには、いずれかの戦略を選択しなければならないことを示している。その矛盾とは、両立しないポジション同士間に存在するトレードオフにほかならない。失敗に終わったコンチネンタル・ライトは、同時に二つの方法によって競争したが、うまくいかなかった。

BOX 2-4 新しい業界や技術の登場と戦略

新たに登場した業界、あるいは革命的といえる技術変化のさなかにある業界で戦略を立案するのは、やっかいな仕事である。このような業界では、顧客ニーズ、望まれる製品やサービス、それを提供するのにふさわしい活動と技術の組み合わせを考えるに当たり、極めて高い不確実性に直面する。

この不確実性ゆえに、企業は模倣したり両天秤をかけたりしがちである。見誤ったり出遅れたりするリスクは許されないため、あらゆる特性に合わせ、新しいサービスをすべて提供し、あらゆる技術を開発しようとする。

このような業界の発展期には、その業界の基礎となる「生産性の限界線」が形成されるか、もしくは引き直される。このような時期には、爆発的成長によって多くの企業に利益がもたらされるが、その利益は一時的なものに留まる。なぜなら、模倣と戦略の横並びのせいで、最終的に業界の収益性が損なわれるからである。

好業績を持続するのは、いち早く競争上のポジションを独自に定義し、これを自社の各活動において具体化する企業である。黎明期の業界にあっては、他社を模倣する時期があるのもやむをえないが、それは不確実性の高さの反映であって、望ましい業界の姿ではない。

ハイテク産業では、この模倣期が必要以上に続くことが多い。技術改革そのものに興奮し、製品に機能——そのほとんどがまず使われない——を盛り込むが、業界全体の価格は下がっていく。トレードオフが考慮されることもめったにない。株式市場からの圧力に応えるために成長に拍車をかけようとして、各社があらゆる製品分野に進出する。基本的な優位性を有する少数の企業は発展できるが、大半は誰も勝者になれない過当競争へと向かう。

皮肉なことに、有名ビジネス誌は、注目されている新興業界の特例的なケースを取り上げて、過去のルールが通用しない新しい競争の時代に突入したと論じる傾向がある。しかし実際はその逆なのである。

BOX 2-5　独自性の核を発見し、戦略を取り戻す

ほとんどの企業において、その最初の成功は、独自の戦略ポジションの賜物であり、そこにはまぎれもないトレードオフが存在していた。各活動は当初、そのポジションに即したものだった。しかし時間の経過、そして成長への圧力のせいで、最初はほとんど気づかないが、妥協が生まれる。そして、その時々では賢明に思えた改善を重ねていく中で、次第に多くの有名企業がライバルと同質化していく。

ここで論じたいのは、これまでのポジションの有効性を失った企業ではない。それなら新規参入者のように一からやり直せばよい。問題なのはあちこちに見受けられる現象、すなわち明確な戦略を持たずに可もなく不可もない利益を上げている企業である。

製品の種類を増やし続け、新たな顧客グループに対応し続け、また競合他社の行動を模倣していると、その確固たる競争上のポジションを失う。典型的には、他社の製品やサービス、業務慣行を真似し、さまざまな顧客グループに売り込もうとする。

このような企業が戦略を取り戻すには、いくつかの方法が役立つ。まずやるべきことは、自社が行っていることを見つめ直してみることである。有力企業には「独自性の核」が存在しているものだ。次の問いに答えることで、それを見極められる。


◉我々の製品やサービスの中で、最も特徴的なものはどれか。

◉我々の製品やサービスの中で、最も収益性が高いものはどれか。

◉我々の顧客の中で、最も高い満足度を提供しているのは誰か。

◉どの顧客、流通チャネル、購買機会が、最も収益性が高いか。

◉バリューチェーン内の活動の中で、他社と最も差別化されており、かつ最も効果的なものはどれか。


独自性の核の周りには、長年にわたって積み重ねられてきたものがある。戦略の基礎となるポジショニングを実現するには、フジツボのようにへばり付いたものを取り除かなければならない。

製品やサービスの一部、あるいは顧客の一部が、売上げと利益の大部分を生み出していることもある。であるならば、独自性の核にいま一度目を向け、各活動をそれに即したものにすることが課題となる。独自性の核とはいえない顧客や製品については、売却したり、自然消滅させるために放置したり、価格を引き上げたりすることができる。

自社の歴史からも示唆が得られるかもしれない。創業者のビジョンは何か。自社の礎となった製品は何か。どのような顧客だったのか。過去を振り返ることで、最初の戦略をあらためて検証し、それがいまも有効かどうかを判断してみる。すなわち、過去のポジショニングは、現在の技術や状況にふさわしい形で利用可能なのかを確認するのである。このような発想で過去の戦略を甦らせ、かつての強みを取り戻せるかもしれない。そうなれば組織は活気付き、自信が芽生え、不可欠なトレードオフを実現できるようになる。

第3章

情報技術がもたらす競争優位

How Information Gives You Competitive Advantage

MICHAEL E. PORTER AND VICTOR E. MILLAR

｜初出｜

Harvard Business Review, July-August 1985.

｜共著者紹介｜

ビクター E. ミラー（Victor E. Millar）

元アーサー・アンダーセン マネージングパートナー。

コロンバスグループ LLC 会長ほか、複数の企業のボードメンバーを務める。

情報革命が競争を変える

情報革命が経済を席巻している。どの企業も、その影響からは逃れられない。情報を入手し、処理し、伝達するためのコストが劇的に下がっていることにより、ビジネスのやり方が変化している。

情報革命が進んでいることは広く知られているが、その重要性について議論する人は少ない。経営陣の時間や投資資本がどんどん情報技術（ＩＴ）に飲み込まれていくことから、ＩＴをＥＤＰ部門（電子データ処理部門）や情報システム部門だけに任せておけないことがわかり始めている。競合他社が競争優位を高めるために情報を用いているのを見て、経営側がＩＴに直接関与する必要があることも認識している。しかし、急速な変化を目の前にすると、どのように取り組めばよいのか、わからない。

本章は、情報革命という大きな課題に、企業が対応できるようにすることを目的としている。

◉ＩＴの進展は、競争や競争優位の源泉にどのように影響するのか。
◉この技術を活用するには、どのような戦略を選択すべきか。
◉競合他社がすでに行動を起こしているのであれば、それはどのような意味を持つのか。
◉ＩＴ投資にはさまざまなものが考えられるが、どれを最優先すべきか。

これらの問いに答えるには、ＩＴが単にコンピュータを意味しないことを理解しておく必要がある。いまやＩＴに関しては、広義にとらえなければならない。企業活動から生み出され活用される情報そのものだけでなく、急速に融合し、つながり合う情報処理技術に至るまで、ＩＴは幅広い。そこにはコンピュータだけでなく、データ認識装置、通信技術、ＦＡ（工場の自動化）、その他のハードウェアやサービスも含まれる。

情報革命は、以下の三点で、競争にも極めて重大な影響を及ぼしている。

◉情報革命は、業界構造を変える。それにより競争のルールも変わる。
◉情報革命は、競合他社を追い越す新たな手段を提供し、そこから競争優位が築かれる。
◉情報革命は、まったく新しいビジネスを生み出す。多くの場合、それは既存業務の中から生まれる。

本章ではまず、なぜＩＴが戦略において重要視されるようになったのか、また産業界にどのような影響を及ぼしているのかを検証する。続いて、ＩＴがどのように競争の性質を変えるのか、また先進的な企業はどのようにＩＴを利用しているのかについて検討する。最後に、自社におけるＩＴの役割を評価する手順を紹介したい。この手順が投資の優先順位を決める一助となり、ＩＴを競争優位につなげていく。

ＩＴの戦略上の重要性

ＩＴは企業の運営の仕方を変える。まず、企業が製品をつくるプロセス全体に影響を与えている。また、製品そのものに変化を及ぼしている。物理的な製品全般、サービス、買い手に提供する情報を変化させ、顧客への新たな価値を創造している。

バリューチェーンと価値活動

競争においてＩＴの役割を際立たせる重要な概念が「バリューチェーン」(＊1)である。バリューチェーンとは、企業が行う活動を、技術的あるいは経済的な特徴によって分類したものである。バリューチェーンにおける各活動は「価値活動」という。

企業が創造する価値は、買い手が製品やサービスに支払おうとする金額によって測定できる。企業が創造する価値が、価値活動を実施するコストを上回れば、企業は利益を得る。ライバルに対する競争優位を勝ち取るには、企業は価値活動をより低いコストで実施するか、より優れた価値活動を実践することで、差別化とプレミアム価格（より多くの価値）を実現しなければならない(＊2)。

価値活動は、九つの基本的なカテゴリーに分けられる（**図表3-1**参照）。主要活動に分類される五つの活動は、物理的に製品をつくり、マーケティングし、買い手に届けるための活動である。支援活動に分類される四つの活動は、主活動を実施するために、資材やインフラを供給する活動である。す

図表3-1｜バリューチェーンの基本構造

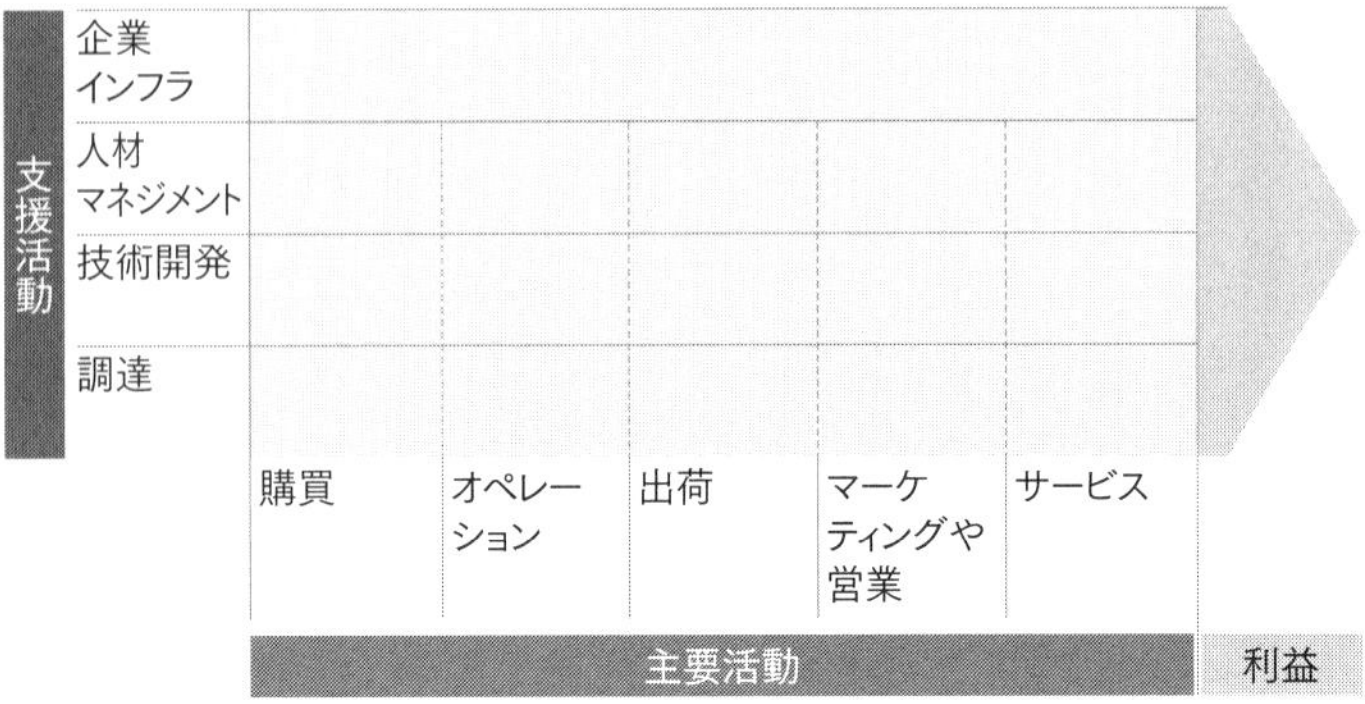

べての活動において、購入した資材や人的資源、さまざまな技術が利用される。管理や法務、会計などの社内インフラは、バリューチェーン全体を支える。

これらの基本カテゴリーの中で、企業は個々の事業にふさわしい各種の活動を実施する。たとえばサービスの場合、設置、修理、調整、改良、部品の在庫管理といった活動が含まれることが多い。

バリューチェーンは相互に依存し合う活動で構成されており、各活動は「連動性《リンケージ》」によって結ばれている。連動性が存在するため、何らかの活動が実行されると、他の活動のコストやその効果に影響が及ぶ。この連動性ゆえに、最適化されるべき各種活動を実行する際、しばしばトレードオフが生じる。活動を最適化するためには、トレードオフに対処することが必須となる。たとえば、製品設計と原材料にもっとコストをかければ、販売後のアフターサービスのコストが削減できるかもしれない。競争優位を獲得するには、戦略に従って、このようなトレードオフを考えなければならない。

連動性が存在するため、各活動間の調整も必要になる。期日通りに納品するには、製造、出荷、たとえば設置などのサービス活動が、もれなくスムーズに実施されなければならない。調整がうまく図られれば、コストのかかる在庫を抱えなくても、期日通りに納入できる。連動性を慎重に管理すれば、これが競争優位の強力な源泉となる。なぜなら、連動性という優位性は競合他社から気づかれにくく、気づいたとしても、組織のあらゆるラインでトレードオフに対処するのは難しいからである。

業界内の一企業のバリューチェーンは、「バリューシステム」と呼ばれる、より大きな流れの中に組み込まれている（**図表3-2参照**）。バリューシステムには、サプライヤーのバリューチェーンも含まれる。サプライヤーは、原材料、部品、購入したサービスなどのインプットを当該企業のバリューチェーンに提供する。その後、企業で製造された製品のほとんどは、流通業者のバリューチェーンを通じて最終的な買い手の元に届く。そして、その製品は買い手のバリューチェーンのインプットとなる。買い手は購入した製品を使って、みずからの価値活動を一つもしくは複数行う。

連動性によって、企業内の価値活動が結ばれるだけでなく、自社のバリューチェーンとサプライヤーや流通業者のバリューチェーンとの間に相互関係が生まれる。このような外部との連動性を最適化したり調整したりすることで、競争優位を構築することができる。

たとえば菓子メーカーは、サプライヤーにチョコレートを固形ではなくペーストの状態で納品してもらえば、加工処理の工程をいくつか省けるだろう。ジャスト・イン・タイムで届けてもらうことに

図表3-2｜バリューシステム

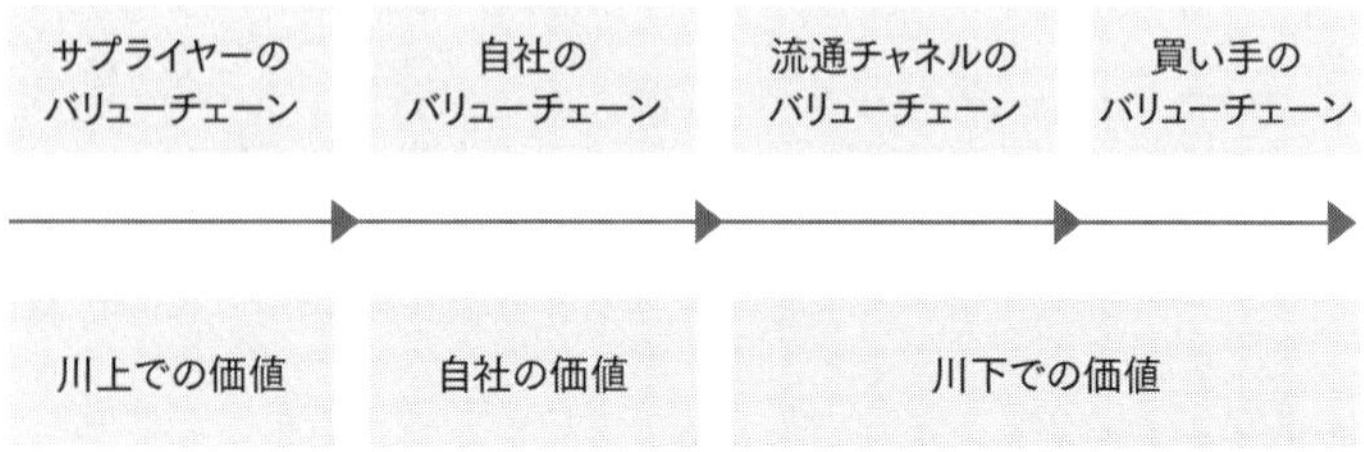

よっても、同様の効果が得られる。企業とサプライヤー、流通業者が連動性をこれまで以上に理解し活用すれば、全員がそのメリットにあずかれる。

コスト・リーダーシップあるいは差別化による競争優位は、企業のバリューチェーンの産物である。コスト・ポジションは、社内のあらゆる価値活動の総コストを競合他社のそれと比較したものである。各価値活動それぞれにコスト・ドライバー（コストを生み出す要因）があり、それによってコスト優位を確立できるかどうかが決まる。

同様に、自社を差別化できるかどうかは、買い手のニーズを満たすために各価値活動が提供する貢献度の総計で決まる。物理的な製品やサービスに加え、企業の活動の多くが差別化に貢献している。そして買い手のニーズも、製品やサービスだけでなく、たとえば物流やアフターサービスといった周辺の活動の影響を受ける。

競争の範囲

競争優位を追求するうえで、企業間で差が生じるのは、「競争の範囲」、すなわち活動の幅の広さが影響している。競争の範囲には、主に次の四つの側面がある。

◉セグメントの範囲（対象セグメントの種類）
◉垂直の範囲（垂直統合の度合い）
◉地理的範囲
◉業界の範囲（事業展開するうえで関連する業界の種類）

競争の範囲は、競争優位を構築するうえで不可欠なツールである。この範囲を広くすれば、異なる地域や業界、関連産業のバリューチェーンとの相互関係を活用できる。たとえば、二つの事業単位で一つの営業部門を共有する、あるいは共通部品を利用して調達を一度で済ませるといった場合である。統一された戦略の下、全国的あるいはグローバルに事業展開すれば、地域限定、あるいは国内のみで事業を展開しているライバルに対して競争優位を構築できる。垂直の範囲を広げれば、外部のサプライヤーを頼むのではなく、自社内の活動を増やすことで、何らかのメリットが得られる可能性がある。

逆に競争の範囲を狭くするならば、ある対象セグメントに特化した独自のバリューチェーンを構築し、低コストや差別化を実現できるかもしれない。狭い競争の範囲における競争優位は、特定の製品や買い手、地域に最適なバリューチェーンにカスタマイズすることで生まれてくる。対象セグメントに特殊なニーズがある場合、競争の範囲を広くしているライバルはそのセグメントにはうまく対応できないだろう。

バリューチェーンが変わる

ＩＴは、バリューチェーンのあらゆる部分に広がりつつあり、価値活動を行う方法や各活動間の連動性の性質を変え始めている。また、競争の範囲にも影響を及ぼしており、どのような製品やサービスで買い手のニーズに応えるかということも変えつつある。このような基本的な影響から、企業にとってＩＴが他の技術とは異なる戦略的重要性を持つことを説明できる。

すべての価値活動には、物理的な部分と情報処理的な部分がある。前者は、価値活動に必要な物理的な仕事全般である。後者は、価値活動に必要なデータを収集・加工・流通させるステップである。どの価値活動も、何らかの形で情報をつくり出し、利用している。たとえば、物流活動では、約束の納期、運賃、タイムリーで低コストの配送に向けた生産計画などの情報が利用される。サービス活動では、部品の注文や訪問といったサービスの要請、また製品の欠陥に関する情報——これは製品の設計や製造方法を見直すためにも使われる——などが挙げられる。

ある一つの活動の物理的な部分および情報処理的な部分の構成は、単純な場合もあれば、複雑な場合もある。活動が異なれば、二つの部分の割合も異なる。たとえば、金属プレスでは、情報処理よりも物理的処理のほうが多くを占めるだろう。保険金支払業務では、その反対になる。

産業史を通じて、技術進歩は主に企業活動の物理的な部分に影響を及ぼしてきた。産業革命では、人間の労働を機械に代替させることで、企業は競争優位を獲得した。当時の情報処理は人間の手で行われていた。

しかし、いまや技術が変化するスピードは逆転した。物理的処理向けの技術より、ITのほうが急速に進歩している。情報の保存や複製、移動などのコストはどんどん低下しており、同時に情報処理の可能性は広がりつつある。

かつてマサチューセッツ州ボストンからニューハンプシャー州コンコードまでの移動時間は五日間かかったが、産業革命の間に四時間に縮まった。つまり、三〇分の一になったのである。(*3) しかし、ITの進歩はこれをはるかにしのぐ。コンピュータによる情報処理のコストは、三〇年前の人間の手による処理と比較すると、八〇〇〇分の一以下である。一九五八年から八〇年までの間に、一つの電子的業務を処理する時間は八〇〇〇万分の一になった。国防総省の調査によると、人間が手で情報を入力すると三〇〇回に一回の割合でミスが起こるが、バーコードで情報を記録した場合のミス発生率は三〇〇〇万回に一回程度だという。(*4)

このように技術が変化したことで、企業にできることがどんどん広がっており、そのスピードは経営者がビジネスチャンスを開拓するよりも速い。情報革命は価値活動のカテゴリー九種類すべてに影響を及ぼし、CAD（コンピュータ支援設計）や倉庫の自動化を可能にした（**図表3-3**参照）。この新

図表3-3｜バリューチェーン全体に入り込むIT

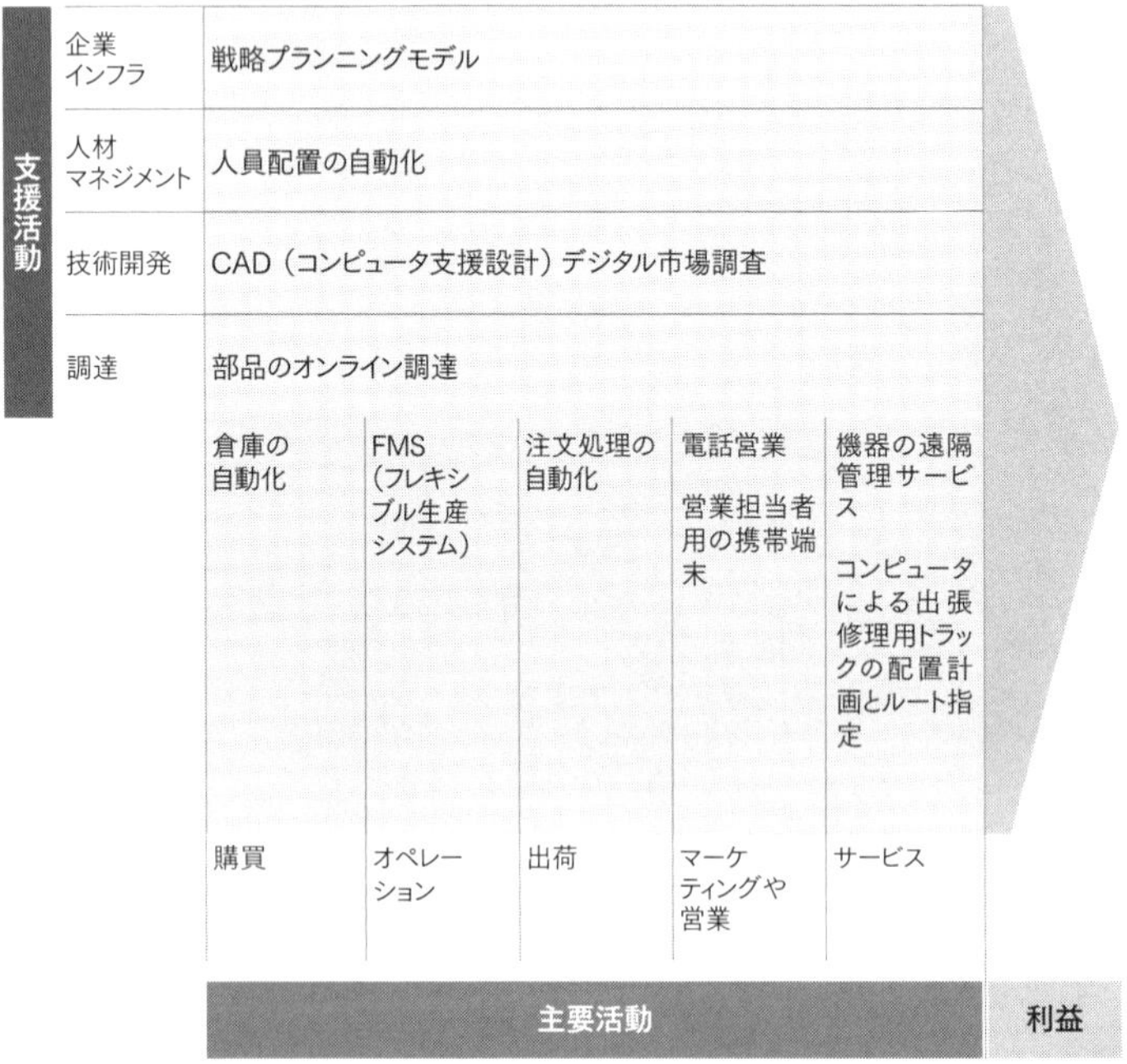
支援活動
企業インフラ
戦略プランニングモデル
人材マネジメント
人員配置の自動化
技術開発
CAD（コンピュータ支援設計）デジタル市場調査
調達
部品のオンライン調達
倉庫の自動化
FMS（フレキシブル生産システム）
注文処理の自動化
電話営業
営業担当者用の携帯端末
機器の遠隔管理サービス
コンピュータによる出張修理用トラックの配置計画とルート指定
購買
オペレーション
出荷
マーケティングや営業
サービス
主要活動
利益

技術により、人間の手による情報処理業務は機械に取って代わられる。紙の帳簿や長年の勘といったものは、コンピュータに道を譲ることになる。

企業は当初、ITを主に会計や記録保管といった業務に利用していた。受注処理など繰り返し処理される事務仕事を、コンピュータによって自動化したのである。今日では、ITはバリューチェーン全体に広がり、最適化や統制などの機能に加えて、業務執行上の判断機能を処理しつつある。たとえばゼネラル・エレクトリック（GE）では、過去の経験や家電のサービスエンジニアの知識（直感的なものが多い）を蓄積したデータベースを使って、顧客からの問い合わせに対応している。

ITの発達により、企業活動に伴って多くのデータが生成されるようになり、企業は過去には入手できなかった情報を収集できるようになった。その結果、多種多様なデータを使った包括的な分析が可能になった。企業が分析し管理できる変数の数も、劇的に増加した。たとえば、食品メーカーのハント・ウェッソン（一九九〇年にコンアグラ・フーズが買収）は、配送センターの拡張と移転の問題を検討するに当たってコンピュータモデルを開発したが、これにより、さまざまな変数やシナリオ、戦略などを評価できるようになった。スイスの産業機器メーカー、スルザー・ブラザーズ（現スルザー）のエンジニアたちはITを活用して、手計算では不可能だったやり方で、ディーゼルエンジンの開発手法を改善した。

ITはまた、各活動の物理的処理の部分も変えつつある。コンピュータ制御の機械は、人間が操作する旧式の機械よりも速く、正確で、柔軟性も高い。フランスの石油探査サービス会社、シュルンベルジュは、油井を掘削する際、エンジニアがドリルの刃先の角度や岩の温度など、さまざまな変数を計測できる電子機器を開発した。その結果、油井の掘削時間が短縮され、検層作業（地質や鉱物などの調査）のいくつかが不要になった。また、米国西海岸の漁師たちは、優良な漁場を探すために、衛星で測定した海水温度のデータを利用している。これにより、海の上での作業時間や燃料費が節約された。

ＩＴは、各活動のやり方に影響を及ぼすだけではない。新たな情報の流れをつくり出すことにより、社内外の活動を結び付ける連動性の能力を大きく向上させた。つまり、ＩＴによって各活動の間に新たな連動性が生まれ、サプライヤーや買い手の活動と自社の活動がより密接になった。米国の医薬品卸最大手マッケソンは、同社の顧客であるドラッグストアに情報端末を供給している。そのおかげでドラッグストアは注文しやすくなり、請求書などの送付や受け取りも簡便になった。そして、より多くの注文をするようになった。これに伴い、マッケソンは受注処理の効率化を図った。

ＩＴは、競争の範囲にも大きな影響を及ぼす。情報システムがあると、企業は地理的により広い範囲で価値活動を統制できる。たとえばボーイングのエンジニアは、設計業務を、海外のサプライヤーと一緒にオンライン上で行っている。また、ＩＴによって、企業間に新たな相互関係が多数生まれており、それにより業界の範囲が広がり、競争優位をめぐる競争が拡大している。

このようにＩＴのインパクトが大きいがゆえに、経営陣は難しい問題にも直面する。それは「情報過多」という問題である。この問題からは、あふれんばかりの情報を蓄積・分析して経営判断に供するという、ＩＴの新たな活用法が生まれてくるだろう。

製品が変わる

製品の多くにも、物理的な部分と情報処理的な部分がある。後者は、広義において、買い手が製品を入手し、これを使用して望んだ結果を得るための内容すべてが対象となる。言い換えれば、製品には、その特徴や使い方、サポートなどに関する情報も含まれるのである。たとえば家電製品の場合、メンテナンスやサービスに関する情報が簡単かつ即座に入手できることは、買う時の重要な判断基準となる。

製品の場合、これまでは情報処理的な部分より物理的な部分のほうが重要であった。しかしITによって、物理的な製品に付随する形で、これまで以上の情報を簡単に提供できるようになった。たとえばGEでは、家電製品向けサービス関連データがデータベース化されており、消費者窓口の業務を支援し、同社のアフターサービス活動を競合他社と差別化している。同様に、鉄道・トラック運輸を生業とする企業の中には、運輸中の荷物がいまどこにあるのかについての最新情報を、荷主に提供しているところがある。これにより、荷主と運輸会社の調整がスムーズにいく。

ITにより、製品を有形ではなく無形で提供できる可能性も高まっている。たとえば、スタンダード・アンド・プアーズが提供するコンピュスタットの利用者たちは、SEC（証券取引委員会）登録企業の財務データにアクセスできる。また、建物の電力使用量を分析するサービスを提供する企業も多数現れている。

標準機能として情報処理的な部分を備えた製品も増えている。食器洗浄機では、洗浄している間、制御システムを用いて各部品を動かしたり、ユーザーにどのプロセスが進行中かを示したりする。新しいＩＴにより、製品性能そのものが高まると同時に、情報処理部分の機能も飛躍的に向上する。たとえば自動車の場合、電子制御システムのおかげで、ダッシュボード上のディスプレー表示や、音声ガイダンス、故障診断メッセージなど、よりわかりやすい機能が加わった。

製品に占める情報処理的な部分の割合が拡大するトレンドは、間違いなく広がっている。これがバリューチェーンの変化と組み合わさり、ＩＴの戦略上の役割がますます拡大していく。もはや成熟産業など存在しない。むしろ、ビジネスのやり方が成熟化しているかどうかが問題となる。

変化の方向とスピード

企業が情報集約度を高めつつあるのは明らかだが、ＩＴの役割と重要性は業界によって異なる。たとえば、銀行と保険会社はこれまでも、もっぱら情報を重要視してきた。これらの業界が他の業界に先駆けて、そしてどこよりも熱心にデータ処理に取り組んだのも自然なことである。逆にセメント業界などでは、情報処理も増えるだろうが、今後も物理的プロセスがメインであり続けるだろう。

情報集約度マトリックス（図表3－4）は、バリューチェーンにおける情報集約度と、製品における情報処理的な部分の関係を示したもので、業界によって情報の役割や重要性が異なることを浮き彫りにしている。たとえば銀行や新聞などの業界は、製品においてもプロセスにおいても、情報集約度が高い。石油精製では、精製の過程では多くの情報を必要とするが、製品においては情報が占める割合は低い。

図表3-4｜情報集約度マトリックス

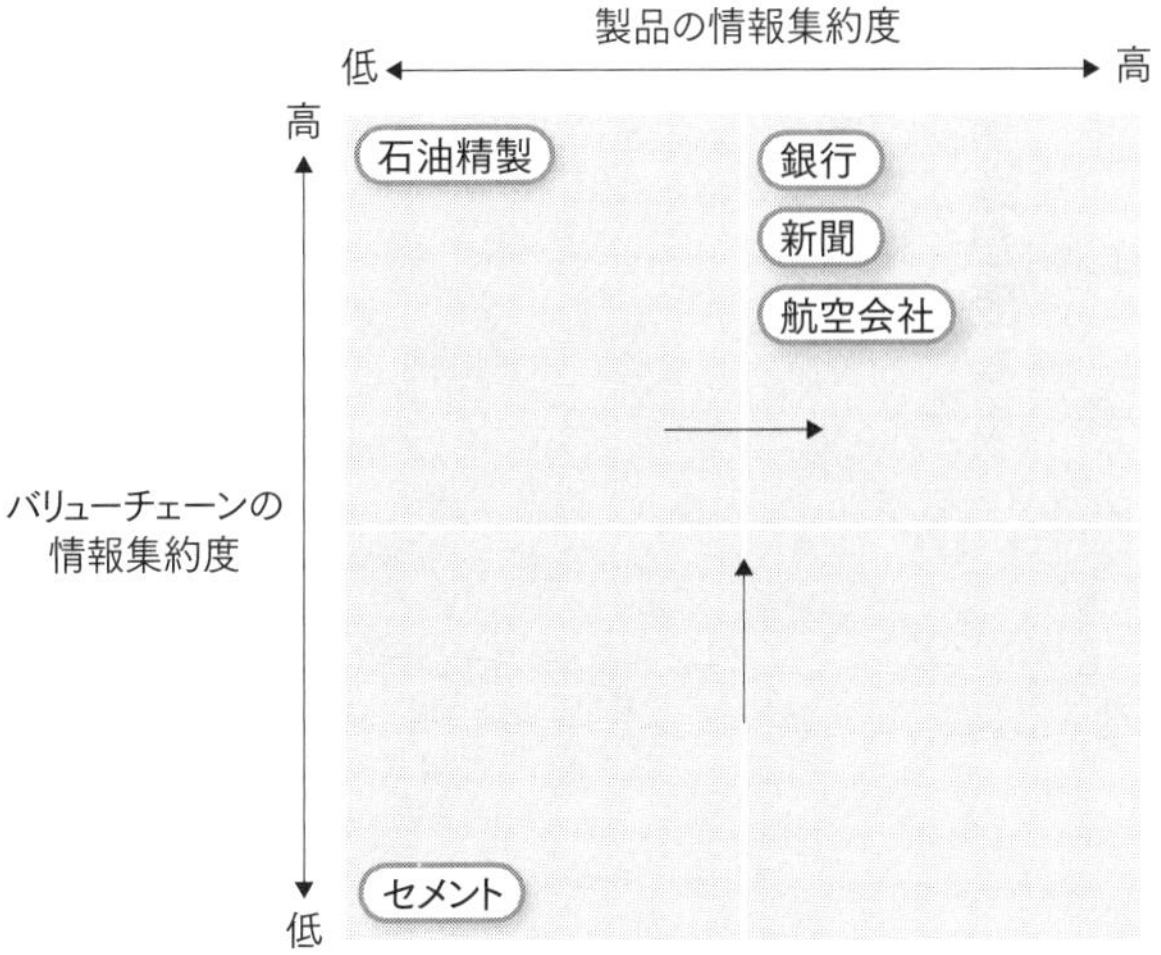

ITのコストが低下し、その能力が拡大しているため、多くの業界が製品とプロセスの両方で情報集約度を高めつつある。ITは、今後も急速に進化していく。ハードウェアのコストは低下し続け、企業内ではより低い階層でもITが使われるようになるだろう。

現時点における大きな制約は、ソフトウェアの開発コストだが、これも顧客の状況に簡単に合わせられるパッケージソフトが増加することでコストは低下していくだろう。いま利用されているITアプリケーションは、まだ発展の端緒についたばかりなのだ。

ITは、製品やプロセスのみならず、競争の性質をも変容させる。ITの利用は拡大しているとはいえ、図表3-4で示したように、ポジションや変化のスピードについては業界ごとで異なる。

ＩＴで競争の性質が変わる

多くの業界を調査した結果、ＩＴが次のように競争のルールを書き直しつつあることが判明した。

◉ＩＴの進歩によって業界構造に変化が生じている。
◉競争優位を構築するうえで、ＩＴはますます重要なツールになっている。ある企業がＩＴを活用して競争優位を確立しようと動けば、そのライバルたちは業界リーダーの戦略的イノベーションを真似ようとし、その結果、業界構造にも影響が及ぶ。
◉ＩＴは、これまで存在しなかった新しいビジネスを生み出している。

以上の三点は、それぞれの業界におけるＩＴのインパクトを理解し、効果的な戦略を立案するうえで極めて重要である。

業界構造が変わる

業界構造は、五つの競争要因《ファイブ・フォース》、すなわち「買い手の交渉力」「サプライヤーの交渉力」「新規参入者の脅威」「代替品や代替サービスの脅威」「既存企業同士の競争」によって表現できる。また、これら五つの競争要因の組み合わせによって業界の収益力が決まる（**図表3-5参照**）。業界によって収益性

図表3-5｜業界の魅力度を決定する要因

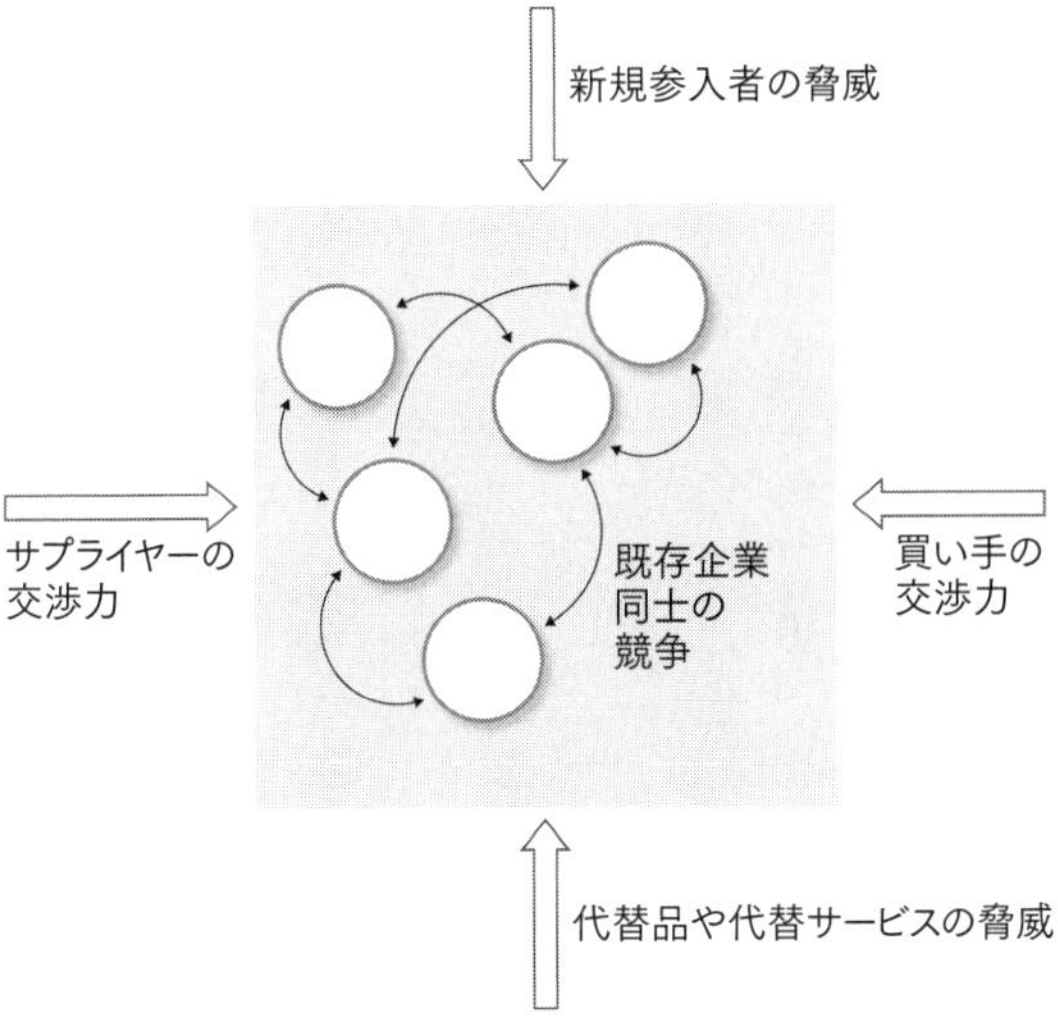

が異なるように、五つの競争要因の強さも業界によって異なる。また、五つの競争要因それぞれの強さが変化すれば、それにより業界の魅力度が高まったり下がったりする。[*5]

ＩＴによって、五つの競争要因それぞれが変化する可能性があり、したがって業界の魅力度も変わる。多くの業界において、ＩＴがその構造を変えつつあり、変化へのニーズとチャンスを生み出している。以下に例を挙げよう。

◉部品を購入して組み立てる業界では、ＩＴによって買い手の交渉力が高まっている。原材料の明細書や見積もりが自動化されたことで、買い手が原材料の調達先を評価し、内製するか外部調達するかの判断が下しやすくなった。

◉複雑なソフトウェアの開発への大規模投

資が必要な場合、ITは参入障壁を高める。たとえば、各銀行が法人向けキャッシュマネジメントサービス（コンピュータによる決済や振り込みなどの一元管理サービス）でしのぎを削っているが、これには口座情報をオンラインで提供する最新鋭のソフトウェアが要求される。さらに、コンピュータや他の設備にも投資が必要かもしれない。

◉柔軟性に富んだCADや製造システムは、多くの業界で代替品の脅威に影響を及ぼす。簡単かつ即座に、しかも低コストで、より優れた機能を製品に付加できるからである。

◉注文処理と請求書発行の自動化により、運輸業界内で競争が強まった。ITにより一部の人的作業が不要になったものの、固定費が上昇した。その結果、各運輸会社は荷受け量を増やさなければならなくなり、熾烈な競争が始まった。

航空会社や金融サービス、運輸、マスメディアなどの業界（図表3-4の右上の象限）では、これらの影響がすでに表れ始めている[*6]（章末のBOX3-1参照）。

ITのインパクトがとりわけ大きいのは、売り手と買い手の間の交渉である。なぜならITが、企業、サプライヤー、流通チャネル、買い手の間に存在する連動性に影響するからである。一企業の枠を超えた情報システムも一般化しつつある。なかには、業界の境界線そのものを変えてしまう場合もある[*7]。

たとえば、買い手とサプライヤーを結ぶ情報システムが広がっている。ゼロックスは、原材料の供給の一助となるよう、サプライヤー各社に製造データを電子的に提供している。また、ウエスチングハウス・エレクトリック・サプライ・カンパニー（現WESCOインターナショナル）やアメリカン・ホスピタル・サプライは、発注作業を迅速化するために、顧客に情報端末を渡している。

何より特筆すべきは、これらの情報システムの多くが、スイッチングコストを上昇させることだ。他社に鞍替えすれば、いらぬ混乱が生じたり、新たな研修が必要になったりするからである。また買い手と売り手の関係も、このような情報システムのおかげで、より密接になる傾向がある。

ITは、規模、自動化、柔軟性という三つの要素の間の関係を変えつつあり、その結果、さまざまな影響が生じる可能性がある。大量生産には必ずしもFA化が必要というわけではなくなった。結果として、多くの業界で参入障壁が低くなった。

同様に、必ずしも「自動化は柔軟性に乏しい」ということでもなくなった。GEはペンシルバニア州エリーにある機関車工場を改修すると同時に、製造や設計に関するデータをすべてコンピュータに入力し、規模と柔軟性を兼ね備えた工場をつくった。その結果、手動で機械を調整することなしに、一〇種類のモーターフレーム（モーター駆動部を収容するための外枠）を製造できるようになった。BMWは、最先端の製造システムを導入したことで、通常の組立ラインでも特注車（ギアボックス、トランスミッション、インテリアなどを特別仕様にしたもの）をつくれるようになった。このように自動化と柔軟性が同時に実現したことで、競争のやり方にも変化が表れた。

多くの価値活動が柔軟にできるようになり、また製品の設計コストが下がったことで、カスタマイズや小さなニッチ市場に対応するチャンスが目白押しである。CADは、新製品を設計するコストを低減させただけではなく、既存製品を改良したり新機能を付加したりするコストも引き下げた。また、市場セグメントごとに製品を調整するコストも低下し、これも競争のやり方に変化を起こしている。

ITを活用すれば、業界構造を改善できるが、その一方で破壊するおそれもある。たとえば航空業界では、情報システムの導入により、どの路線でも運賃を頻繁に変更できるようになった。しかし同時に、旅行代理店や個人客が、運航スケジュールや運賃に関する情報を簡単に入手できるようになり、一番安い運賃をすぐさま見つけられるようになった。その結果、運賃が全体的に低くなった。また、プロフェッショナルサービス業界の多くで、ITのせいで人間同士の交流が減り、サービスのコモディティ化が進んだため、業界の魅力度が減少した。

ITの長所を理解し、また、それがもたらす影響に事前に対処するには、この新技術が業界構造に及ぼすであろう変化を注意深く観察しなければならない。

競争優位への影響

いかなる企業においても、ITは、コスト面でも差別化の面でも、競争優位に大きな影響を及ぼす。この新技術により、価値活動に影響が及ぶ企業、もしくは競争の範囲を変えて競争優位を獲得する企業が現れる。

(1) コストダウン

以上で見てきたように、ITは、バリューチェーンのどの部分であろうと、そのコストを変えることができる。(*8)

かつてITによってコストが変動するケースというと、同じ類の情報処理を何度も繰り返すような活動に限られていた。しかし現在、そのような制約は存在しない。組立作業のように、物理的なプロセスを主とする活動でも、いまでは情報処理的な部分がそこかしこに埋め込まれている。

たとえばキヤノンは、部品の選択とマテリアル・ハンドリング（生産拠点や物流拠点内の原材料、仕掛品、完成品の移動すべてに関わる運搬管理）を自動化し、コピー機を低コストで組み立てるプロセスを構築した。このプロセスでは、コピー機一台分の必要部品がすべて入った箱が組立工に与えられる。同社のシステムが成功したのは、部品の在庫と選択をコントロールするソフトウェアのおかげである。

保険の仲買では、通常複数の保険会社が一つの契約の引き受けに参加する。それぞれの企業について書類をつくるのは高い費用がかかっていたが、いまではコンピュータモデルが一件当たりの最適な保険会社の数をはじき出し（多くの場合、数を減らす）、その結果、仲買業者のトータルコストが削減された。

アパレル製造では、型紙の作成、生地の裁断、布地を縫製所まで運ぶ仕組みなどが自動化された。その結果、製造に要する労働時間が最大五〇％削減された（その他の事例についてはBOX3-2参照）。

ITは、コストそのものに影響を及ぼすだけでなく、各活動のコスト・ドライバーを変化させたり、その企業のコスト・ポジションを改善したり（あるいは悪化させたり）する。

たとえばルイジアナ・オイル・アンド・タイヤでは、一〇人いる営業担当者全員を、外回りではなく電話で営業させたところ、販売コストが一〇％下がり、販売量が二倍になった。ただし、このような移行の結果、地域規模ではなく全国規模で展開しないと、販売コストに大きな影響を及ぼすことができなくなった。

（2）差別化の強化

ＩＴが差別化戦略にもたらすインパクトも劇的といえるだろう。すでに述べたように、差別化できるかどうかは、買い手のバリューチェーンにおける当該企業とその製品の役割次第だが、ＩＴによって製品のカスタマイズが可能になる。

スルザー・ブラザーズ（現スルザー）はＦＡを活用し、低速回転の船舶用ディーゼルエンジン用シリンダーの内径サイズをそれまでの五種類から八種類に増やすことに成功した。船主たちは、自分たちのニーズに見合ったエンジンを選べるようになり、これに伴って燃費が大幅に改善された。

同様に、ディジタル・イクイップメント（一九九八年にコンパックが買収。また二〇〇一年にヒューレット・パッカードがコンパックを買収）の人工知能システムＸＣＯＮ（別名Ｒ１）には、特別仕様のコンピュータの環境設定《コンフィギュレーション》を決める意思決定ルールが備わっている。それゆえ、注文に対応する時間が大幅に短縮され、正確さも向上した。また、品質に優れた企業として同社のイメージも高まった。

物理的な製品に多くの情報を組み込んで、これを買い手に販売すれば、それがその企業の差別化能力を高めることにつながる。たとえば、ある雑誌取次業者は、書店や売店に向けて、返品の精算を他社よりも効率的に処理するサービスを提供している。また、製品と情報システムを一体化することも、競合製品から自社製品を差別化するうえでますます効果的な方法になっている。

(3) 競争の範囲の変化

ＩＴによって、競争の範囲と競争優位の関係も変わる。ＩＴを活用すれば、各活動を調整する能力は、一地域でも全国規模でも、あるいはグローバル規模でも高まる。地理的にこれまで以上に広い範囲で事業展開することが可能になり、それによって競争優位が生まれる。

新聞業界を見てみよう。『ウォール・ストリート・ジャーナル』紙を発行するダウ・ジョーンズは、米国国内の一七の印刷所を結ぶ版下データ送信システムを導入し、正真正銘の全国紙を発行できるようになった。このような印刷技術の進歩により、グローバルな戦略展開も可能になった。同社は、アジア版やヨーロッパ版も発刊し、多くの編集記事をグローバルで共有しつつ、印刷は世界各地の印刷所で行っている。

情報革命によって、これまで無関係だった業界との間に相互関係が生まれている。コンピュータと電気通信技術の結び付きは注目すべき事例である。この融合《コンバージェンス》は、それぞれの業界構造に大きな影響を及ぼす。

ＡＴ＆Ｔは、電気通信業界でのポジションを、コンピュータ業界に参入するための足場として利用している。またＩＢＭは、一九六九年にシリコンバレーに設立された軍需用電気通信機器メーカーのロルムを買収し（その後シーメンスが買収）、別の方向からこの競争に参加しようとしている。銀行、保険、証券の各業界が融合しつつある金融サービスの世界でも、ＩＴを核とした相互関係が広がっている。オフィス機器業界も、かつてはタイプライター、コピー機、データ管理、ボイスメールなど機能別に分かれていたが、いまでは統合されている。

広範な製品ラインを抱えている企業も、かつては一分野に特化した企業にしかなしえなかった方法で、製品やサービスをセグメンテーションできるようになった。

運輸業界では、シンシナティにあるインターモーダル・トランスポーテーション・サービスが、価格の見積もりシステムを一新した。それまでは、各地域の事務所がそれぞれ、人手によって価格を設定していた。しかしいまでは、マイクロコンピュータを使って各事務所と本社の処理センターを結び、同センターですべての価格を計算している。この新システムのおかげで、価格政策を変更し、国内のあちこちから配送を依頼してくる得意先に割引価格を提供できるようになった。つまり、大口顧客のために自社のバリューチェーンをカスタマイズしたのである。これも以前では不可能だったことだ。

ITがさらに広がれば、新しい競争の範囲を活用するチャンスもおのずと増えていく。ただし、範囲の変更によってもたらされるメリット（そして連動性の成果）は、ITが組織の隅々まで届き、そこに双方向性が確保された場合のみ実現する。組織が完全に分権化され、各部門で個々にITを採用している企業では、各所に導入されたITに互換性がないため、そのような可能性は妨げられる。

新しいビジネスを創造する

情報革命は、まったく新しい業界を誕生させる。それには三つの道筋がある。

第一に、ITによって新しいビジネスが技術的に可能になる。たとえば、最新の画像処理技術と電気通信技術が融合することで、フェデラルエクスプレス（現フェデックス）のザップメール（一九八四年に始めたファクシミリ代行サービス。二年後に終了）のような、新しいファクシミリサービスが可能になる。同様に、マイクロエレクトロニクス〈主にＬＳＩ〈大規模集積回路〉を応用した電子工学分野〉の進展によってＰＣが実現した。メリルリンチのキャッシュ・マネジメント・アカウント（一九七七年に同社がＶＩＳＡカードの発行銀行であるコロンバス第一銀行と提携して開発した証券総合口座）のようなサービスでは、複数の金融製品を統合するため、新しいＩＴが活用された。

第二に、ＩＴによって新たな製品ニーズが生まれることで、まったく新しいビジネスが創造される。その好例が、ウェスタンユニオンのビジネスサービス部門が提供するイージーリンク・サービス（一九九一年、ＡＴ＆Ｔに営業譲渡され、ＡＴ＆Ｔイージーリンク・サービスとして存続）である。これは高速のデータ通信ネットワークで、ＰＣやワープロなど各種電子端末の間でメッセージをやり取りしたり、テレックス機器を通じて世界中で送受信したりできる。ＩＴの普及によってこの種の需要が生じるまでは、まったく必要とされなかったサービスである。

第三に、ＩＴによって既存事業から新規事業が生まれてくる。情報処理がバリューチェーンに組み込まれている企業の場合、そのキャパシティやスキルに余剰が生じる可能性があり、これを外販することができる。

シアーズ・ローバック・アンド・カンパニー（現シアーズ・ホールディングス）は、クレジットカード取引を処理するスキルとその処理規模を活用し、これと同じサービスを外販している。たとえば、信用照会と取引処理のサービスをフィリップス・ペトロリアム・カンパニー（現コノコフィリップス）に、また個人客向けの送金サービスをメロン・バンク（現バンク・オブ・ニューヨーク・メロン）に提供している。

ＡＯスミスは、給湯器の製造という本業のニーズに応えるために、データ通信に関する専門性の向上に努めてきた。このおかげで、ある銀行協会がＡＴＭネットワークを運営する業者を探していたところ、ＡＯスミスの名前が挙がった。イーストマン・コダックは、社内通信システムを使って、長距離電話とデータ送信のサービスを提供し始めた。

バリューチェーンに利用されるＩＴが規模の影響を受けやすい場合には、情報処理の規模を広げ、コストを引き下げることで、競争優位全体の底上げを図ることができるかもしれない。余剰キャパシティを外販すれば、同時に、新たな売上げも生まれてくる。

また、事業の副産物として生み出された情報を外販する企業も現れている。ナショナル・ベネフィット生命保険は、缶製造業のアメリカン・キャン・カンパニー（一九八八年に操業を停止）と合併したが、その理由の一つは、アメリカン・キャンの通販子会社が持っている九〇〇万人の顧客データにアクセスしたかったからである。

スーパーマーケットの店舗は、バーコードスキャナーが導入されたことで、市場調査の研究所となっている。朝刊に広告を出すと、その効果が午後にはわかる。スーパーマーケットは、このようなデータを市場調査会社や食品メーカーに外販できる。

情報化時代の競争

情報革命がもたらすチャンスを活用するには、次の五つのステップを踏むとよい。

(1) 情報集約度を確認する

まず、各製品および各事業部門のプロセスについて、情報集約度は現在どれくらいか、また潜在的にはどれくらいかを評価する。そのために、我々はＩＴの重要性についての評価基準を開発した。以下の中で、一つまたは複数の特徴を有する業界では、ＩＴが戦略的な役割を果たしている可能性が高い。

バリューチェーンの情報集約度が高い業界の特徴

◉企業が直接取引するサプライヤー、または顧客の数が多い。
◉製品を販売する際、大量の情報が必要である。
◉一つの製品ラインの中に、異なった特徴を持ち合わせた製品が数多く含まれている。
◉一つの製品が数多くの部品で構成されている。
◉製造プロセスにいくつものステップがある。
◉受注から製品の納入までのサイクルタイムが長い。

製品の情報集約度が高い業界の特徴

◉その製品が、主に情報を提供するものである。
◉製品を稼働させるために、多くの情報処理を必要とする。
◉製品の使用者が、さまざまな情報を処理する必要がある。

◉買い手の教育・啓蒙が高くつく製品である。
◉製品の使い道がたくさんある。
◉製品の買い手が、情報集約度の高い事業に従事している。

これらの評価基準は、IT投資を優先すべき事業部門を特定するのに役立つだろう。優先度の高い分野を選定する際には、ITが広範囲にわたることを忘れてはならない。ITは単なる計算技術以上のものだからだ。

(2) 業界構造におけるITの役割を見極める

ITによって業界構造はどのような影響を被るのかを予測する。つまり、五つの競争要因のそれぞれについて、ITがどのような影響を及ぼす可能性があるのかを検証するのである。各競争要因がどのように変化するかだけでなく、業界の境界線が引き直されるのかということも検討する。その結果次第では、業界を新たに定義する必要があるかもしれない。

業界構造の性質や変化のペースを、部分的にコントロールしている企業も少なくない。多くの業界で、ITに積極的に投資し、自社が有利になるように競争の基盤を変えてしまった企業もあり、他社はこれに従わざるをえない。ITを用いて業界構造を変えた例としては、ATMと取引処理に投資したシティバンク、予約システムをコンピュータ化したアメリカン航空、新聞の紙面を各地の印刷所に配信する『USAトゥデイ』誌などが挙げられる。

ＩＴによって構造が変化した業界の企業は、変化にどのように対応すべきかを理解し、業界改革のリーダーシップを握る方法を模索しなければならない。

(3) ＩＴがどこで競争優位をもたらすかを見つけ、検証する

まず、ＩＴがバリューチェーン内の価値活動すべてに影響を及ぼすことを前提とすべきである。同じく重要なのが、活動間に新たな連動性が生じる可能性である。注意深く観察すれば、コストや差別化に最も影響を及ぼす価値活動を認識できる。

言うまでもなく、コストの大半を占める活動、あるいは差別化に欠かせない活動は、くまなく検証しなければならない。そのような活動の中で情報処理的な部分が多いものについては特にそうすべきである。社内外の他の活動と深く関連する活動にも注意する。これらの活動において、ＩＴによって持続可能な競争優位を確立できるかどうかを検証する。

さらに、バリューチェーンを詳細に調べることに加えて、ＩＴがどのように競争の範囲を変えるのかを検討すべきである。

- ◉ＩＴのおかげで新たなセグメントに対応できるか。
- ◉ニッチ企業の縄張りだった分野に、多角化企業が多様なＩＴを武器に、参入してこないか。
- ◉ＩＴは、グローバル展開を後押しするツールになるか。
- ◉他業界と互恵関係を築くためにＩＴを利用できるか。

◉ＩＴによって競争の範囲を狭めれば、競争優位を生み出せるか。

また、製品を新たな目で見つめ直すには、次の問いかけをしてみるとよい。

◉これまで以上の情報を、製品に盛り込むことはできるか。
◉製品にＩＴを組み込むことができるか。

(4) ＩＴが新規事業をどのように生み出すのかを調査する

既存事業から新規事業を生み出す方法について検討すべきである。企業が多角化を図るうえで、ＩＴによって貴重な選択肢が生まれてくる。たとえば、ロッキード(現ロッキード・マーチン)はデータベース事業に参入したが、それは自社コンピュータの余力を活用するチャンスを見出したからにほかならない。

新規事業を生み出すチャンスを見つけるには、以下の問いについて考えてみるとよい。

◉既存事業において生み出された情報、あるいは生み出すことができるであろう情報の中で、どれを外販できるか。
◉自社の情報処理能力の中で、新規事業につながるものはあるか。
◉ＩＴによって自社製品の関連製品を新たに開発できるか。

（5）ITを活用する計画を立てる

以上の四つのステップから、情報革命を活用するためのアクションプランを立案できるはずである。その際、ハードウェアやソフトウェアへの投資、製品の情報処理的な部分を増やした新製品開発への投資など、投資の優先順位をはっきりさせることだ。また、社内外の活動を結び付けるというITの役割を踏まえて、組織を改編する必要性も出てくるかもしれない。

ITの管理は、もはやEDP部門だけの仕事ではない。ITの導入には、競争優位の必要条件を十分理解しておく必要がある。情報システムを開発する責任を広く組織全体に分散させると同時に、各機能間を結ぶ連動性が生まれるよう、経営陣が率先して取り組むべきである。ITを用いれば、連動性を確立できる可能性がより高まる。

ただし、このような変化が起こっても、中央の情報システム部門の役割が小さくなるわけではない。情報システム部門のマネジャーは、ITを管理するのではなく、組織に広がるさまざまなアプリケーションの構造や規格を調整することに尽力すべきであり、また、システム開発の支援や指導に当たるべきである。社内の各アプリケーション間に互換性がなければ、そのメリットの多くが失われる。

ITは、戦略を実行するプロセスでも活用できる。社内の報告システムを使えば、進捗状況を目標値や成功要因と照らし合わせながら確認できる。情報システムを使うことにより、各活動をより詳細に計測できるだけでなく、戦略を成功裏に実行するよう、マネジャーたちを動機付けることができる。(＊9)

情報革命の重要性に、議論の余地はない。問題なのは、ITが競争優位に影響を及ぼすかどうかではなく、いつ、どのように影響が及ぶかである。ＩＴの力を活かすべく先手を打った企業が状況を支配できる。反応が悪い企業は、他社が起こした変化を甘んじて受け入れざるをえず、やがて競争劣位に陥っていくだろう。

BOX 3－1　ITと業界構造

買い手の交渉力

コンピュ・カードなどのビデオテックス（電話回線とコンピュータを用いて画像を家庭のテレビ画面やコンピュータに送信するサービス）による通信販売は、買い手の情報量を増やす。買い手は、自分のＰＣでいろいろな電子カタログを閲覧し、価格や製品の特徴を比較する。顧客はいつでも買い物を楽しむことができるだけでなく、価格も通常の小売価格より二五～三〇％ほど安いことが多い。おかげで、コンピュ・カードは急成長している。売上げは二年間で五倍の九五〇万ドルとなり、会員数は一万五〇〇〇人である。ある予測によると、一九九〇年代中頃までに、米国の全世帯の七五％が、このようなサービスを利用できるようになるという。

買い手の交渉力

クレディ・スイス・ファースト・ボストンは、電子情報交換サービス、シェルターネットを不動産仲介業者向けに提供している。このサービスを利用すれば、どのような住宅ローンがあり、そのローンをいま応対している住宅購入者は使えるかなど、素早く簡単に調べることができる。これにより、不動産仲介業者と住宅購入者の双方で、住宅ローンの利用におけるポジションが向上する。三〇分もあれば、両者はローンの仮契約を結ぶことができる。

代替品

ネクシスなどの電子データベースサービスは、図書館での調べものやコンサルティング会社の代替品となっている。ネクシスと契約すると、二二五もの定期刊行物の全原稿を素早く検索できる。ユーザーは文献検索の時間を劇的に減らすことができるばかりか、雑誌の購読コストを支払う必要がなく、必要な情報にだけ金を支払えばよい。

BOX 3-2 目的は競争力の強化

コストの削減

カジノは一般に、売上げの二〇%を大口顧客をもてなすための無料サービスに使っている。

大金を使う顧客を取り逃さないことが、元締めの仕事の一つでもある。しかし、いまでは多くのカジノが、顧客のデータを分析するコンピュータシステムを導入している。シーザーズ・パレスは、大金を使う人をより正確に見つけるために、顧客評価システムを開発した。これを活用することにより、無料サービスの費用は二〇%も低下した。

差別化の強化

アメリカン・エキスプレスはITを使って、法人顧客向けに独自の旅行サービスを開発した。そのサービスでは、旅行を手配したり、個人のカード利用についての詳細を管理したりできる。たとえば、コンピュータが一番安い航空運賃を探し出し、カードホルダーが旅行で使った費用を追跡し、利用明細書を毎月発行する。

第4章

戦略とインターネット

STRATEGY AND THE INTERNET

MICHAEL E. PORTER

｜初出｜
Harvard Business Review, March 2001.

インターネットは何を変えたのか

インターネットは極めて重要な技術である。起業家、経営者、投資家、ビジネスジャーナリストやマネジメント研究家の注目が集まるのも無理はない。このような熱気に煽られて、「インターネットによって、これまでの企業や競争に関する既存のルールはすべて時代遅れとなり、何もかも変わってしまう」と考える人が少なくない。

無理もない反応かもしれないが、危険である。このような考え方のせいで、ドットコム企業も既存企業も、およそ賢明とはいえない意思決定、すなわち業界の魅力度を低下させ、自社の競争優位を損なわせる意思決定を下している。

たとえば、これまで品質や機能、サービスで競争していたところを、インターネットを使って価格競争を起こした企業がある。その結果、この業界では、どの企業も利益を生み出せなくなった。また、間違った提携やアウトソーシングに走り、独自の優位性を失った企業もある。このような行動がもたらすマイナスの影響はつい最近まで、市場からのゆがんだシグナルのせいで漠然としていたが、次第にはっきりしつつある。

問うべき根本問題

インターネットについて、いまこそはっきりした見解を打ち出す時である。そのためには、「ネット業界」「eビジネス」「ニューエコノミー」といった流行り言葉は聞き流し、インターネットのあるがままの姿を見つめる必要がある。インターネットは、何かを「可能にする技術《イネーブリング・テクノロジー》」であり、さまざまな業界で、またさまざまな戦略の一部として活用できる強力なツールなのである（もちろん、賢い活用法もあれば、あさはかな活用法もあるわけだが）。

そして、次のような根本的な問題について問うべき時期でもある。


◉インターネットが生み出す経済的恩恵を、誰が手にするのか。

◉生み出される価値は、すべて消費者の手に渡るのか、あるいは企業もその一部にあずかれるのか。

◉業界構造には、どのような影響が及ぶのか。

◉業界のプロフィット・プール（業界のバリューチェーン内のすべての活動が生み出した利益の総和）は増えるのか、あるいは減るのか。

◉戦略には、どのような影響が及ぶのか。

◉持続的な競争優位を獲得する能力を高めるのか、それとも低下させるのか。


これらの問いに答えていく過程で判明することの多くは、我々を不安にさせる。どうやら、これまでインターネットについて経験してきたことは大幅に割り引いて考えるべきであり、また学んできたこともその大半を忘れるべきである。

新たな目で見直してみれば、インターネットは必ずしもありがたいものではないことがわかる。インターネットは、売上げ全体を減少させる方向で業界構造を変える。また、インターネットはビジネスのやり方を平準化し、業務面で優位を構築する能力を低下させる。

カギとなるのは、インターネットを利用すべきかどうかではなく――競争力の維持を望むならば選択の余地はない――どのように利用すべきか、という問いである。

戦略の原則は変わらない

ここで、楽観的な気分になれる根拠を示そう。インターネット技術は、前世代のＩＴ以上に、独自の戦略ポジショニングを構築するチャンスを企業にもたらす。そして、そのような競争優位を獲得するのに過激な手法は不要であり、効果的な戦略を立案するための基本原則に従えばよいのである。

インターネットそのものが競争優位になることは、まずないだろう。成功を手にするのは、従来業務と切り離してインターネットプロジェクトを立ち上げる企業ではなく、これまでの競争のやり方を補完するためにインターネットを活用する企業である。このことは、とりわけ既存企業には朗報だろう。なぜなら、多くの場合、現在の優位性を強化する形でインターネットと既存のやり方を融合できるからである。

とはいえ、ドットコム企業も勝者となれる。そのためには、インターネットと伝統的なやり方の間に横たわるトレードオフを理解し、まさしく独自の戦略を打ち立てなければならない。

インターネットは、誰かが論じているように、戦略の重要性を失わせるのではない。むしろ、これまで以上に高めるものである。

ゆがめられる市場シグナル

インターネットをすでに利用している企業は、市場からのゆがんだシグナルのせいで混乱している。ビジネスにおいて未知の現象に遭遇した場合、市場を見て方向性を決定するというのはわからないでもない。しかし、いかなる新技術であろうと、その黎明期にあっては、市場からのシグナルは当てにならない。

新しい技術が登場すると、顧客も企業も、これを使ってけっこう過激な実験を試みるが、その多くが途中で経済的に行き詰まる。その結果、市場の動きはゆがんだものになり、したがってその解釈には注意を要する。

売上げのゆがみ

このことが、インターネットにまさしく当てはまる。インターネット技術が浸透している業界の利益方程式（利益＝売上げ－コスト）における売上げの部分について考えてみたい。以下の三つの理由から、その数字は信用できない。

第一に、多くの企業が、インターネットに長けた企業というポジションと顧客基盤を獲得しようとして、自社の製品やサービスを購入してもらうために値引きしたりおまけをつけたりする（政府も、消費税を免除してオンラインショッピングを助成している）。買い手は、大幅に値引きされた価格で購入できるばかりか、時には無料で手に入れることもできる。したがって、正味コストが反映された価格を支払うことはない。価格が不自然に安ければ、需要量も不自然に増える。

第二に、買い手の多くが、まだ好奇心からインターネットを利用している。それゆえ、どこがよいのかはっきりしなくとも、またメリットが限られていても、オンライン取引を試している。オンライン書店のアマゾン・ドットコムが通常の書店と同価格、または割引価格で販売し、送料も無料か一部負担というならば、試してみない手はない。しかし早晩、特にサービス期間の終了と同時に、これまで通り書店で購入する顧客も出てくるだろうから、現時点での顧客ロイヤルティを評価しても、それは疑わしい。

最後に、オンライン事業の「収益」の一部は、現金ではなく株式の譲渡という形で支払われている。たとえば、アマゾンがパートナー企業から得た推定四億五〇〇〇万ドルの利益の大部分が株式で支払われている。この種の収益が今後も続くかどうかは疑問であり、株価が変動すれば事業の真の価値も変わってしまう。

コストのゆがみ

売上げを定義しづらいだけでなく、コストもわかりにくい。オンライン事業を運営している企業の多くが、さまざまな資源をサービス価格で購入しているからだ。

サプライヤーもこの分野に参入したいがために、その授業料としてドットコム企業に製品やサービス、コンテンツを破格の値段で提供する。たとえば、コンテンツプロバイダーの多くは、来訪者数でトップクラスのウェブサイトに足場を得ようとして、ヤフーにただ同然でコンテンツを提供している。また、自社のコンテンツを配信してもらうために、人気のポータルサイトに金を支払っているところさえある。

真のコストをいっそうわかりにくくしている要因がある。多くのサプライヤーが、インターネット関連企業やベンチャーから——むろんそこの従業員たちも——製品やサービスの対価として、株式やワラント債（株式を一定期間内で購入できる権利のついた債券）、あるいはストックオプションなどをすすんで受け取っている。株式による支払いは損益計算書には表れないが、株主にすれば、まさしくコストである。

サプライヤーがこのように行動することで、インターネット事業にまつわるコストは不自然に圧縮され、その結果、実際以上に魅力的に見える。また、資本の必要性が論理的に語られないことも、コストをゆがませている。あらゆるネット企業がオンライン事業は少額投資で済むと述べたものだが、顧客に価値を提供するには、在庫や倉庫、その他の投資が必要であると気づくことになった。

株価のゆがみ

株式市場からのシグナルは、もっと信頼できない。投資家たちはインターネットの爆発的成長に熱狂しており、これを反映して、株式の価値評価《バリュエーション》は事業のファンダメンタルズ（経済の基礎的条件）から切り離されてしまった。こうして株価は、生み出された真の経済的価値を正確に示す指標ではなくなった。したがって、直近の株価に影響が及ぶこと、投資家の感情に対応することなどを考慮して意思決定すると、みずからを危険にさらすことになる。

財務指標のゆがみ

以上のように売上げ、コスト、株価の情報がゆがんでいるので、企業の財務指標も信頼できない。インターネット事業を展開している企業の経営陣は、自分たちにとって都合が悪いため、収益力や経済的価値に関する既存の財務指標を軽視する。その代わり、広義の売上げや顧客数のほか、いつかは売上げと関係するかもしれない怪しげな数値、たとえばウェブサイトを訪れた人の実数を示す「ユニーク・ユーザー」(「リーチ」ともいわれる)、延べ人数で見た訪問者数を意味する「アクセス数」、ウェブサイト内の広告がクリックされた回数をその広告が表示された回数で割った「クリックスルー・レート」などを重視する。

何とも独創的な会計手法も増えている。実際、インターネットが登場したことで、たとえば買収にかかった費用を「経常外費用」として除外するプロフォーマ方式(事業報告書から特定の費用や利益を除外して発表する方式)による収支予測など、経済的価値との関連性に乏しい新手の財務指標が現れている。

財務報告上の数値と実際の収益性の関係があやふやなため、商取引の現場では何が起こっているのか、ますます混乱するばかりである。また、これらの指標は株式市場でも使われているため、いっそう不透明感が高まる。

以上のような理由すべてのせいで、多くのネット関連企業の財務状況は、発表されているよりもさらに悪い状態にある。

ドットコム企業が急増していること自体、インターネットの経済的価値の高さを物語っていると言う人もいるかもしれない。このように考えるのは、どう考えても時期尚早である。ドットコム企業がこれほど急速に増えた最大の理由は、実現の可能性を示さなくても、資本調達できたからである。さまざまな業界でドットコム企業が増殖しているのは、事業環境の健全性を示しているのではなく、単に参入障壁の低さを示しているにすぎず、これは危険な兆候といえる。

戦略の原点に回帰する

ビジネスにおけるインターネットの影響について、現時点までの結果だけで確たる見解を出すのは難しい。ただし、大まかな結論であれば二つ導き出せる。

◉第一に、インターネット上で展開される事業の多くは不自然なもので、その競争のやり方も不自然で、最近になって調達できるようになった資金によって支えられている。

◉第二に、いま経験している移行期には、競争の新たなルールがあるかのように見えることが多い。しかし、市場の力が働くことで――いままさにそうである――かつてのルールが再び主流となる。いま一度、真の経済的価値に目を向け、これを創造することが、最終的にはビジネスを成功に導くものである。

企業にとっての経済的価値とは、価格とコストの差にほかならず、それは利益を継続的に実現することによってのみ測定できる。売上げを生み出す、コストを下げる、あるいはインターネットによって何か役に立つことを行うだけでは、価値が創造された証拠とはいえない。現在の株価も必ずしも経済的価値を示す指標ではない。株主価値は、長期的に見た場合において、経済的価値の指標たりうる。

経済的価値を考えるに当たり、「インターネットの利用」（たとえばeコマース市場を運営する、おもちゃを売る、株式を売買するなど）と、さまざまな用途に活用できる「インターネット技術」（たとえばウェブサイトをつくるツール、リアルタイムのコミュニケーションなど）を区別するとよい。

インターネットが経済的価値を創造している証拠として、インターネット技術を提供する企業の成功を挙げる人たちがいるが、そのように考えるのはおかしい。最終的に経済的価値をつくり出すのは、インターネットの利用によってである。

インターネットを利用して利益が得られるかどうかとは関係なく、しばらくの間、インターネット技術のプロバイダーは儲かるだろう。さかんに実験が行われている時には、たとえ欠陥のある技術を販売しても好業績を上げられるものだ。しかし、インターネットを利用しても売上げが継続的に伸びない、あるいは導入コスト以上のコストを削減できないと、追加投資は経済的に正当化されないため、インターネット技術のプロバイダーは尻すぼみとなる。

では、どのようにインターネットを活用すれば、経済的価値を創造できるだろうか。その答えを見出すには、いま市場から発せられているシグナルではなく、収益性を左右する次の二つの基本要因について検討しなければならない。

◉業界構造——これによって業界内の平均的企業の収益性が決まる。
◉持続的な競争優位——これを確立できれば、平均的企業の上を行くことができる。

これら二つの基本ドライバーが収益性を左右するのは普遍的な事実で、どんな技術が使われていようと、どんな事業であっても原則は変わらない。しかし同時に、その表れ方は業界や企業によって大きな違いがある。

産業分類を問わず共通に使われる有名なインターネット用語に、B2BやB2Cがあるが、収益性の観点からは無意味と言うしかない。潜在的収益性は、個々の業界や企業を見ることでしか判断できないのである。

インターネットと業界構造

インターネットは、たとえば、オンラインオークションやeマーケットプレース（オンライン上の企業間取引所）など、新たな業界を生み出した。しかし、インターネットの最大のインパクトは、これまでコミュニケーションや情報の収集、取引の処理などのコストが高く、制約を受けてきた既存業界に改革をもたらしたことである。

たとえば、通信教育は何十年も前からあり、毎年約一〇〇万人が受講している。インターネットは、通信教育を大々的に拡大させるかもしれない。とはいえ、この業界はインターネットによって生まれたわけではない。同様に、インターネットは、商品を注文するための効率的な手段となるが、フリーダイヤルや自動配送センターなどを持つ通販業者は何十年も前から存在している。インターネットは最初のプロセスを変えただけである。

インターネットの歓迎しがたい影響

業界の新旧を問わず、その構造上の魅力度は「五つの競争要因《ファイブ・フォース》」、すなわち「既存企業同士の競争」「新規参入者の脅威」「サプライヤーの交渉力」「代替品や代替サービスの脅威」「買い手の交渉力」によって決まる。

製品やサービス、技術や競争のやり方によって創造された経済的価値が、一方では業界の既存企業間において、他方では買い手、売り手、流通業者、代替品、新規参入者の間において、どのように分配されるのかを左右するのも、これら五つの競争要因である。いまは技術が急速に進歩しているため、もはや業界分析は無意味であると言う人もいるが、実際はその逆である。

これら競争要因を分析することで、業界の基本的な魅力が明らかになる。また、業界の平均収益性を左右する基本ドライバーは何か、収益性は今後どうなるのかが見えてくる。仮に、売り手、流通チャネル、代替品や競合関係が変わろうとも、やはりこの五つの競争要因が収益性を決定する。

これら五つの競争要因の影響力は、業界によってかなり異なる。したがって、インターネットが業界の長期的な収益性にどのようなインパクトを及ぼすのか、一般的な結論を出そうとするのは間違いである。つまり、どのような影響を被るかは業界ごとに異なる。

とは言うものの、インターネットが何らかの役割を果たしている業界について広範に調べたところ、明らかな傾向がいくつか浮かび上がってきた（**図表4-1**参照）。その中には歓迎すべきものもある。たとえば、インターネットによって顧客と直接接触できるようになれば、流通チャネルの交渉力は弱まる。また、インターネットはさまざまな面で業界の効率性を向上させ、従来の代替品よりも相対的に優位なポジションに立つことができて市場全体が拡大する。

とはいえ、以下のように、多くの変化は歓迎しがたいのが実態である。

- ●インターネット技術によって、製品やそのサプライヤーに関する情報が簡単に得られるようになるため、買い手の交渉力が高まる。
- ●インターネットによって、現在のような営業部門や流通チャネルの必要性が下がるため、参入障壁が低くなる。
- ●ニーズに対応したり機能を実行したりする新しいアプローチが登場することで、新たな代替品が生まれる。
- ●インターネットはオープンシステムであるため、独自の製品やサービスを提供し続けることが難しくなり、業界内の競争が激しくなってくる。

図表4-1｜インターネットが業界構造に及ぼす影響

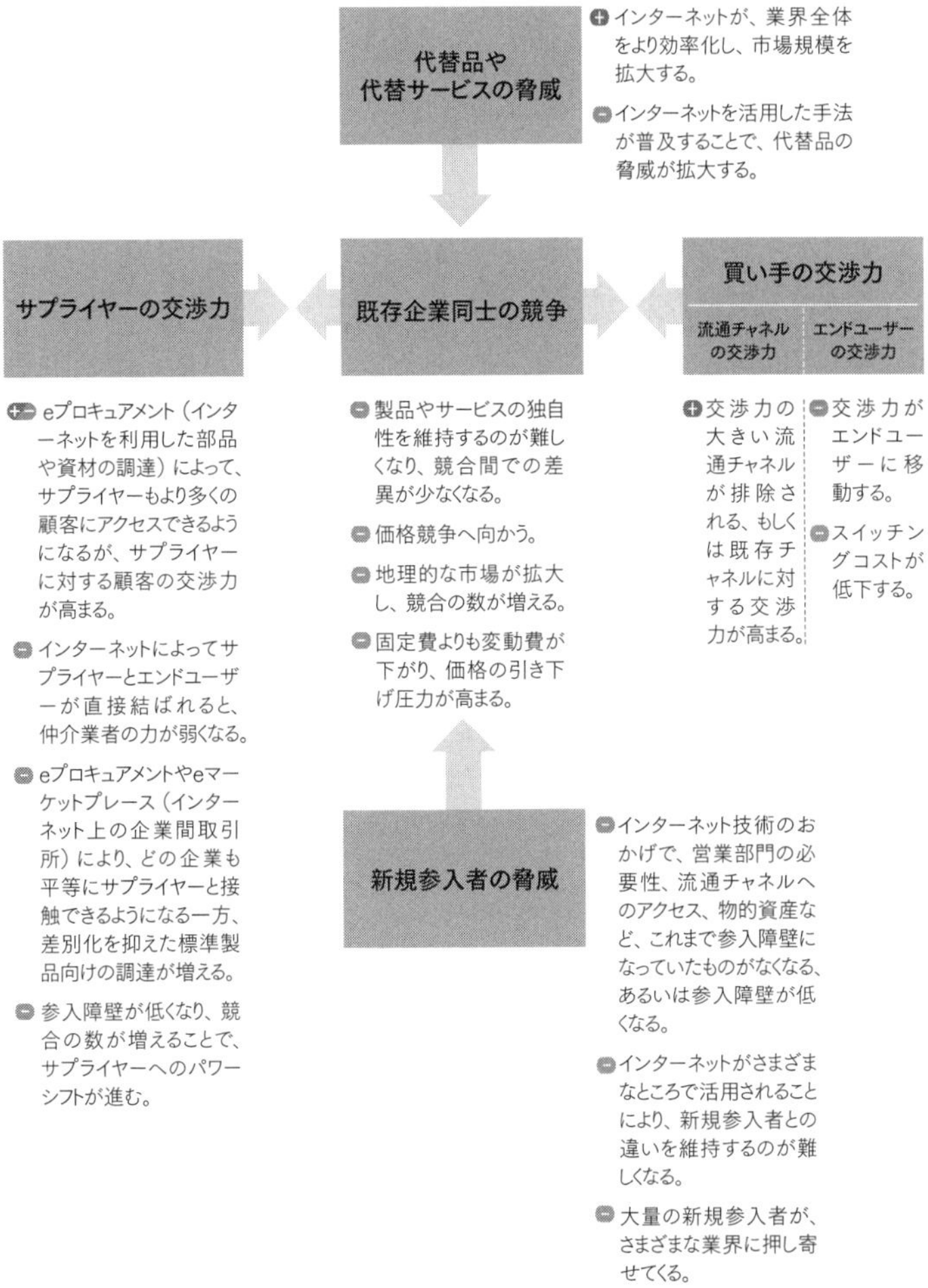
代替品や代替サービスの脅威
+ インターネットが、業界全体をより効率化し、市場規模を拡大する。
− インターネットを活用した手法が普及することで、代替品の脅威が拡大する。
サプライヤーの交渉力
既存企業同士の競争
買い手の交渉力
流通チャネルの交渉力
エンドユーザーの交渉力
+− eプロキュアメント（インターネットを利用した部品や資材の調達）によって、サプライヤーもより多くの顧客にアクセスできるようになるが、サプライヤーに対する顧客の交渉力が高まる。
− インターネットによってサプライヤーとエンドユーザーが直接結ばれると、仲介業者の力が弱くなる。
− eプロキュアメントやeマーケットプレース（インターネット上の企業間取引所）により、どの企業も平等にサプライヤーと接触できるようになる一方、差別化を抑えた標準製品向けの調達が増える。
− 参入障壁が低くなり、競合の数が増えることで、サプライヤーへのパワーシフトが進む。
− 製品やサービスの独自性を維持するのが難しくなり、競合間での差異が少なくなる。
− 価格競争へ向かう。
− 地理的な市場が拡大し、競合の数が増える。
− 固定費よりも変動費が下がり、価格の引き下げ圧力が高まる。
+ 交渉力の大きい流通チャネルが排除される、もしくは既存チャネルに対する交渉力が高まる。
− 交渉力がエンドユーザーに移動する。
− スイッチングコストが低下する。
新規参入者の脅威
− インターネット技術のおかげで、営業部門の必要性、流通チャネルへのアクセス、物的資産など、これまで参入障壁になっていたものがなくなる、あるいは参入障壁が低くなる。
− インターネットがさまざまなところで活用されることにより、新規参入者との違いを維持するのが難しくなる。
− 大量の新規参入者が、さまざまな業界に押し寄せてくる。

ここでの議論は、筆者とデイビッド・サットンとの研究に基づく。
詳しくは、Michael E. Porter, *Competitive Strategy,* Free Press, 1980.
（邦訳『競争の戦略』ダイヤモンド社、1985年）を参照されたい。

◉インターネットを利用することで、市場が地理的に拡大し、その結果、さらに多くの企業が競争に参加してくる。
◉インターネット技術は、変動費を引き下げ、原価構造において固定費の割合を高める傾向があり、企業を破滅的な価格競争へと向かわせる圧力をつくり出す。

市場拡大・収益性低下

インターネットを使うことで市場は拡大するが、多くの場合、同時に収益性が低下する。インターネットのパラドックスは、その長所、すなわち情報を広く入手できるところにある。これにより、購買やマーケティング、流通において、これまで問題だったことが解決され、売買が容易になる。しかし、企業がこのような長所を利益として取り込むことは難しい。

自動車販売には、この力学が働いている。顧客は、インターネットのおかげで、細かい仕様から、修理履歴、新車の卸値、中古車の平均価格まで、さまざまな製品情報を収集できる。また、どこで買うかについても、地元のディーラーだけではなく、インターネットの照会サービス（オートウェブやオートバンテージなど）や、オンラインのディーラー（オートバイテル・ドットコム、オートネーション、カーズダイレクト・ドットコムなど）などを使って、さまざまな選択肢から選ぶことができる。インターネットによって、少なくとも販売については、地の利の重要性が低下したため、市場は地元から地域へ、全国へと広がっていく。その結果、あらゆるディーラーが潜在的なライバルとなる。

なお、オンラインディーラーはみずからを差別化するのが難しい。なぜなら、独自性のポイントとなりうる、たとえばショールーム、個人に対応した販売、サービス部門などを持っていないからである。

このように、差別化されていない製品を売る企業が増えれば、競争の基盤はよりいっそう価格に傾いていく。明らかに、業界構造への影響はマイナスである。

ネットオークション事業の教訓

以上のことは、インターネットが入り込むと、どのような業界も魅力度が下がるという意味ではない。対照的な例として、ネットオークションを見てみよう。

ここでは、買い手と売り手が星の数ほど存在しており、それぞれの交渉力は小さい。ネットオークションの代替品は「売ります」「買います」の三行広告《クラシファイド・アド》やフリーマーケットだが、いずれも範囲《リーチ》が限られ、利便性も低い。一方、ネットオークションは、参入障壁はそれほど高くないが、インフラ整備や買い手と売り手を集めるのに規模の経済を働かせて新規参入を阻止したり、競合他社を不利な立場に追い込んだりできる。

この業界での競争は、主にイーベイの行動によって規定されている。同社は、便利なマーケットプレースを提供するという点で圧倒的優位にあり、出品料や販売手数料を収入源とし、また配送料は顧客が支払っている。アマゾンをはじめ、他社が参入して無料のオークションを始めた時も、イーベイは価格を据え置き、その一方で顧客を獲得・維持する別の方法を模索した。その結果、ネット事業で起こりがちな破滅的な価格競争は回避された。

ネットオークション事業においてイーベイが果たしている役割から、重要な教訓を学ぶことができる。すなわち、業界構造は固定的ではなく、むしろその大部分は各社がどのような選択を下すかによって形成されるということである。

イーベイは、業界の収益性を向上させる方向で行動した。これとまったく正反対なのがバイ・ドットコムである。同社はオンライン小売業として有名だが、この業界全体に打撃を与え、言うまでもなく、自分たちが競争優位を獲得する可能性をも台無しにしてしまった。

バイ・ドットコムは、一億ドルという売上げを、どのドットコム企業よりも早く達成したが、その手法は価格競争一本槍であった。売り値は、原価割れは当たり前、時には仕入値を下回ることもあった。「ほかのやり方で稼げるだろう」と根拠なく当て込んでいた。コスト・リーダーシップを目指すつもりもなく、逆にブランディングのために広告宣伝に力を入れた。受注業務全般をアウトソーシングし、顧客サービスは必要最小限に留め、差別化の源泉を失った。

加えて、特定の製品カテゴリーには絞り込まないという選択を下したことで、他社と一線を画すチャンスも放棄してしまった。つまり、最初は家電製品を扱っていたが、独自性を打ち出すことなく、数多の製品カテゴリーを展開した。

バイ・ドットコムは現在、必死にリポジショニングに取り組んでいるが、もはや出直しは難しいことは言うまでもない。

インターネットの神話

このように業界の収益性に負の影響を及ぼすにもかかわらず、インターネットの利用に関して、楽観主義、それどころか高揚感が漂っていたのはなぜだろうか。

その理由の一つとして、インターネットは業界構造にいかなる影響を及ぼすのかではなく、インターネットで何ができるのか、どれくらい速く普及していくのかに、人々の関心が集中したことが挙げられる。楽観主義が生じたのは、「インターネットによって業界の収益性を向上させる力が生み出される」という確信からである。

なかでも注目すべきは、インターネットを使えば、スイッチングコストが上昇し、また強力なネットワーク効果も働くため、先行者は競争優位を獲得し、安定した収益性を確保できると、多くの人たちが思い込んでいたことである。ニューエコノミーを代表するようなブランドをいち早く築き上げることで、先行者はその優位性を強化するだろう、勝者には魅力的な業界が待っていることだろう、と考えられた。しかし、この考え方は検証すれば欠陥だらけであることがわかる。

スイッチングコストの神話

まずスイッチングコストについて検討してみたい。スイッチングコストには、顧客がサプライヤーを変更する時に生じるコストすべて――新たな契約の交渉に始まり、データの再入力、新しい製品やサービスの使い方の習得に至るまで——が含まれる。スイッチングコストが上昇すると、顧客の交渉力は下がり、業界への参入障壁が高くなる。

スイッチングコストは、何ら目新しいものではないが、一部の研究者は、インターネットはスイッチングコストを大幅に上昇させると言う。つまり、買い手はある企業のユーザーインターフェースに慣れると、他社のサイトを探し、登録し、使い方を覚えるための労力というコストを払いたくなくなるというのである。法人顧客なら、たとえば新しいシステムをいまのシステムと統合するためのコストを嫌がる。ｅコマースでは、企業が顧客の購買行動に関する情報を蓄積できるため、その顧客のためにカスタマイズした製品、前回以上のサービス、購買時の利便性などを提供できる。顧客もそれを失いたくない。「スティッキネス」（あるウェブサイトの利用頻度の高さ）は、とりも直さずスイッチングコストを意味しているのだというのである

しかし現実は、ＥＤＩ（電子データ交換）など前世代の情報システムを含め、従来のやり方で事業を運営した場合よりも、インターネットのほうがスイッチングコストは低下する。つまり上昇はしない。インターネットの場合、買い手が別のサプライヤーに乗り換える場合、何回かクリックすればよい。またスイッチングコストも、ウェブ技術の進歩によって、さらに低下していく。

たとえばペイパルのような企業は、決済サービスやネット通貨（いわゆるｅウォレット）を提供しているが、一度登録すれば、個人情報やクレジットカード番号を入力することなく、いろいろなサイトで買い物ができる。ワンページ・ドットコムなどが提供するコンテンツ統合ツールを使えば、あちこちのサイトから必要な情報を集め、自分だけのウェブページをつくることができる。そうすれば、

情報を読み直すために繰り返しサイトを訪れる必要もなくなる。また、XML（拡張可能なマークアップ言語）が普及したことで、企業はサプライヤーを変えても、自社の発注システムを変更したり、購買やロジスティックスのプロトコルをつくり直したりする必要がなくなった。

ネットワーク効果の神話

では、利用者が増えればその製品やサービスの価値も高まっていくという、いわゆるネットワーク効果についてはどうだろう。eメールやインスタントメッセージ、ネットオークション、掲示板、チャットルームなど、インターネットを用いた各種ツールにはたしかにネットワーク効果が見られる。このようにネットワーク効果が顕著に表れている場合には、需要側に規模の経済が生じ、参入障壁が高くなる。よく言われるように、こうして一人勝《ウィナー・テイクス・オール》ちの競争となり、最終的には一、二社が支配するようになる。

しかし、ネットワーク効果が見られるというだけでは不十分である。それが一社だけのものでない限り、参入障壁を築くことはできない。インターネットはそのオープン性ゆえに、その規格やプロトコルが共通であり、またサイト間の移動も簡単なため、一社でネットワーク効果の恩恵を一人占めするのは難しい（AOLは独自のオンラインコミュニティを形成することに成功したが、これは例外であって、通常は異なる）。そして、幸運にもネットワーク効果をコントロールできたとしても、顧客の数がクリティカル・マス（閾値《いきち》）を超えれば、収穫逓減の法則が働く。

加えて、ネットワーク効果は自己限定的なメカニズムである。ある製品やサービスを一番最初に利用する顧客は、それらが自分のニーズにぴったり合っていると思った人たちである。しかし、市場に浸透していくにつれて、その他の顧客が抱えるニーズには応えられなくなり、競合他社が別の製品やサービスを提供する余地が生まれる。最終的には、ネットワーク効果を生み出そうとすれば、大規模投資が必要になり、それにより将来のメリットも相殺されてしまうかもしれない。

ネットワーク効果は、さまざまな点で経験曲線（経験と効率の関数）に似ている。この場合、コスト優位を通じて市場シェアを支配できることになる。経験曲線はあまりに単純化されており、これをひたすら追求していくと、多くの業界で証明されているように、悲惨な結果が待っている。

ブランディングの神話

インターネット上のブランディングが難しいこともわかっている。バーチャルな事業は、物理的に存在せず、また人々と直接触れ合うこともないため、従来型の事業に比べて、顧客の理解を得られにくい。大量の出稿、製品の値引き、さまざまな購買インセンティブにもかかわらず、多くのドットコムブランドは有力ブランドの域に達しておらず、ロイヤルティや参入障壁への影響も限られている。

補完型提携の神話

インターネットへの根拠なき熱狂を生じさせたもう一つの理由は、提携によってウイン・ウインが生まれ、業界の経済性が向上するという神話である。提携はすでに一般化している戦略だが、インターネット技術が利用されるようになって、いまでは当たり前になっている。

提携には二種類ある。一つは補完的なもので、たとえばコンピュータのソフトウェアとハードウェアのように、ある製品を業界内の別の製品と組み合わせるものである。さまざまな製品やサービス、情報が提供されるにつれて、ｅコマースでは、この補完型の提携が増えている。これは多くの場合、ライバルと手を組むことになり、その結果、業界の成長が加速され、了見の狭い破滅的な競争も回避されると考えられてきた。

しかしこのアプローチによって、競争における補完の役割が正しく理解されていないことが明らかになった。たとえばスプレッドシートソフトがＰＣ業界の拡大を加速したように、補完は業界の成長にとって重要だが、業界の収益性には直接関係しない。たとえば同じような代替品があると、業界の収益性が低下する可能性があるが、同様に、似たような補完品が業界に及ぼす影響はプラスのこともあればマイナスのこともある。補完は、五つの競争要因に影響を与えることで、業界の収益性に間接的に影響を及ぼすのである。

製品やサービスが補完されることで、スイッチングコストが上昇すれば、業界の収益性も高まるだろう。しかし、ＰＣにおけるマイクロソフトのＯＳのように、補完によって業界内の製品が標準化されていくと、競争が激化し、収益性に累が及ぶ。

インターネットを通じて補完財の製造者と提携することは、業界構造が抱える問題を和らげることもあれば悪化させることもある。提携が広がれば、どの企業も同質化し、それによって競争は過熱していく。また、自社の戦略上の目標に集中する代わりに、相反する可能性もあるパートナー企業の目標とバランスを取ることを強いられたり、自社事業についてパートナー企業に教えなければならないといった問題もある。競合関係はますます不安定になり、補完財の製造者は潜在的なライバルとなり、新規参入の脅威も高まる。

アウトソーシング効果の神話

もう一つのよくある提携がアウトソーシングである。インターネット技術のおかげで「バーチャルコーポレーション」――購入された製品やコンポーネント、サービスで成り立っている事業体――の概念が広まり、企業はサプライヤーとの関係を調整しやすくなった。

広くアウトソーシングすることで、直近のコストが減少し、柔軟性も高まるが、その影響が業界構造に及ぶと、悪い側面が表れる。競合他社が同じベンダーを使うようになると、似たようなものを購入することになり、その結果、企業の独自性が失われ、価格競争が助長される。

また、アウトソーシングは通常、参入障壁を低下させる。なぜなら、新規参入者は生産設備を持たなくても必要なものを購入し、これを組み立てればよいからである。加えて、事業の核となる部分をコントロールできなくなり、部品や組み立て、サービスに関する貴重な経験がサプライヤーに移転し、長期的には彼らの力を増大させることになる。

インターネット競争の未来

今後、インターネット技術によって各業界がどのように変わっていくかは、業界によって異なる。

しかし、業界構造に影響を及ぼす競争要因について検証していくと、インターネット技術の導入によって多くの業界で収益性が圧迫されるということが見えてくる。

たとえば、どれくらい競争が激化するかを考えてみよう。多くのドットコム企業が廃業に追い込まれているが、その結果、合併が起こり、競争は沈静化していくように思える。しかし、新しいプレーヤー同士が合併する一方で、いまでは既存企業もインターネット技術に詳しくなっており、ビジネスをオンライン上で展開している。新規企業と既存企業の戦い、そしてこれに低い参入障壁が加わったことで、多くの業界では、企業の数が増え、それゆえインターネットが登場する以前より競争が激しくなるという傾向が見られる。

顧客の交渉力も高まっていくだろう。買い手は当初ほどウェブに興味を示さなくなり、オンラインで製品やサービスを販売する企業は、真のメリットを提供できることを証明しなければならなくなる。プライスライン・ドットコムの逆オークション（買い手が希望条件を提示し、複数の売り手がこれに入札し、買い手は最安値を提示した売り手と取引する）などは、多くの場合、かかる手間に比べて節約できる金額が小さいため、顧客はすでに興味をなくしてしまっているようである。

顧客がインターネットに慣れてくれば、最初に出会ったサプライヤーへのロイヤルティも次第に薄れていくことだろう。つまり、顧客はスイッチングコストが低いことに気づくのである。

同様の影響が、広告収入を当てにした戦略にも及ぶだろう。広告主は出稿媒体をこれまで以上に吟味して選択しているため、ウェブ広告の成長率は鈍化している。広告主は今後も広告料金を引き下げるために、インターネット広告を専門に扱う新手の代理店の力を借りながら、その交渉力を行使していくだろう。

ただし、悪いニュースばかりではない。技術進歩によって、収益性を強化できるチャンスもある。たとえば、ストリーミング動画の質が改善されたり、低コストの帯域をもっと利用したりすれば、顧客サービスの担当者やそれ以外の従業員が、PCを通じて顧客と直接やり取りできる。

オンライン小売業は、他社と差別化できると同時に、顧客の関心を価格から逸らすこともできる。また、銀行の自動決済サービスもスイッチングコストをある程度引き上げるだろう。しかし一般的には、インターネット技術によって買い手へのパワーシフトが起こり、業界の収益性は低下していくだろう。

インターネットが業界構造に与える影響を考える際には、長期的な影響を検討することが重要である。そのことを理解するためにeマーケットプレースについて考えてみたい。eマーケットプレースは、多数の買い手とサプライヤーを電子的に結び付けることで、購買活動を自動化する。買い手にすれば、低い取引コスト、価格や製品に関する情報の入手しやすさ、利便性の高い購買とその関連サービス、またいつもではないが共同購入の利用といった長所がある。一方サプライヤーにとっての利点としては、販売コストと取引コストの低さ、より広い市場へのアクセス、交渉力の大きい流通チャネルの回避などが挙げられる。

業界構造の観点から見れば、eマーケットプレースの魅力度は、取引される製品によって異なる。eマーケットプレースの利益を左右するのは、ある製品分野における買い手と売り手の間にある力関係といえる。もし、どちらかの数が少ないか、あるいは差別化された製品を所有しているという場合、交渉力も大きくなり、市場で創造された価値のほとんどを獲得できる。しかし、買い手も売り手も多種多様であれば、どちらの交渉力も弱く、そのためeマーケットプレースの運営者が利益を手にする可能性が高い。

業界構造を決定する要素としてもう一つ重要なのが、代替品の脅威である。もし、売り手と買い手が比較的簡単に相対取引できるなら、あるいは自分たち専用のeマーケットプレースを簡単につくれるのであれば、独立系マーケットプレースが利益を高水準で維持することは難しくなる。

最終的には、参入障壁を築けるかどうかが決定的に重要である。何十というeマーケットプレースがしのぎを削っている業界があり、そこでは、買い手も売り手もあえて複数のeマーケットプレースで取引したり、独自の取引所を運営したりすることで、特定のeマーケットプレースに力が偏るのを防止している。このように参入障壁が低いと、業界の収益性が低下するのは必至である。

eマーケットプレース間の競争は過渡期にあり、また業界構造も変化している。そこで創造される経済的価値の大半は、彼らが確立した規格、すなわち技術プラットフォーム、そして情報を結合・交換するためのプロトコルから生まれている。ただし、規格が一度できてしまうと、eマーケットプレースが生み出しうる付加価値は制約を被るかもしれない。

買い手やサプライヤーがeマーケットプレースに提供するもの、たとえば受注の詳細や在庫状況などの情報は、すぐにでも自社サイトで提供できる。また仲介業者なしでも、サプライヤーと顧客は、オンラインで相対取引を始められる。新技術が登場すれば、間違いなく財や情報の検索と交換はいっそう簡単になる。

ｅマーケットプレースが優位性や高い収益性を維持できる分野もあるだろう。たとえば不動産や家具など個別性の高い業界では、ｅマーケットプレースはうまくいく可能性がある。そこでは、独立系マーケットプレースだけが提供できる、新たな付加価値を生み出すサービスが登場するかもしれない。

しかし多くの分野では、ｅマーケットプレースは、相対取引に取って代わられるか、購買、情報処理、資金調達、ロジスティックスサービスなどに分解されるだろう。他の分野では、市場参加者や業界団体などがｅマーケットプレースを買収し、コスト・センターとして運営するかもしれない。このような場合、ｅマーケットプレースは、自分たちの利益のためではなく、参加者たちに価値ある「公共財」を提供することになる。

長期的には、オープンなｅマーケットプレースから、多くの買い手が離れていくことだろう。そしてインターネット技術を活用してさまざまな面で効率を改善しながら、あらためて少数のサプライヤーと密接かつ固有の関係を構築していくのではないだろうか。

インターネットと競争優位

インターネットが原因で、多くの業界で平均収益性が低下していくならば、平均的な企業より高い利益を実現するために、各社とも横並びを回避することが重要である。

その唯一の方法が、持続可能な競争優位を確立することであり、そのためには、コストをさらに低下させるか、プレミアム価格を設定するか、あるいはその両方が要求される。

コスト優位もしくは価格優位には、二つの方法がある。一つが「業務効果」の向上である。つまり、ライバルがやっていることを、ライバルよりも上手にやるのである。業務効果によって競争優位を確立する方法は、優れた技術、質の高い投入資源、訓練された従業員、実効性の高い経営構造など、それこそ無数にある。

もう一つが「戦略ポジショニング」である。つまり、ライバルとは異なる方法で、独自の価値を顧客に提供するのである。ここには、異なる製品機能、異なるサービス、異なるロジスティクスなどが含まれる。

インターネットは、業務効果と戦略ポジショニングそれぞれに、異なる形で影響を及ぼす。業務面で優位性を維持するのは難しいが、インターネットによって、新たなチャンスが生まれたり、独自の戦略ポジショニングが強化されたりする。

業務効果

業務効果を向上させるツールの中で、インターネットは間違いなく最強である。インターネットによって、リアルタイムの情報をより簡単、よりスピーディに交換できるようになり、その結果、ほぼすべての企業と業界を横断する形で、バリューチェーン全体が改善された。またインターネットはオープンプラットフォームであり、規格が共通化されているため、前世代のＩＴ投資よりも少ない金額で、その恩恵にあずかれる。

しかし、業務効果を単に改善しただけでは、競争優位は得られない。優位性を獲得するには、競合他社よりも高い水準の業務効果を実現・維持しなければならない。しかしこれは、最適の環境下でも難しい課題といえる。

ある企業が新たなベストプラクティスを確立すると、競合他社はすぐさまこれを真似ようとする。ベストプラクティスの戦いが始まると、やがて競争の収れん（同質化）が起こり、多くの企業が同じ方法で同じことをするようになる。すると、顧客は価格で選ぶようになり、業界の収益性は落ち込んでいく。

インターネットアプリケーションはその性質ゆえに、業務面で優位性を維持することをこれまで以上に難しくする。前世代のＩＴでは、アプリケーションの開発はたいてい複雑で、骨が折れ、時間がかかり、極めて高コストであった。このような特徴のせいで、ＩＴで優位性を獲得することは難しかったが、同時にライバルが情報システムを模倣することも一筋縄ではいかなかった。

インターネットのオープン性に加えて、ソフトウェアのアーキテクチャー、開発ツール、モジュール性が進歩したことで、アプリケーションの設計と導入が簡単になった。たとえば、ドラッグストアチェーンのＣＶＳは、インターネットベースの複雑な調達用アプリケーションをわずか六〇日で実装した。

システム開発の固定費が低下すると、模倣障壁も同じく下がっていく。今日では、ほとんどすべての企業が、サードパーティが提供する汎用パッケージソフトを使って、似たようなインターネットアプリケーションを開発している。各社とも、同じアプリケーションによって、同じメリットにあずかっているため、業務効果の改善といっても、どこも似たり寄ったりである。最高のアプリケーションによって揺るぎない優位性を獲得できる企業となると、極めて稀であろう。

戦略ポジショニング

業務効果の面で優位性を維持するのが難しいとなると、戦略ポジショニングがますます重要になる。ライバル以上の業務効果を得られない場合、高水準の経済的価値を生み出すには、独自の方法によって競争することでコスト優位か、もしくはプレミアム価格を実現するしかない。

ところが皮肉なことに、インターネットを使った競争について、多くの企業が業務効果の観点からしか見ていない。戦略による持続的優位などありえないと考えて、スピードと俊敏さを追求し、競争から一歩でも抜け出たいと願ってのことである。

もちろん、このようなやり方で競争していると、予言の自己実現に陥り、本当に持続的優位は得られなくなる。戦略の方向性がはっきりしていなければ、いかにスピードや柔軟性に長けていても、どこにもたどり着けない。また、独自の競争優位も得られず、改善も月並みな結果に終わり、しかも持続可能性にも欠ける。

戦略を実行することとは、規律の問題といえる。すなわち、成長だけでなく収益性に、また独自のバリュープロポジション（提供価値）を定義する能力に、そして「何をすべきでないのか」に関するトレードオフの選択に焦点を絞らなければならないからである。独自のポジションをたえず改善し拡大する一方で、たとえ激動の時でも、一度決めた道を歩み続けなければならない。

戦略は、ベストプラクティスの追求とはまったく異なる。そこには、独自のバリューチェーン――

製品やサービスの生産と提供に必要な一連の活動――を構築することも含まれる。このおかげで、独自の価値を提供することが可能になる。

さらに、我が身を守るには、バリューチェーンが高次元に統合されていなければならない。ライバルが戦略を模倣しようとしても、自己強化的なシステムとして各活動が相互に適合《フィット》していれば、製品の特徴を一つか二つ、もしくはある活動のやり方を真似るだけではおよそ十分でなく、システム全体を再現しなければならない（章末のBOX4-1参照）。

戦略の不在

ネット事業の先駆者たちを見ると、ドットコム企業でも既存企業でも、優れた戦略に関する教えをほとんどすべて否定するような方法で競争している。

利益に集中するよりも、値引きやおまけ、販促、流通チャネルへのインセンティブ、大量の出稿などによって、無差別に顧客を獲得し、ひたすら売上げと市場シェアの最大化を追求した。採算の取れる価格によって、ちゃんとした価値を顧客に提供することをなおざりにして、eコマースのパートナーからバナー広告やアフィリエート料など間接的な売上げを稼ぐことにかまけたのである。

トレードオフを軽視して、思い付く限りの製品やサービス、ある種の情報を提供することにやっきになった。独自の方法でバリューチェーンを構築するのではなく、ライバルの活動を模倣した。独自の資産やマーケティングチャネルを開発し、これを管理するのではなく、安易に提携やアウトソーシングに走り、さらにはみずからの独自性を陳腐化させてしまった。このような過ちを回避した企業もあるにはあるが、それは例外である。

多くの企業が戦略をないがしろにしたせいで、業界構造はおかしくなり、競争は収れんに向かい、どの企業も競争優位を獲得することが難しくなった。破滅を招くようなゼロサム競争が始まり、顧客の獲得と収益力の向上が混同されるようになった。

さらに悪いことに、価格が、唯一とは言わないまでも、競争上の変数として真っ先に検討されるようになった。インターネットを活用して、利便性、サービス、専門性、カスタマイズやその他の価値を向上し、プレミアム価格を実現するのではなく、各社とも、底辺での競争に突入していった。このような競争がひとたび始まってしまうと、引き返すのはそう簡単ではない（BOX4-2参照）。

実績もマネジメントも優れた企業ですら、インターネットのせいで混乱している。彼らは、みずからの拠り所や特徴を忘れ、流行のインターネットアプリケーションを急いで導入し、ドットコム企業のやり口を真似た。業界リーダーも、自分たちの独自性をほとんど発揮できない市場セグメントに進出し、これまで築き上げた競争優位を損ねてしまった。

たとえばメリルリンチは、競合他社の後を追って、低コストのオンライン事業を始めたが、これには、優秀なブローカー集団という、同社にとって貴重な優位性を台なしにしてしまうリスクがある。そして、既存企業の多くが、投資家の熱気に当てられ、泥縄でインターネット部門を立ち上げたが、株価の上昇にはほとんど貢献しなかった。

そんなことをする必要はなかったし、また今後もそうする必要はない。独自の戦略に注力し、独自の活動を整え、その適合性を高めることにおいて、インターネットは前世代のITよりも、優れた技術プラットフォームを提供する。

実のところITは、過去にも戦略の足を引っ張ったことがある。パッケージソフトはカスタマイズが難しく、その中に組み込まれている「ベストプラクティス」に合わせて各活動のやり方を変えなければならないケースも多く、またアプリケーション間の接続性も極めて悪かった。ERP（統合業務パッケージ）システムは、さまざまな活動を結合させたが、この場合もこれまでのやり方をソフトウェアに従わせる必要があった。ITは、つまるところ、活動の標準化と競争の収れんに拍車をかけた。

しかし現在、ソフトウェアアーキテクチャーや開発ツールが改善されただけでなく、インターネットアーキテクチャーができたことで、ITは以前に比べて、戦略にとって強力なツールになった。自社独自の戦略ポジショニングに応じて、汎用のインターネットアプリケーションをカスタマイズするのも、いまでは簡単である。

バリューチェーン全体を網羅したITプラットフォームを導入すれば、インターネットアーキテクチャーとその規格をてこにして、一元化とカスタマイズの両方を施したシステムが構築され、その結果、活動間の適合性がいっそう強化される（BOX4-3参照）。

このような優位性を獲得するには、箱を開けてそのまま使える、ありきたりのパッケージソフトを利用するのをやめ、その代わり、自社独自の戦略に合わせてインターネット技術を導入・調整する必要がある。汎用アプリケーションをカスタマイズするのはまだ難しいとはいえ、これこそ競争優位の持続可能性をもたらすものである。

補完としてのインターネット

インターネットを戦略に活用するには、ビジネスリーダーも起業家も、考え方を改める必要がある。巷間、インターネットは既存事業とカニバリゼーションを起こしやすく、またいままでのやり方を脇に追いやり、これまで積み上げてきた優位性をすべて覆してしまうなどといわれているが、あまりにも誇張されたいいかげんな話である。

誇張されすぎている対立

インターネットと従来の活動の間に、まさしくトレードオフが存在していることは間違いない。たとえば音楽業界では、オンラインでの音楽配信によってCDの製造設備の必要性は減少するだろう。しかし大半の業界では、トレードオフはそれほど大きなものではない。業界のバリューチェーンの一部はインターネットに取って代わられるだろうが、バリューチェーン全体とのカニバリゼーションが起こるかというと、そのような例は極めて稀であろう。

音楽ビジネスにおいても、従来の活動、たとえば才能あふれる新人アーティストを発掘してプロモーションする、曲を制作する、レコーディングをする、テレビやラジオで流してもらうことが、今後も極めて重要であり続ける。

販売チャネル間の対立についても、大げさに語られている。オンライン販売が一般化したことにより、当初インターネットに懐疑的だった既存チャネルも、いまではインターネットを活用している。インターネット技術は、既存チャネルとカニバリゼーションを起こすことはなく、むしろ既存チャネルにこれまで以上のチャンスをもたらす可能性がある。いわゆる「中抜き《ディスインターメディエーション》」（卸売りなどの中間業者の排除）のおそれも、当初予想されていたよりもはるかに小さいようである。

実際、インターネットを利用する活動――これが増えるのは必然といえる――は、たとえば顧客への情報発信、取引の処理、投入資源の調達など、競争に決定的な影響を及ぼす類のものではない。また、優秀な人材、独自の製品技術、効率的なロジスティックシステムなど、企業にとっての重要な資産も変わらない。これらはまだ無傷であり、多くの場合、既存の競争優位を維持する力を持っている。

補完性を活用して成功した企業

インターネットは、従来の活動や競争のやり方と衝突するのではなく、むしろ補完するケースが多い。米国で大成功を収めている薬局チェーン、ウォルグリーンズについて考えてみたい。ウォルグリーンズは、さまざまな情報を顧客に提供するだけでなく、オンラインで処方薬を注文できるよう、ウェブサイトを立ち上げた。これは、リアル店舗とのカニバリゼーションを起こすどころか、むしろその価値をより際立たせている。ウェブサイトで注文した顧客の九〇％超が、自宅への郵送を依頼するよりも、店舗での受け取りを選んでいた。注文の一部はインターネットに移るにしても、広範な店舗ネットワークはいまだ強力な優位性であることを、ウォルグリーンズの例はあらためて物語っている。

WWグレインジャーもそのような好例の一つである。同社は、法人向けにメンテナンス製品や補修部品などを販売している。この卸売業者は、米国全域にわたって在庫を配備しているが、いわゆるオールドエコノミー企業の典型であり、インターネットの登場によって時代から取り残されてしまうように思われた。

しかしグレインジャーは、インターネットによって同社の戦略は先細っていくだろうという見方をはねのけ、積極的にオンラインに取り組み、既存事業との一元化を図った。その成果は目に見えて上がっている。オンラインで購買する顧客も、完全にオンラインに移行したのではなく、別の手段を使っても購買している。グレインジャーの推計によれば、オンラインを利用する顧客の売上高成長率は、従来の手段しか使っていない顧客のそれを九％上回っているという。

グレインジャーは、ウォルグリーンズ同様、ウェブ経由の注文によって既存設備の価値が高まったことを認識した。処方薬を依頼する顧客と同じく、産業財を購買する顧客も、注文した品をすぐ必要としている。配達されるのを待っているよりも、近くにあるグレインジャーの事業所に出かけて受け取ったほうが速くて安い。

このようにウェブサイトと在庫を結び付けたことで、顧客価値が向上しただけでなく、グレインジャーのコストも低下した。インターネット経由で受注し処理するほうが従来のやり方より効率的なのは言うまでもないが、納品については、中央の倉庫から個々に発送するより、各地の事業所にまとめて送ったほうが効率的である。

グレインジャーはまた、紙のカタログがオンライン事業を支えていることにも気づいた。多くの企業は、カタログの中身をウェブ上に移せば、紙のカタログは不要になると直感的に考える。しかし、グレインジャーは紙のカタログをつくり続けた。そして、新しいカタログを送付すると、オンライン経由の注文が急増することを見出した。紙のカタログはウェブサイトを宣伝する格好のツールであり、また顧客が情報を収集するうえでも便利であることが証明されたのである。

インターネットを利用しても、従来の慣行への影響は中程度に留まるという業界もある。ランズエンドなどのカタログ通販業者、ゼネラル・エレクトリックなどのEDIサービスプロバイダー、自動車保険のガバメント・エンプロイー・インシュアランス・カンパニー（GEICO）や投信販売のバンガード・インベストメンツといった直販会社など、多くの企業では、ネット事業も従来型の事業と何ら変わらないように見える。これらの業界では、既存企業がオンライン事業と既存業務との間に強力なシナジーをつくり出しており、それゆえドットコム企業が既存企業に対抗するのは極めて難しい。

インターネットがもたらすチャンスの規模を現実的に評価するには、ネット事業を展開している業界と同じような特徴が見られる業界、たとえば顧客がカスタマイズされたサービスや即日配送などには見向きもせず、利便性や低価格を追求するという業界を調べてみるとよい。

処方薬事業の場合、一九九〇年代の終わり、通信販売は購入量全体の一三％にすぎなかった。オンラインドラッグストアは、通信販売以上の顧客を獲得するかもしれないが、実店舗に取って代わる可能性は小さい。

相互補完性が生まれる理由

このように、バーチャルな活動によって物理的な活動が不要になるという事態に至ることはなく、むしろその重要性を高める場合が多い。インターネットを利用した活動とこれまでの活動の間に相互補完性が生まれる理由は、いくつかある。

第一に、ある活動にインターネットアプリケーションを導入すると、バリューチェーン内のさまざまな物理的活動を調整する必要が生じる。たとえば、インターネット経由で直接注文できるようになると、倉庫や配送の重要性が高まる。

第二に、ある活動でインターネットを利用すると、活動システム内の因果関係ゆえに、新たな活動や活動の改善――多くの場合、予想外のものである――が必要になる。たとえば、インターネットを用いた求人サービスの場合、候補者を探すコストは大幅に削減されるが、インターネット経由で大量の履歴書が届くことになる。求職者が履歴書を送付するのは簡単になったが、雇用者側は、これまで以上の数の応募者をふるいにかけなければならない。こうして新たに発生する後方業務は、たいていい物理的な活動であり、そのコストは当初の節約分を上回る可能性がある。

eマーケットプレースにも、同じ力学が働く。オンラインに移行することで、サプライヤーは受注の取引コストを削減できるが、概して問い合わせや見積もり書といった要望に対応しなければならず、それにより既存の活動に新たな負荷がかかる。このようにシステム全体に影響が及ぶということは、インターネットアプリケーションが単独で機能する技術ではないことを示している。したがって、インターネットは、バリューチェーン全体と組み合わせられなければならない。

第三に、従来の手法と比較すると、インターネットアプリケーションの大半が何らかの欠点を抱えている。インターネット技術を使えば、いろいろなことが可能になり、今後も進歩していくことは間違いないが、何もかもできるわけではない。インターネットには、以下のような限界がある。


◉顧客は、実物の製品を見たり、触ったり、使ったりすることができない。また製品の使い方や修理方法について、実地で教えてもらうこともできない。

◉知識の移転は、コード化されたものに限られる。したがって、有能な人たちとやり取りすることで生まれてくる自発性や判断などは期待できない。

◉対面での接触がないため、サプライヤーや顧客について知る機会（単なる購買習慣は除く）が限られる。

◉顧客に対応するに当たり、人と人とのふれ合いがないため、購買を勧める、条件交渉する、アドバイスを提供する、不安を取り除く、契約をまとめるなど、有力な手段が使えない。

◉サイトに誘導したり情報を探したりするのに時間がかかり、また直接発送しなければならないため時間を取られる。

◉一つにまとめる、梱包する、小口注文を発送するといった場合、例外的なロジスティックコストが発生する。

◉客先でちょっとしたサービスを提供したり、メンテナンス作業をしたりするなど、営業部門や流通チャネル、購買部門などによる、低コストで取引とは無関係なサービスを利用できない。

◉物理的な施設がないため、使える機能が限られ、またイメージを強化したりパフォーマンスを安定させたりするための手段も少ない。
◉顧客が接触する情報が広範で、購買時の選択肢も多いため、新規顧客を獲得するのが難しい。

以上のような限界も、多くの場合、既存の活動を手直しすることで補うことができる。それはちょうど、既存の活動が抱えている欠点——リアルタイムの情報が得られない、対面でのやり取りや情報の物理的な加工は高くつくなど——をインターネットが補うのと同じである。

実際、インターネットの利用と従来の手法は互恵関係にあることが多い。たとえば、多くの企業がすでに気づいていることだが、製品情報を提供し、直接注文を受け付けるウェブサイトがあると、営業部門はより生産的になり、重要な存在に変わる。営業部門は、たとえば顧客それぞれに応じたアドバイスやアフターサービスなどを提供することで、ウェブサイトの限界を補う。かたやウェブサイトは、たとえば日常的な情報のやり取りを自動化したり、見込み客を効率的に誘導するパイプ役を果たしたりすることで、営業部門の生産性を高める。

各活動間の適合性は、戦略ポジショニングの基礎となるものだが、インターネット技術を導入することで、このように強化される。

独立した別事業とすることの弊害

インターネットについて、カニバリゼーションを起こす存在と考えるのではなく、補完するものと考えられるようになれば、まったく異なる方法でオンライン事業を展開できるだろう。既存企業の多くが、ニューエコノミーは従来とは異なるルールで動いていると信じて、ネット事業を独立部門として立ち上げた。主力部門は、既存事業とのカニバリゼーションを恐れ、インターネットの導入にあまり積極的ではなかった。

独立部門にしたことは、IR（投資家向け広報）でも役に立った。IPO（新規株式公開）、トラッキング・ストック（ある事業部門や子会社の業績と連動した株式）、スピンオフを後押ししただけでなく、ネットベンチャーへの投資意欲をかき立て、インターネット関連のスキルに長けた人材を集めるインセンティブにもなった。

とはいえ、このように組織を分離すると――そのようにした気持ちはわからないでもないが――競争優位を獲得する能力が弱まることが多い。なぜなら、インターネットを全体の戦略に組み込むのではなく、別途インターネット戦略を立てることで、既存の資産を利用できなくなるからである。それぱかりか、横並び競争が助長され、競争の収れんが進んでいく。

書店チェーンのバーンズ・アンド・ノーブルが、バーンズ・アンド・ノーブル・ドットコムを独立組織として立ち上げたのが、その典型である。この結果、実店舗のネットワークから得られる利点をオンラインに活用できなかった。そして、アマゾンの術中にはまってしまった。

既存事業から隔離するよりも、インターネット技術について、主力部門すべてがその責任を負うべきである。ITスタッフや外部のコンサルタントの力を借りて、インターネット技術を戦略的に活用し、サービスを強化したり、効率を改善したり、また既存の強みのてことすべきである。

状況によっては分離したほうがよい場合もあるだろうが、いずれにしても、インターネットを成功裏に導入するという意欲が、組織メンバー全員に欠かせない。

ニューエコノミーの終焉

要するに、インターネットは既存の業界や企業を破壊するようなものではない。また、業界において最も重要な競争優位の源泉を台なしにすることもまずない。むしろ多くの場合、競争優位の源泉をより強化する。

あらゆる企業がインターネット技術を使うようになれば、インターネット自体が競争優位の源泉ではなくなる。インターネットを利用することは、言わば「賭け金」のようなものである。それなしではゲームを続けられないが、持っているだけでは何も得られない。

揺るぎない競争優位は、従来からの強み、たとえば自社ならではの製品、独自性の高いコンテンツ、リアルな世界における特徴的な活動、卓越した製品知識、優れたサービス、密接なリレーションシップなどから生まれてくる。インターネット技術は、各活動を独自の活動システムにまとめ上げることで、これらの優位性をさらに強化するが、取って代わることはない。

戦略の将来

最終的には、多くの業界において、インターネット、従来からの競争優位、競争のやり方の三つを統合する戦略が主流となるべきである。

需要側では、多くの買い手が、ウェブベースの独立型の物流よりも、オンラインサービス、人間の手によるサービス、物理的な施設を組み合わせた物流を評価するだろう。彼ら彼女らは、流通チャネル、配送手段、企業との取引方法について、自分で選択したいのである。

供給側では、戦略に従って、既存の方法とインターネットを組み合わせれば、生産と調達はより効果的になるだろう。たとえば、インターネットによる各種ツールを使えば、カスタマイズされたハイテク製品も直接購入できる。汎用品《コモディティ》ならば、オンライン市場で買える。その一方、購買の専門家、サプライヤーの営業部門、在庫設備などは依然役に立つ存在であり、付加価値を提供することだろう。

従来の手法とインターネットを活用した手法を組み合わせることで、既存企業は優位性を獲得できる。ドットコム企業が従来の手法を導入し、インターネットを活用した手法と融合させる場合より、既存企業がその逆をする場合のほうが簡単だろう。とはいえ、あたかも接ぎ木のごとく、従来の競争のやり方にインターネットを付け足した、安直な「クリック・アンド・モルタル」では意味がない。既存企業が成功するには、インターネット技術を活用して既存の活動システムを再編する、あるいはインターネットと従来の方法の新たな組み合わせを見出すことである。

ドットコム企業は、ライバルや既存企業のポジショニングを模倣するのではなく、まず何より独自の戦略を追求しなければならない。価格だけで競争するのをやめ、製品の種類、製品デザイン、サービスやイメージなど、自社を差別化できる領域に特化すべきである。

ドットコム企業も、インターネットと従来の手法を組み合わせるとよい。そのために独自の方法を編み出して、成功を収める企業もあるだろう。あるいは、インターネットと従来の手法がまさしくトレードオフになっている市場セグメント——インターネットだけを利用する方法が、ある顧客層のニーズにぴったりと合っている場合か、物理的な資産を利用することなく特定の製品やサービスを提供できる場合——に集中して、成長を遂げる企業もあるだろう（BOX4-4参照）。

伝統的企業もドットコム企業も

これらの原則は、いまや多くの業界で散見される。伝統的なリーダー企業はあらためてみずからの強みを誇示し、またドットコム企業はより焦点を絞った戦略を実践している。

証券業界を見ると、チャールズ・シュワブがオンライン取引のシェア（一九九九年末現在で一八％）を伸ばし、ついにイー・トレードのそれ（一五％）を上回った。商業銀行では、ウェルズ・ファーゴやシティバンク、フリート・バンク（現バンク・オブ・アメリカ）のオンライン口座は、ネット銀行よりも多い。そのほか、オンライン小売り、金融情報、eマーケットプレースなどの分野でも、既存企業がインターネット関連の活動で優位に立ちつつある。

ドットコム企業の中で有望と思われるのは、独自のスキルをてこにすることで、顧客に真の価値を提供している企業である。たとえばeカレッジ（二〇〇七年七月よりピアソン傘下）は、大学と共同でeラーニングを提供し、そのための配信ネットワークを有料で管理・運営している。ライバルは、大学向けにその学校名のついた無料サイトを提供し、広告手数料や他の副収入を当て込んでいるが、eカレッジのほうが大成功を収めている。

このように考えると、「ニューエコノミー」は、新技術にアクセスできるオールドエコノミーと見るのが正しいのではないだろうか。ちなみに、ニューエコノミーやオールドエコノミーといった言葉も、いまや適切とはいえない（これまで適切だったかも怪しいが）。

既存企業のオールドエコノミーとドットコム企業のニューエコノミーは一つになりつつあり、早晩その区別もつかなくなるだろう。実際、これらの言葉を使うのをやめることは、健全この上ない。なぜなら、混乱と曖昧な考え方――それがインターネットの黎明期において経済的価値を破壊してきた――が影を潜めていくからである。

「どれぐらい同じなのか」を問う

我々は「インターネットはどのように違うのか」ばかりを考えてきたが、そのせいで、「インターネットはどれくらい同じなのか」という点を見落としてきた。新しいやり方で事業を運営できるようになったとはいえ、競争の基本条件は何ら変わらない。インターネットの次なる進化の段階とは、eビジネスから事業へ、eストラテジーから戦略へと思考を転換させることである。インターネットを全体の戦略に統合することによってのみ、この新しい強力なツールは競争優位を生み出す強力な力《フォース》に変わる。

BOX 4-1 戦略ポジショニングを確立するための六つの原則

独自の戦略ポジショニングを確立し、これを維持するには、以下の六つの基本原則に従う必要がある。

(1) 正しい目標

まず「正しい目標」、すなわち「長期的に高いＲＯＩ（投資利益率）」から考えなければならない。戦略を立案するに当たり、その基礎を持続可能な収益性に置かなければ、真の経済的価値を創造することはできない。顧客が支払う価格が、製品やサービスを生み出すコストを上回っている時、経済的価値は創出される。売上げや市場シェアから目標を決め、利益は後からついてくると考えていると、陳腐な戦略しか描けない。また、投資家の要望に応えようとして戦略を立案した場合も同様である。

(2) バリュープロポジション

企業の戦略は、「バリュープロポジション」、すなわちライバルが提供するものとは異なる便益を顧客に提供するものでなければならない。ならば、戦略は、競争において世界一優れた手法を追求することでもなければ、あらゆるものをあらゆる顧客に届けることでもない。むしろ、特定の用途あるいは特定の顧客に、独自の価値を提供する方法を定義するものである。

(3) 独自のバリューチェーン

戦略は「独自のバリューチェーン」に反映されなければならない。持続的な競争優位を確立するには、ライバルと異なる活動を行うか、同じ活動を異なる方法で行う必要がある。したがって、製造、ロジスティックス、サービスの提供、マーケティング、人的資源管理等において、競合他社と異なる仕組みをつくることで、バリュープロポジションを独自のものに仕立て上げなければならない。もっぱらベストプラクティスの導入に集中していると、結局のところ、ほとんどの活動が競合他社と似たり寄ったりになり、優位性の獲得は難しい。

(4) トレードオフ

揺るぎない戦略には「トレードオフ」がある。ライバルと一線を画するには、製品特性やサービス、活動の中で何かを諦める、あるいは何かを切り捨てる必要がある。つまり、製品やバリューチェーンにおいて、このようなトレードオフが存在するからこそ、際立った存在になれる。製品やバリューチェーンを改善するうえで、トレードオフの選択を必要としない場合、それは模倣可能なベストプラクティスになる。なぜなら、競合他社は既存のやり方をいっさい変えることなく、それを真似できるからである。また、あらゆるものをあらゆる顧客に提供しようとすれば、ほぼ間違いなく優位性を失う。

(5) 適合性

戦略においては、「適合性《フィット》」、つまり企業内の要素すべてがどのように適合しているのかが重要な意味を持つ。戦略はバリューチェーン全体にわたる選択を伴うが、そのそれぞれは相互依存的である。つまり、企業内の活動すべてが相互に強化し合うものでなければならない。たとえば、製品設計は製造プロセスを改善すべきであり、これら両者はアフターサービスを底上げすべきである。適合性が高いと、競争優位が強化されるだけでなく、戦略は模倣しにくいものになる。競合他社も、ある活動や製品特性などは比較的簡単に真似できるが、競争するためのシステム全体を再現するのは相当難しいだろう。また適合性がなければ、製造やマーケティング、流通など、個々に改善しても、すぐに真似されてしまう。

(6) 継続性

そして最後に、戦略は方向の「継続性」すなわち、進むべき方向を守り続ける必要がある。企業は、みずからの拠り所となる独自のバリュープロポジションを定義しなければならない。たとえそれによって何らかのチャンスを逃すことになっても、である。方向の継続性をなおざりにすると、独自のスキルや資産を獲得したり、顧客から揺るぎない評判を打ち立てたりするのは難しい。したがって、頻繁に改革が行われるのは、多くの場合、戦略思考が貧弱である証拠、あるいは凡庸な道を歩んでいる証拠である。継続的改善は必要だが、常に戦略の方向性に従ったものでなければならない。

BOX 4-2 インターネット時代の間違ったビジネス用語

インターネットビジネスは競争について間違ったアプローチをしていることが特徴になっているが、その間違いは言葉づかいにも根を下ろしている。

ドットコム企業やその他のインターネット関連のプレーヤーは、戦略や競争優位について言及する時、「ビジネスモデル」という言葉を使う。一見問題なさそうな言葉の置き換えだが、そこにはさまざまな問題がある。ひいき目に言っても、ビジネスモデルの定義は曖昧である。多くの場合それは、どのように事業を行い、どのように売上げを稼ぐかについての、ゆるいコンセプトを指すものでしかない。

しかし、ビジネスモデルがあるというだけでは、企業を設立する条件としてあまりにお粗末すぎる。また、売上げを稼ぐことと経済的価値を創造することはまったく異なる。また、いかなるビジネスモデルも業界構造と切り離して評価することはできない。ビジネスモデルによって経営を考えると、自分を見失って判断ミスを犯すことになる。

不幸な結末をもたらすインターネット用語は、ほかにもある。「eビジネス」と「eストラテジー」は特に問題だ。この言葉のせいで、インターネットの利用を、それ以外の事業から切り離して考えるようになる。そうすると、インターネットの利用を競い、他社の真似をする速度を競うことになってしまう。既存企業では、これまで成功を収めてきた戦略にインターネットを統合することを怠り、最も重要な優位性を使って勝負することができなくなってしまう。

BOX 4-3 インターネットとバリューチェーン

ITが企業に及ぼす影響を理解するための基本ツールが「バリューチェーン」である。それは、製品やサービスを生み出し、顧客に提供する活動の集合体といえる。

どんな業界でも、競争する時には、たとえば営業部門を動かす、部品をつくる、製品を配送するなど、独立しているが相互に関連した活動が行われる。各活動には、企業の枠を超えて、サプライヤーや流通チャネル、顧客との接点もある。バリューチェーンは、これらすべての活動を認識するツールであり、企業のコストと買い手に提供する価値を分析するツールである。

バリューチェーン全体がつながる

すべての活動に情報の生成・処理・伝達が伴うため、ITはバリューチェーン全体に影響を及ぼす。とりわけインターネットが優れているのは、ある活動を別の活動とつなぐ能力であり、ある活動によって生成されたデータをリアルタイムで伝達できるところである。その伝達の範囲は社内に限られず、社外のサプライヤーや流通チャネル、顧客にまで及ぶ。

オープンで共通の通信プロトコルが実現したことで、インターネット技術は、標準インフラのみならず、直感的に操作できるブラウザーをつくり出した。それは情報の送受信、双方向コミュニケーション、容易な接続性といったインターフェースを備えており、いずれも、以前のプライベートなネットワークやＥＤＩよりもはるかに低コストである。

バリューチェーンにインターネットを適用した例の中で、とりわけ注目に値するものを**図表4-2**で紹介したが、その中には、物理的な活動をオンラインに移行したものもあれば、物理的な活動のコスト効率を改善したものもある。

ＩＴの進化の歴史とバリューチェーン

しかし、どんなに力があっても、インターネットは過去から隔絶したものではない。それは進化し続けるＩＴの最新段階と見るべきものである。(＊1) 事実、現在考えうるＩＴの可能性は、インターネットアーキテクチャーだけでなく、スキャニングやオブジェクト指向プログラム、リレーショナルデータベース、無線通信など、補完技術の発展にも負うところが大きい。

これらの技術進歩によって、最終的にバリューチェーンにどのような影響が生じるのかを理解するには、歴史に学ぶとよい。(＊2) ビジネスにおけるＩＴの進化は、五段階で考えられる。それぞれ重なり合っているが、前段階の制約を克服することで進化してきたし、今後もしていくだろう。

最初のＩＴシステムは、注文の入力や会計など、個別の業務処理を自動化したものである。第二段階は、人的資源管理、営業部門の管理、製品デザインなどの活動において、さらなる自動化と機能面の強化を促すものだった。

第三段階は、インターネットによって加速された。この段階では、たとえば営業活動と注文処理など、活動の一元化がなされた。さまざまな活動が、たとえばＣＲＭやＳＣＭ、ＥＲＰなどのツールによって連携するようになった。

第四段階はまさに始まったばかりで、一企業のバリューチェーンのみならず、バリューシステム——サプライヤー、流通チャネル、顧客のバリューチェーンまでも含めた、言わば業界全体のバリューチェーン——を統合するものである。実際、すでにＳＣＭとＣＲＭの一元化は始まっており、顧客、流通チャネル、サプライヤーなど、バリューチェーンの端から端までを包含し、またこれらの関係者と製造や調達、サービスの提供などを結び付けている。これまで切り離されていた製品開発も、早晩ここに加えられるだろう。たとえば、複雑な製品モデルが関係者の間でやり取りされるようになり、またインターネットで調達できるものも標準的な汎用品から高度な技術製品へと移っていく。

次に訪れる第五段階では、ＩＴはバリューシステム内のさまざまな活動やプレーヤーを連携させるだけでなく、その機能や作業をリアルタイムで最適化する。取捨選択は、さまざまな活動や企業からの情報に基づいて行われる。また製造に関する意思決定は、各種設備の生

マーケティングや営業	アフターサービス
●ウェブサイトやeマーケットプレースなどのオンライン販売チャネル ●社内外を問わず、顧客情報、製品カタログ、動的プライシング（需給変動による価格の変化）、在庫状況をリアルタイムで確認する、あるいはオンラインで見積もり書を提出したり注文したりできる ●製品仕様をオンラインで作成 ●顧客プロフィールに基づき、顧客ごとにマーケティングを展開 ●プッシュ型広告（eダイレクトメールや、オプトインメール〈顧客から事前に送付の許可を得たダイレクトメール〉など、事業者みずからが発信する広告） ●カスタマイズしたオンラインアクセス ●オンラインアンケート、オプトインあるいはオプトアウト（顧客から事前の許可を得ない）のマーケティング、プロモーションへの反応調査など、顧客からのリアルタイムのフィードバック	●メールによる返信、請求業務、コ・ブラウズ（サイト訪問者と会話しながらウェブベースのフォームへの入力などをサポートする機能）、チャット、「コール・ミー・ナウ」（顧客が電話番号を記入して送信し、担当者がそこに折り返し電話をする）、VoIP（Voice over IP：インターネットなどのネットワークを使って音声データを送受信する技術）、動画のストリーミングの活用など、顧客サービス担当者によるオンラインサポート ●請求や発送状況の確認など、ウェブサイトでのセルフサービスやインテリジェントサービス ●顧客の取引履歴、設計や配線などの概略図、部品在庫の確認と発注、最新の作業指示書、補修部品の管理などに、フィールドサービスの担当者がリアルタイムでアクセスできる

図表4-2 | バリューチェーンにおけるインターネット活用

企業インフラ

- ウェブを用いた分散処理型の経理システムやERP
- たとえばメールによるプレスリリース、インターネット・オーディオ・ブロードキャストを用いた電話会議など、オンラインによるIR活動

人的資源管理

- 人事や福利厚生の手続きを従業員自身が処理
- eラーニング研修
- 会社に関する情報をインターネットで共有・発信
- 勤務表や経費精算書のデジタル化

技術開発

- さまざまな拠点やバリューシステム内で働く人たちのコラボレーションによる製品、デザイン
- 社内のどこからでもアクセスできる知識データベース
- 研究開発部門が、営業やサービスに関する情報にリアルタイムでアクセス

調達活動

- たとえばATP/CTP（利用可能在庫と生産可能数量）情報とフルフィルメント（受注から入金管理に至るまでの一連の作業）のリアルタイム管理など、インターネットによる需要計画
- 上記以外で、購買や在庫に関する情報、需要予測システムをサプライヤーと共有
- 請求業務の自動化
- 市場、取引所、オークション、買い手と売り手のマッチングなどを通じた、直接ないしは間接的な調達

購買物流

- 生産計画、出荷、倉庫管理、需要管理および需要計画、自社と各サプライヤー間のAPS（生産計画スケジューラー）をリアルタイムで一元化
- 受注と仕掛かり在庫に関するデータを全部門にリアルタイムで提供

オペレーション

- 自社工場、外部の組立業者、部品サプライヤーなどの間で、情報のやり取り、生産計画、意思決定を一元化
- 営業部門と流通チャネルにATP/CTPに関する情報をリアルタイムで提供

出荷物流

- エンドユーザーである消費者、営業担当者、提携チャネルなど、誰からの注文であろうと、リアルタイムで処理
- 顧客ごとに異なる契約書を自動作成
- 製品開発や配送状況について、顧客や流通チャネルも確認できる
- それぞれの受注予測システムを一元化
- 情報のやり取り、製品やサービスへの保証請求、契約管理など（契約の更新、契約プロセスの管理）などの作業も含め、流通チャネルを一元管理

⟷ ウェブベースのサプライチェーンマネジメント ⟷

産余力、各サプライヤーの利用可能在庫に基づいて自動的に下される。第五段階の初期では、調達、製造、サービスの最適化など比較的単純なものだが、これがさらに進展すると、製品設計の最適化も含まれるようになるだろう。たとえば製品設計の場合、工場やサプライヤーだけでなく、顧客からのインプットに基づいて最適化され、カスタマイズされる。

とはいえ、それでも、バリューチェーンにおけるインターネットの力は、大局的に評価しなければならない。インターネットを利用すれば、各活動のコストと質に大きな影響が及ぶが、それが唯一にして支配的な影響というわけではない。これまでの要因、たとえば規模、人材のスキル、製品やプロセス技術、物的資産への投資なども、やはり重要な役割を果たす。インターネットはいくつかの点で変化を起こすものだが、競争優位の源泉はこれまで通り変わらない。

BOX 4-4　ドットコム企業と既存企業の戦略的課題

インターネット技術の進歩という重要な転換点にあって、ドットコム企業と既存企業が直面する戦略上の緊急課題は異なる。ドットコム企業は、経済的価値を創造する真の戦略を立案しなければならない。これまでのやり方を踏襲することは有害無益であり、自分たちのみならず、最終的には顧客にとってもマイナスである。かたや既存企業は、インターネットを単に利用するのではなく、戦略の長所を強化するために活用すべきである。

ドットコム企業の課題

ドットコム企業が成功するには、広告や第三者からのアフィリエート収入を追いかけるよりも、顧客が対価を支払うような便益を生み出すことが必要である。競争力を身につけるには、インターネットを活用した活動だけでなく他の活動も取り込み、また物的資産も含めインターネット以外の資産も獲得するためにバリューチェーンを広げる必要がある。

すでに多くのドットコム企業がこのように動いている。オンライン小売業を見ると、二〇〇〇年のクリスマスに、買い物客の利便性を高めるために紙ベースのカタログを配布したところがあった。また、自社のブランドネームでオリジナル製品を売り出した企業もある。どちらも、利益率を改善するだけでなく、まさしく差別化につながる。

ウェブサイトのちょっとした違いではなく、このようなバリューチェーン上の新たな活動こそ、ドットコム企業が競争優位を得られるかどうかのカギを握る。インターネットの先駆者であるAOLは、このような原則を承知している。同社はサービスを無償で提供するライバルを目の前にしても、無料化に踏み切らなかった。また、当初ウェブサイトとインターネット技術（インスタントメッセージなど）によって優位性を獲得したが、これに安住することなく、自社ならではのコンテンツを開発あるいは獲得するために、早くから動き出した。

成功しているドットコム企業の戦略と特徴

とはいえ、ドットコム企業は、既存企業の模倣という罠にはまってはならない。従来型の活動を追加するだけでは、「右に倣え」の戦略でしかなく、競争優位は得られない。そうではなく、バーチャルな活動と物理的な活動を独自に組み合わせ、新しい複合的なバリューチェーンを創造する必要がある。

たとえば、オンライン証券のイー・トレードは電子キオスク（インターネットを接続するための情報端末）を導入したが、このおかげで、法人顧客の中には、フルタイムのスタッフを置く必要がなくなったところもある。オンライン銀行のバーチャルバンクは、企業と提携して消費者信用組合を設立している。同じくオンライン銀行のジュピターは、顧客がメールボックスエトセトラ（オフィス用品コンビニエンスストアチェーン）で小切手を入金できるようにした。これらの取り組みがうまくいくかどうかはわからないが、その背後にある思考はまさしく戦略的といえる。

ドットコム企業のもう一つの戦略として、インターネットだけのモデルで優位性が得られるセグメントにのみ集中し、トレードオフを追求するということも考えられる。すなわち、インターネットモデルを市場全体に浸透させようとするのではなく、たとえ業界の少数派であったとしても、インターネット以外で提供される機能に無関心な顧客層だけを対象とするのである。そのようなセグメントでは、自社を他のインターネット企業と差別化し、参入障壁の低さへの対策となるようなバリュープロポジションを見出すことが課題となる。成功しているドットコム企業には、以下のような特徴がある。


◉インターネット技術に関する能力が高い。

◉その戦略は、焦点が絞られ、価値の高い優位性に基づいており、既存企業や他のドットコム企業よりも独自性が高い。

◉副収入に頼るのではなく、顧客のための価値を創造し、それに対して料金を取ることを重視する。

◉自社の戦略ポジションを補完するよう、独自のやり方によって、物理的な機能を働かせたり、インターネット以外の資産を組み合わせたりする。

◉業界知識を深めることで、独自のスキル、情報、関係性を獲得している。

既存企業の課題

既存企業は、インターネットを恐れる必要はない。ドットコム企業によって既存企業が滅ぼされるというような予測は大げさすぎる。既存企業には、これまで培ってきた競争優位があり、それはこの先も有効だろう。インターネット技術を導入するに当たり、既存企業は従来の強みを活かすことができる。

既存企業にとっての最大の脅威は、インターネットを有効活用できない、あるいは戦略的に活用できないという場合に現実化する。どの企業も、インターネットを用いて既存の競争優位を強化し、これまでの競争のやり方を補完するために、この技術をバリューチェーン全体に積極的に展開することが必要である。その際に大切なことは、競合他社の真似をせず、競争優位を拡大し、持続可能なものにするために、独自のやり方によってインターネットを戦略全体に活用することである。

チャールズ・シュワブは、オンライン取引を開始してから、実店舗数を従来の三分の一ほど増やしたが、これなどは、インターネット専業のライバル以上に、自社の優位性を拡大した例である。インターネットは、正しく利用すれば、戦略上の焦点に貢献し、活動システムをより緊密に統合する可能性がある。

証券大手のエドワード・D・ジョーンズ・アンド・カンパニーは、インターネットを戦略に適合させた好例である。同社の戦略は、資産の保全を重視し、信用できる投資アドバイスを求める投資家たちに向けて、保守的なアドバイスをカスタマイズして提供することである。そのターゲット顧客には、定年退職者や中小企業のオーナーなどが含まれる。

エドワード・ジョーンズは、商品相場、先物やオプションなど、リスクの高い投資商品は扱わない。代わりに、投資信託や債券、優良銘柄などに投資し、買い持ち（すぐには売却せず長期保有すること）を重視する。また、約七〇〇〇（二〇〇一年現在）に上る小さな支社（通常、ファイナンシャルアドバイザーとオフィス管理者の二人）のネットワークがあり、これらの支社は顧客にとって便利な場所にあり、個人的な関係を深められるようにしつらえてある。

エドワード・ジョーンズは、社内マネジメントや採用活動（求人の問い合わせの二五％がインターネット経由である）、顧客への情報提供のためにインターネットを使っているが、競合他社のようにオンライン取引を導入する計画はない。顧客がみずから操作するオンライン取引は、エドワード・ジョーンズの戦略にも、顧客に提供しようとする価値とも相性が悪いからだ。

同社は、ライバルを真似ることなく、自社の戦略にふさわしい形でインターネットを活用している。競合他社が「右に倣え」でインターネットを導入し、独自性を失っている一方で、エドワード・ジョーンズは好調で、業績も他社を上回っている。

既存企業の中で成功を手にするのは、従来の活動を改善するためにインターネットを活用する企業であり、また以前は不可能だった、バーチャルと現実の活動の新しい組み合わせを見つけ、これを実現する企業である。

第5章

競争戦略から企業戦略へ

FROM COMPETITIVE ADVANTAGE TO CORPORATE STRATEGY

MICHAEL E. PORTER

| 初出 |
Harvard Business Review, May-June 1987.

見失われている企業戦略の本質

企業戦略、すなわち多角化した企業のための全社計画がもてはやされているが、関心の高まりに見合うだけの扱いを受けていない。もてはやされている理由は、CEOたちが一九六〇年代前半から多角化に夢中になっているからである。おろそかにされている理由は、企業戦略とは何かということについても、それをどのように策定するかについても、共通認識がまったく存在していないからである。

多角化したコングロマリット企業の戦略には二つのレベルがある。一つは「事業戦略」（あるいは競争戦略）であり、もう一つは「企業戦略」（あるいは全社戦略）である。事業戦略は、その企業が参入している各事業分野において、いかに競争優位を生み出していくかをテーマとしている。一方、企業戦略には二つの異なるテーマがある。すなわち、どの事業分野に参入するかという問題と、さまざまな事業単位をいかにコントロールするかという問題である。

企業戦略があるからこそ、企業は事業単位という部分の総和以上の存在になることができる。しかし、企業戦略の歴史を振り返ってみると無残というしかない。私は、米国の有名大企業三三社が一九五〇年から八六年にかけて進めてきた多角化について調査した。その結果、ほとんどの企業において、買収事業を継続させるよりも、途中で手放してしまう事例のほうが多いことがわかった。ほとんどの企業の企業戦略は、株主価値を生み出さず、それを浪費していたのである。

企業戦略を再考することが、いまほど痛切に求められている時はない。企業を買収して分割する乗っ取り屋は、間違った企業戦略のおかげで暴利をむさぼっている。ジャンクボンドによる資金調達や企業買収が当たり前になったことで、どんなに優良な大企業でも、いまや乗っ取りの危機と無縁ではいられない。

多角化失敗の歴史を見て、大規模なリストラクチャリングに着手する企業がある一方、何も手を打たない企業もある。いずれを選択しても、戦略上の問題はついて回る。リストラクチャリングを行った企業は、過去の失敗を繰り返さないために、次に何をすべきか決めなければならない。何もしなかった企業は、みずからの脆弱さを自覚すべきである。つまるところ、生き残るためには、優れた企業戦略とは何かを理解する必要がある。

企業戦略の現実を直視する

企業戦略の成否に関心が寄せられているが、何をもって企業戦略が成功したといえるのか、あるいは失敗したと見なすべきなのか、実は満足できる判断材料がない。

この問題に関する研究のほとんどは、合併が発表された直前と直後の株価の推移を比べることで株式市場が当該合併をどう評価したかを調べ、合併の成否を判定しようとしている。そのような研究では、資本市場は合併について中立、もしくはやや否定的な反応を示すだけで、さほど重要な検討材料とは考えていない、ということが判明している(*1)。

しかし、そもそも、資本市場の短期的な反応が多角化の長期的な成否を占う適切な基準とは言いがたいし、プライドの高い企業経営者たちが、このような方法で企業戦略の成否を判断するとも思えない。企業戦略が成功したか失敗したかを判断するには、長期的な視点で多角化戦略を研究するほうがはるかに説得力に富む結論を得られる。そこで私は三三社――そのほとんどは優良経営との評判が高い――を対象に調査を行い、その結果、大企業の業績について独自の視点を提示するに至った（章末のBOX5-1参照）。

調査対象とした各社は、平均で八〇の新規事業、一七の新規分野に参入していた。新規参入の七〇％強は買収によって、二二％は新会社の創設、八％は合弁事業によるものであった。たとえば、IBM、エクソンやモービル（現在は合併している）、デュポン、それに3Mなどは、主に新会社の設立によって多角化を図っていた。一方、ALCOスタンダード（現ALCOインダストリーズ）や、ベアトリス・フーズ、サラ・リーなどは、ほぼ買収のみに頼って多角化を進めていた（図表5-1参照）。

私が収集・分析したデータは、多角化の成功率があまり芳しくないという現実を示している（図表5-2参照）。三三社の平均で見ると、新規参入するために買収した企業の半数以上をのちに手放している。未経験分野に進出した場合には、買収した事業からの撤退は六〇％を超える。また、一四社が、新規分野で買収した企業の七〇％以上を手放している。

既存事業との関連性に乏しい事業を買収した場合になると、さらに悪い。買収したものの撤退した割合は七四％という驚くべき数値に達していた（図表5-3参照）。ゼネラル・エレクトリック（GE）のように高く評価されている企業でさえ、買収事業を売却した割合は高い。新規分野における買収ではなおさらである。

	合弁事業による	新会社の設立による	新たに登場した産業への参入件数	買収による	合弁事業による	新会社の設立による
	0%	1%	56	100%	0%	0%
	10%	22%	17	65%	6%	29%
	1%	2%	61	97%	0%	3%
	4%	19%	32	75%	3%	22%
	16%	17%	28	65%	21%	14%
	6%	17%	19	79%	11%	11%
	17%	29%	13	46%	23%	31%
	16%	51%	19	37%	0%	63%
	5%	61%	17	29%	6%	65%
	20%	33%	29	48%	14%	38%
	4%	6%	22	86%	5%	9%
	7%	9%	27	74%	7%	19%
	7%	10%	66	74%	5%	21%
	4%	6%	48	88%	2%	10%
	18%	63%	16	19%	0%	81%
	3%	12%	17	88%	6%	6%
	2%	9%	50	92%	0%	8%
	0%	23%	18	56%	0%	44%
	16%	31%	15	60%	7%	33%
	0%	39%	14	79%	0%	21%
	9%	5%	16	81%	19%	6%
	15%	50%	19	37%	21%	42%
	24%	3%	27	74%	22%	4%
	1%	4%	41	95%	2%	2%
	0%	3%	12	92%	0%	8%
	4%	29%	20	75%	0%	25%
	6%	13%	26	73%	8%	19%
	2%	45%	34	71%	3%	56%
	10%	13%	28	64%	11%	25%
	18%	24%	17	23%	17%	39%
	11%	26%	36	61%	3%	36%
	0%	17%	22	68%	0%	32%
	6%	28%	18	50%	11%	39%
			906			
	7.9%	21.8%	27.4	67.9%	7.0%	25.9%

図表5-1｜米国の大手コングロマリット33社の多角化戦略（1950〜86年）

企業名	新規参入の総件数	未経験の既存産業への参入件数	買収による
ALCOスタンダード（現ALCOインダストリーズ）	221	165	99%
アライド・コーポレーション（現アライドシグナル）	77	49	67%
ベアトリス・フーズ	382	204	97%
ボーデン	170	96	77%
CBS	148	81	67%
コンチネンタル・グループ	75	47	77%
カミンズ・エンジン	30	24	54%
デュポン	80	39	33%
エクソン（現エクソンモービル）	79	56	34%
ゼネラル・エレクトリック（GE）	160	108	47%
ゼネラルフーズ	92	53	91%
ゼネラルミルズ	110	102	84%
W.R.グレイス・アンド・カンパニー	275	202	83%
ガルフ・アンド・ウェスタン	178	140	91%
IBM	46	38	18%
ICインダストリーズ	67	41	85%
インターナショナル・テレフォン・アンド・テレグラフ（ITT）	246	178	89%
ジョンソン・エンド・ジョンソン	88	77	77%
モービル（現エクソンモービル）	41	32	53%
プロクター・アンド・ギャンブル	28	23	61%
レイセオン	70	58	86%
ラジオ・コーポレーション・オブ・アメリカ（RCA）	53	46	35%
ロックウェル・オートメーション	101	75	73%
サラ・リー	197	141	96%
スコビル	52	36	97%
シグナル	53	45	67%
テネコ・オートモーティブ（現テネコ）	85	62	81%
3M	144	125	54%
TRWオートモーティブ	119	82	77%
ユナイテッド・テクノロジーズ	62	49	57%
ウェスチングハウス	129	73	63%
ヴィックス	71	47	83%
ゼロックス	59	50	66%
合計	3788	2644	
平均	114.8	80.1	70.3%

注：ベアトリス・フーズ、コンチネンタル・グループ、ゼネラルフーズ、RCA、スコビル、シグナルは、この調査が完了した時点では他社に買収されている。この各社のデータは調査対象期間のうち買収された時点までを扱っている。また、表中の百分率表示は、小数点以下を切り捨てているため、合計しても100%にならない場合がある。

1950〜86年）

1975年までに買収し、その後撤退	新たに登場した産業における事業買収の件数	1980年までに買収し、その後撤退	1975年までに買収し、その後撤退
12%	10	33%	14%
17%	11	17%	17%
26%	13	25%	33%
13%	10	17%	0%
27%	24	42%	45%
31%	18	40%	38%
0%*	3	33%	0%*
43%	7	60%	75%
57%	9	50%	50%
40%	24	45%	50%
50%	15	46%	44%
47%	19	27%	33%
45%	59	52%	51%
52%	46	61%	61%
57%	20	71%	71%
45%	11	40%	80%
20%*	5	80%	50%*
65%	39	80%	76%
62%	19	93%	93%
77%	11	64%	70%
63%	15	70%	67%
70%	56	72%	76%
70%	49	71%	70%
78%	14	100%	100%
72%	15	73%	70%
69%	22	61%	59%
79%	9	100%	100%
72%	15	60%	60%
73%	20	65%	60%
78%	42	75%	72%
80%	6	83%	83%
92%	7	86%	100%
89%	18	88%	88%
	661		
56.5%	20.0	60.0%	61.5%

*調査対象期間の最終月である1987年1月以降からその企業の決算月までの間に3件以下の買収を実施している。

**統計への影響を最小化するために、IBMとエクソンの場合、決算月までに実施された3件以下の買収は除外してある。

図表5-2 | 米国の大手コングロマリットによる買収(撤退比率の低い順、

企業名	新規事業の買収件数	1980年までに買収し、その後撤退
ジョンソン・エンド・ジョンソン	59	17%
プロクター・アンド・ギャンブル	14	17%
レイセオン	50	17%
ユナイテッド・テクノロジーズ	28	25%
3M	67	26%
TRWオートモーティブ	63	27%
IBM	7	33%
デュポン	13	38%
モービル	17	38%
ボーデン	74	39%
ICインダストリーズ	35	42%
テネコ・オートモーティブ	50	43%
ベアトリス・フーズ	198	46%
ITT	159	52%
ロックウェル	55	56%
アライド・コーポレーション	33	57%
エクソン	19	62%
サラ・リー	135	62%
ゼネラルフーズ	48	63%
スコビル	35	64%
シグナル	30	65%
ALCOスタンダード	164	65%
W.R.グレース	167	65%
ゼネラル・エレクトリック(GE)	51	65%
ヴィックス	38	67%
ウェスチングハウス	46	68%
ゼロックス	33	71%
コンチネンタル・グループ	36	71%
ゼネラルミルズ	86	75%
ガルフ・アンド・ウェスタン	127	79%
カミンズ・エンジン	13	80%
RCA	16	80%
CBS	54	87%
合計	2021	
平均**	61.2	53.4%

注:ベアトリス・フーズ、コンチネンタル・グループ、ゼネラルフーズ、RCA、スコビル、シグナルは、この調査が完了した時点では他社に買収されている。この各社のデータは調査対象期間のうち買収された時点までを扱っている。また、表中の百分率表示は、小数点以下を切り捨てているため、合計しても100%にならない場合がある。

順、1950～86年）

新規参入に占める新会社設立の比率	1980年までに設立し、その後撤退	1975年までに設立し、その後撤退	新たに登場した産業における事業買収のうち関連性に乏しい産業の事業買収	1980年までに設立し、その後撤退	1975年までに設立し、その後撤退
23%	14%	20%	0%	—	—
39%	0%	0%	9%	—	—
5%	50%	50%	46%	40%	40%
24%	11%	20%	40%	0%*	0%*
45%	2%	3%	33%	75%	86%
13%	63%	71%	39%	71%	71%
63%	20%	22%	33%	100%*	100%*
51%	61%	61%	43%	0%*	0%*
31%	50%	56%	67%	60%	100%
19%	17%	13%	21%	80%	80%
13%	80%	30%	33%	50%	50%
13%	67%	80%	42%	33%	40%
2%	0%	0%	63%	59%	53%
8%	38%	57%	61%	67%	64%
3%	0%	0%	35%	100%	100%
22%	38%	29%	45%	50%	0%
61%	27%	19%	100%	80%	50%*
4%	75%	100%*	41%	73%	73%
6%	67%	50%	42%	86%	83%
3%	100%	100%*	45%	80%	100%
29%	20%	11%	67%	50%	50%
1%	—	—	63%	79%	81%
10%	71%	71%	39%	65%	65%
33%	33%	44%	36%	100%	100%
17%	63%	57%	60%	80%	75%
26%	44%	44%	36%	57%	67%
28%	50%	56%	22%	100%	100%
17%	14%	0%	40%	83%	100%
9%	89%	80%	65%	77%	67%
6%	100%	100%	74%	77%	74%
29%	0%	0%	67%	100%	100%
50%	99%	55%	36%	100%	100%
17%	86%	80%	39%	100%	100%
21.8%	44.0%	40.9%	46.1%	74.0%	74.4%

—：新規参入なし

*調査対象期間の最終月である1987年1月以降からその企業の決算月までの間に、3件以下の新規参入を果たしている。

**統計への影響を最小化するために、決算月までに実施された3件以下の新規参入については除外してある。

図表5-3 | 既存事業との関連性に乏しい分野への多角化(撤退比率の低い

企業名	新規参入に占める合弁事業の比率	1980年までに設立し、その後撤退	1975年までに設立し、その後撤退
ジョンソン・エンド・ジョンソン	0%	—	—
プロクター・アンド・ギャンブル	0%	—	—
レイセオン	9%	60%	60%
ユナイテッド・テクノロジーズ	18%	50%	50%
3M	2%	100%*	100%*
TRWオートモーティブ	10%	20%	25%
IBM	18%	100%*	—
デュポン	16%	100%*	—
モービル	16%	33%	33%
ボーデン	4%	33%	33%
ICインダストリーズ	3%	100%*	100%*
テネコ・オートモーティブ	6%	67%	67%
ベアトリス・フーズ	1%	—	—
ITT	2%	0%*	—
ロックウェル	24%	38%	42%
アライド・コーポレーション	10%	100%	75%
エクソン	5%	0%	0%
サラ・リー	1%	—	—
ゼネラルフーズ	4%	—	—
スコビル	0%	—	—
シグナル	4%	—	—
ALCOスタンダード	0%	—	—
W.R.グレース	7%	33%	38%
ゼネラル・エレクトリック(GE)	20%	20%	33%
ヴィックス	0%	—	—
ウェスチングハウス	11%	0%*	0%*
ゼロックス	6%	100%*	100%*
コンチネンタル・グループ	6%	67%	67%
ゼネラルミルズ	7%	71%	71%
ガルフ・アンド・ウェスタン	4%	75%	50%
カミンズ・エンジン	17%	50%	50%
RCA	15%	67%	67%
CBS	16%	71%	71%
平均**	7.9%	50.3%	48.9%

注:ベアトリス・フーズ、コンチネンタル・グループ、ゼネラルフーズ、RCA、スコビル、シグナルは、この調査が完了した時点では他社に買収されている。この各社のデータは調査対象期間のうち買収された時点までを扱っている。また、表中の百分率表示は、小数点以下を切り捨てているため、合計しても100%にならない場合がある。

図表5－2で上位にランクされている企業は、撤退率の低い企業である。その一部は、考え抜かれた企業戦略の成功例を示しているが、単に事業の不振という現実を直視せず漫然と継続しているだけという場合もある。

これら対象企業一社一社について、その撤退率を比較するため、調査対象期間の株主利益（株価の増減と配当金額）の合計を調べた。図表5－2の上位企業は平均以上の株主利益を実現しているが、多角化の成功の測定において、株主利益は必ずしも信頼できる基準とはいえない。株主利益は、当該企業が属している業界の魅力度に左右される部分が大きいからである。CBSやゼネラルミルズといった企業は、コア事業で利益の大半を稼いでおり、これで他事業の穴を埋めている。

多角化の評価基準として株主価値を用いることについて、一言添えておきたい。株主価値と多角化の成否を数値的に関連付けるならば、多角化しなかった場合に得られたであろう株主価値と比較しなければ意味がないが、そのような比較は事実上不可能である。したがって、多角化が業績にどれくらい貢献したのかを判断するには、多角化の成功率、つまりそのまま継続されている事業の数を判断基準に用いるのが妥当と考えられる。

私の得たデータは、企業戦略の失敗を端的に示している。(*2) 三三社のうち、ベアトリス・フーズ、コンチネンタル・グループ、ゼネラルフーズ、ラジオ・コーポレーション・オブ・アメリカ（RCA）、スコビル、シグナルの六社は、この調査中に買収されてしまった。その恩恵に浴したのは、法律事務所や投資銀行、そしてそもそものオーナーたちであり、株主ではなかった。

企業戦略を成功させるための前提条件

企業戦略が成功するためにはいくつかの前提条件が必要である。それらの条件は多角化の現実を端的に表すもので、変えることができない前提である。企業戦略が失敗した場合、その原因の一部はこれを無視したことにある。

(1) 競争は事業単位で行われる

競争するのは、多角化した企業全体ではない。その部分である各事業単位である。企業戦略が各事業単位の成功を後押しするものでなければ、それがいかに理路整然としたものであっても失敗に終わる。企業戦略とは、競争戦略から生じ、競争戦略を強化するものでなければならない。

(2) 多角化はコストを押し上げ、事業単位への制約を強める

事業単位に割り当てられる間接費といった目に見えるコストよりも、隠れたコストや制約条件のほうが重要な問題である。たとえば、事業単位は、さまざまな意思決定について経営陣に説明しなければならない。事業計画や社内システムとの整合性を図るにも時間がかかる。親会社のガイドラインや人事政策に従わなければならず、さらには株式によるインセンティブも見合わせなければならない。これらのコストや制約条件は、軽減することはできるが、なくすことはできない。

(3) 株主は投資ポートフォリオを簡単に多角化できる

株主は、その嗜好やリスクの種類に応じて最もふさわしい銘柄を選ぶことで、株式ポートフォリオを多角化することができる。(*3) 株式は時価で売買され、買収プレミアムを支払う必要などないので、株主は、多角化しようとする企業ほどお金をかけることなく、株式ポートフォリオを多角化することができる。

以上を踏まえると、企業戦略が成功するには、真の意味で「価値を付加する」ものでなければならない。すなわち、事業単位には独立性への制約という内部コストを相殺するような具体的なメリットを生じさせ、株主にはポートフォリオの多角化では実現できないような投資の多角化を実現させることが必要である。

企業戦略が満たすべき三つの基準

企業戦略を策定する方法を理解するには、まず、どのような条件が揃えば、その多角化が真に株主価値を創造したといえるのかを明確にする必要がある。その条件とは、次の三つの判定基準に集約される。

(1) 魅力度基準：新規参入する業界は魅力的か、あるいはその可能性がなければならない。

（２）参入コスト基準：参入コストが、将来の利益を相殺するほど高くてはならない。

（３）補強関係基準：新しい事業単位は、ほかの既存事業と結び付くことで、あるいは自立することで、競争優位を獲得するものでなければならない。

むろん、ほとんどの企業が、これら三つの基準の一部を満たした企業戦略を策定していることだろう。しかし私の調査によれば、どれか一つでも無視すると、その企業戦略は残念な結果に終わる。

魅力度基準

ある業界に参入することで実現する利益率は、長期的にはその業界の構造に左右される。このことは、私が一九七九年に『ハーバード・ビジネス・レビュー』誌に寄稿した論文で述べた通りである。(＊4)

ＲＯＩ（投資利益率）が高い業界に参入するのは難しい。参入障壁は高く、買い手の交渉力とサプライヤーのそれは拮抗しており、代替となる製品やサービスはほとんどなく、競合他社との関係も安定しているからである。一方、鉄鋼業界のように魅力に欠ける業界は、構造的に欠陥を抱えている。代替となる製品やサービスもあふれており、買い手は価格感度が高く、交渉力が強い。固定費が高く、参入企業も多いため、過当競争に陥っており、しかもその多くは政府から支援を受けている。

多角化によって株主価値を創造するには、新規参入する業界の構造が自社に有利に働くものであり、資本コストを上回る利益をもたらすものでなければならない。利益が資本コストを下回る業界の場合、その構造そのものを改革するか、平均を大幅に上回る利益を生み出す競争優位を獲得し、これを維持しなければならない。

多角化する前から、その業界が魅力的である必要はない。だとすれば、その業界の潜在的な魅力度が十分認識されないうちに参入したほうが有利かもしれない。なぜなら、多角化によってその業界の構造を変えられる可能性もあるからだ。

この調査を実施する過程で、業界の魅力度の検証を中断してしまう企業が多いことに気づいた。その理由は、多角化を図る企業は、参入しようとする業界が自社の既存事業と密接に適合《フィット》しているという漠然とした確信を持ってしまうためである。この業界は居心地がよい、だからきっと望ましい結果につながるだろうという思い込みである。このような願望が仇《あだ》となり、業界構造の根本的な欠陥を見落としてしまう。

しかし、既存事業との適合性が競争優位につながらなければ、多角化は失敗に終わり、居心地のよさも苦痛に変わるだろう。ロイヤル・ダッチ・シェルをはじめ、大手石油会社は化学事業において、このような苦い経験を何度も味わってきた。垂直統合やプロセス技術がもたらすメリットが、業界構造の欠点によって打ち消されてしまったのである。

もう一つ、業界の魅力度の検証をなおざりにしてしまう理由として、参入コストの低さが挙げられる。買収において買い手が有利な立場にある、あるいは売り手が売却に熱心であるという場合がある。しかし、仮に買収価格で得をしても、それはその時限りのことで、業界構造の問題が解決されるわけではない。必ずと言ってよいほど、新たに取得した事業に再投資しなければならなくなる。固定資産の更新や運転資金の調達ぐらいで済めばましなほうである。

多角化を図る企業は、新規参入しようとする業界について、魅力度ではなく成長スピードといった単純な指標で判断することも少なくない。しかし、急成長業界、たとえばPC、テレビゲーム、ロボットなどに殺到した企業の多くが、初期の成長を長期的な収益性の証と誤解したために途中で脱落してしまった。注目業界やハイテク業界だからといって収益性が高いわけではない。収益性が高い業界は、構造が魅力的な業界に限られるのである。

参入コスト基準

多角化しても、新規事業への参入コストが期待利益を食い潰してしまうなら、株主価値は創造できない。しかし、市場の原理がまさにそのような事態をもたらしている。

企業が新規業界に参入する場合、既存企業を買収するか、新規事業を立ち上げるか、いずれかを行う。買収を選択すれば、その企業はM＆A（企業の合併・買収）市場のドアを叩くことになる。その事業の潜在的価値を下回る金額で買収できれば、その企業は市場を出し抜いたことになる。しかし、現在のM＆A市場では、複数の買い手が競い合い、情報があっという間に駆けめぐる。投資銀行などの仲介業者は鵜の目鷹の目で立ち回り、市場の効率化に拍車がかかっている。近年では、ジャンクボンドなどを武器にした新手がM＆A市場に参加しており、いかに大企業といえども、いつ買収の標的にされるかわからない。買収プレミアムは高く、被買収企業の将来性も反映されている。時にそれは過剰なほどだ。

たとえば、フィリップ・モリスが一九七八年にセブンアップを買収した時、その金額は簿価の四倍を超えていた。単純計算でも、買収前のROIを維持するには利益が四倍以上に伸びなければならない。ところが、ソフトドリンク市場のマーケティング戦争は極めて高次元のレベルで繰り広げられており、フィリップ・モリスが手腕を発揮できる余地はほとんどなかった。その結果、セブンアップの財務業績は期待水準に届かず、最終的には同社を手放すという判断を下さざるをえなくなった。

新会社を設立する場合、参入障壁を克服しなければならない。しかしこの選択はジレンマに遭遇する。なぜなら、魅力的な業界は、参入障壁が高いゆえに魅力的だからである。参入コストを丸ごと負担してしまったら、期待利益など望むべくもない。かといって、参入障壁が低い業界では、すでに参入している企業によって利益はほぼ食い尽くされているであろう。

魅力的な新規事業を発見した興奮のあまり、参入コストの検証を忘れてしまうという例は少なくない。その業界の魅力度が高ければ高いほど、参入コストも高くつくことを忘れてはならない。

補強関係基準

多角化するのであれば、企業がその新しい事業単位に競争優位をもたらすか、新しい事業単位が企業に競争優位をもたらすか、いずれかの可能性がなければならない。

そのような競争優位が獲得できたとしても、親会社が買収した事業単位の競争戦略を大幅に見直したり、トップクラスのマネジメントチームを送り込んだ買収直後の一度きりということがある。その一方、多角化によって継続的な競争優位が生まれることもある。たとえば、その新しい事業単位の製品を、既存事業が築いてきた流通システムに乗せられる場合だ。バクスター・トラベノールとアメリカン・ホスピタル・サプライの合併も、この点が決定的な要素だった。

新しい事業単位によって得られるメリットが一回限りの場合、親会社にとってその事業単位を長期保有する理由は見当たらない。その一回限りの改善効果が終わってしまえば、その事業単位はコストを上回る価値を創造できないからだ。その場合、その事業単位を売却し、経営資源をほかに回したほうが得策ということになる。

補強関係という基準には、多角化によって企業のリスクを分散することが株主価値を向上させるという含意はない。株主が自分でもやれることを、わざわざ株主のために代行することは、企業戦略の基本要件ではない（非公開企業の場合は、企業のリスクと株主のリスクが一致するため、多角化そのものがリスクの軽減という意味を持ちうる）。リスクの分散はあくまで企業戦略の副産物と考えるべきであり、これを動機として企業戦略を立案してはならない。

経営陣は、この補強関係の検証を無視するか、根拠の怪しい理屈でおざなりな検証で済まそうとする。その理由の一つは、企業規模と株主価値を混同してしまっているところにある。会社をより大きくしたいという意欲のあまり、経営陣が本来なすべき仕事を見失っているのだ。

あるいは、補強関係を検証しないのは、それが多角化した事業を管理する自分たちなりのやり方だからだと言い張るかもしれない。本社スタッフを削減し、各事業単位にほぼ完全な自律性を与えれば、多角化の落とし穴を避けられると考えているのだろう。しかし、そのような考え方では多角化の本質を見落としてしまう。多角化とは、株主価値の毀損を避けるためではなく、株主価値を創造するために行われるものなのだ。

企業戦略の四つのコンセプト

以上の三つの基準は、多角化を成功させるうえで、いかなる企業戦略においても満たされなければならないものである。しかし、この基準を満たすことは難しく、多角化の試みの多くが失敗に終わっている。

概して、多角化の指針となる企業戦略に具体的なコンセプトが欠けていたり、三つの基準を満たしていないコンセプトを追求している企業が少なくない。また、戦略の遂行能力に劣るために失敗するという企業もある。

私はこの調査を通じて、企業戦略は次の四つのコンセプトに基づいて実施されていることを特定することができた。

◉ポートフォリオマネジメント
◉リストラクチャリング
◉スキルの移転
◉活動の共有

これら四つは、常に相互排他的な四者択一の関係にあるわけではないが、株主価値を創造するうえでの基本的メカニズムはそれぞれに異なり、求められる経営や組織のあり方もそれぞれに異なる。ポートフォリオマネジメントとリストラクチャリングの二つは、各事業単位間の連携を必要としないが、スキルの移転と活動の共有は各事業単位の連携を前提としている（図表5-4参照）。

正常な環境の下であれば、これら四つのコンセプトのうち、どれを用いても成功できる。しかし今日、それぞれの有効性には差が生じている。四つのうちどれか一つでも無視すれば、失敗への最短距離を歩むことになるだろう。

ポートフォリオマネジメント

企業戦略における四つのコンセプトの中で最も広く用いられているのが、ポートフォリオマネジメントである。このコンセプトの軸足は、主に買収による多角化に置かれている。

このコンセプトの下では、企業は健全で魅力的な事業を買収する。その際、買収先の有能なマネジャーたちからは買収後もその企業に残るという同意を取り付けておく。買収する事業が既存事業と同じ業界に属している必要はないが、優れたポートフォリオマネジメントは買収対象事業の範囲をある程度制限するのが普通だ。要求される専門知識を広げすぎないためである。

買収された事業単位は自律的に運営され、その責任者には業績に連動した報酬が与えられる。本社部門は資本を投入し、専門的マネジメントのノウハウを導入する。経営陣は事業単位に目標を課し、公平な業績評価を行う。ポートフォリオマネジメントに長けた経営者は、各事業単位をその将来性に応じて分類する。そしてキャッシュフローが潤沢な事業から、将来性は高いもののキャッシュが不足

スキルの移転	活動の共有
● 当該産業において競争優位を得るために重要な活動について、自社固有のスキルを備えている。 ● 各事業が有するスキルを継続的に移転できる能力がある。 ● 新規産業に参入する足がかりを築くために買収を決断する。	● 既存事業の中に新規事業と共有できる活動があり、それによって競争優位が得られる。 ● 活動を共有するメリットがコストを上回る。 ● 新会社の設立と買収によって参入する。 ● 社内のコラボレーションへの反発を乗り越えられる。
● 各事業はほぼ自律的であり、互いに協力し合う。 ● 本社スタッフが高い能力を有しており、まとめ役としての役割を自覚している。 ● 部門横断的な委員会やタスクフォースなどが、スキルの把握や移転の中心的役割を担う。 ● ラインマネジャーの目標にスキルの移転が盛り込まれている。 ● インセンティブは、全社の業績と部分的に連動している。	● 各SBU（戦略的事業単位）は、活動の共有を奨励されている。 ● グループ、部門、全社レベルで、戦略的プランニングを実践されている。 ● 本社スタッフが高い能力を有しており、まとめ役としての役割を自覚している。 ● インセンティブが、グループ全体もしくは全社の業績と連動している。
● 新規事業の類似性やその運営のやりやすさを、多角化の根拠と誤解してしまう。 ● スキルを移転させる実際的な方法をいっさい提供しない。 ● 産業構造が魅力的でないという事実をなおざりにする。	● 競争優位が脇に置かれ、活動の共有が自己目的化してしまう。 ● 経営陣が積極的に働きかけずとも、おのずと活動が共有されると思い込んでしまう。 ● 産業構造が魅力的でないという事実をなおざりにする。

図表5-4 | 企業戦略の4つのコンセプト

	ポートフォリオマネジメント	リストラクチャリング
戦略の前提	●本当の企業価値よりも時価総額が下回っている企業を見つけ、買収する洞察力に優れている。 ●不振事業はもちろん、高額を提示する買い手が現れれば、好業績の事業でも売却することを素早く決定できる。 ●事業ポートフォリオに含める業種に関するガイドラインや制約は緩く、経営陣がポートフォリオを効果的に見直すことができる。 ●未上場企業、あるいは未発達な資本市場に狙いを定める。 ●資本市場の効率が改善されたり、企業規模が巨大化したりした場合には、ポートフォリオマネジメントから脱却できる。	●リストラクチャリングの可能性を見抜く力に優れている。 ●買収事業に積極的に介入し、改革を断行する意志と能力を備えている。 ●ポートフォリオ内の各事業に見られる類似性を把握できる。 ●リストラクチャリングしても採算に合わないと判断した場合、売却して損失を切り捨てる覚悟がある。 ●リストラクチャリングが完了し、その成果がはっきりし、株式市場が好調な場合には、ためらうことなく事業を売却できる。
組織の前提	●各事業単位は自律的である。 ●本社スタッフの数は少なく、低コストである。 ●インセンティブは事業単位の業績と連動している。	●各事業単位は自律的である。 ●本社部門は、買収事業の改革や戦略的ポジショニングの変更を監督できる能力と経営資源を持ち合わせている。 ●インセンティブは、主に買収事業の業績と連動している。
よくある失敗	●資本市場が効率的であり、プロフェッショナルマネジメントを担える人材が多数存在している国で、ポートフォリオマネジメントを実践してしまう。 ●産業構造が魅力的でないという事実をなおざりにする。	●急成長産業や注目産業の登場を、リストラクチャリングするチャンスと勘違いしてしまう。 ●やっかいな状況を引き受け、ここに介入する覚悟と経営資源が欠如している。 ●産業構造が魅力的でないという事実をなおざりにする。 ●口ではリストラクチャリングを唱えながらも、実際には受動的なポートフォリオマネジメントに陥ってしまう。

している事業へと定期的に経営資源を移動させる。

ポートフォリオマネジメント戦略は、さまざまな方法で株主価値を創造しようとする。

◉社内の専門能力と分析力を動員して、個々の株主には見つけられない魅力的な買収案件を探し出す。

◉全社的な資金調達力を背景に、有利な条件で資金提供する。

◉プロフェッショナルマネジメントのスキルや規律を導入する。

◉旧弊や当該事業への思い入れに囚われることなく、質の高いフィードバックやコーチングを提供する。

ポートフォリオマネジメントのコンセプトは、さまざまな前提に基づいている。多角化が業界の魅力度や参入コストの判定基準をクリアするには、優良だが過小評価されている企業を探し出さなければならない。なぜなら、本社部門は買収後、この新しい事業単位にほとんど介入しないからである。また、補強関係の判定基準をクリアするには、本社部門が提供するメリットが買収事業に競争優位をもたらすものでなければならない。自律的な事業単位を運営するには、健全な事業戦略とやる気あふれるマネジャーの両方が不可欠である。

しかしほとんどの国において、ポートフォリオマネジメントが有効な企業戦略であった時代は終わった。資本市場が発展を遂げる中、まともな経営陣を擁する魅力的な企業は誰の目にもとまるようになり、買収プレミアムをものともせず投資資金が群がるようになった。資金提供だけでは大した貢献にはならなくなった。なぜなら、競争戦略さえ健全なら資金を簡単に調達できるようになり、中小企業は気前のよい親会社を必要としなくなったためである。

資金以外のメリットも薄れつつある。いまや、プロフェッショナルマネジメントのスキルは大企業の専売特許ではない。実際、当該業界における知識や経験がなければ、どんなに優れたプロフェッショナルマネジャーでも首尾よく経営できるとは限らない、という考えが浸透しつつある。ポートフォリオマネジメント戦略の長所とされる客観的な業績評価も、実のところ根拠に乏しい。健全な企業のポートフォリオ内で行う業績評価自体に付加価値があるとは思えないからだ。

事業単位に自律性を与えることのメリットも判然としない。事業単位間のつながりは、新技術の登場、流通チャネルの拡大、法規制の変化によって、どんどん深まっている。各事業単位ごとに競争戦略を立案すると、かえって業績を悪化させてしまう可能性もある。調査対象企業のうち、多角化に成功している企業は、まさに事業部間のつながりの重要性を認識していたし、各事業単位が財務業績を強く意識することと同様、コーポレートアイデンティティが重要であることも認識していた。

しかしながら、どんなに優れたポートフォリオマネジメント戦略も最終的に挫折してしまうのは、経営が抱える課題の複雑さゆえである。企業規模が大きくなるにつれ、成長を続けるには、次から次へと魅力的な買収案件を探してこなければならない。何十いや何百という共通性に乏しい事業単位を管理しながら、かつその数を増加させなければならない。まるでチェーンレターのような際限なきプレッシャーのせいで、いつか経営陣はミスを犯す。

また、多角化企業の一部であるがゆえに避けられないコストのため、各事業単位の業績は落ち始め、その結果、企業全体のROIも下降線をたどり始める。その行き着く先は、新経営陣の下での全面的な撤退とコア事業の絞り込みである。最近の例では、ガルフ・アンド・ウェスタン、コンソリデイティッド・フーズ（現サラ・リー）、インターナショナル・テレホン・アンド・テレグラフ（ITT）などが、その典型である。

このような現実を反映して、米国資本市場では、ポートフォリオマネジメント戦略を採用している企業には「コングロマリット・ディスカウント」が適用されている。すなわち、企業全体の評価が各事業単位の評価の総和よりも低くなっているのである。

開発途上国は大企業が少なく、資本市場が未発達であり、マネジメント能力も稀少であるため、いまでもポートフォリオマネジメント戦略は有効である。しかし先進国の企業戦略としては効力を失ったといえる。もっとも英国では、新たな活気を呼び起こす材料を求める株式市場に支えられて、この経営手法がにわかに脚光を浴びている。とはいえ、その熱気も早晩冷めるだろう。いや冷めるべきである。ポートフォリオマネジメントは、もはや企業戦略のコンセプトとしては時代遅れなのだ。

リストラクチャリング

ポートフォリオマネジメント戦略では、本社部門は資金提供と業績評価という受動的な役割を担うにすぎない。しかし、企業戦略のコンセプトとしてリストラクチャリングを採用する場合、各事業単位の再構築を推し進めるという積極的な役割を担うことになる。新規事業は、必ずしも既存事業との関連がなくてもかまわない。必要なのは、当該事業にポテンシャルがあるかどうかである。

リストラクチャリング戦略では、能力を十分に発揮していない組織、業績不振の組織、危機に瀕している組織、あるいは大きな変化が起きそうな業界を探し出す。本社部門は各事業単位に介入し、そのマネジメントチームを入れ替えたり、競争戦略を変更したり、あるいは新技術を導入したりする。また、クリティカル・マス（効果を出すために最低限必要な量）を実現するために新たに事業を買収する一方、不要な事業単位や関連性に乏しい事業単位を売却し、買収コスト全体の最小化に努める。

こうして、企業の体質が強化され、業界が姿を変える。そのような成果が確認できれば、企業は総仕上げとして、健全性を増した当該事業単位を売却することになる。なぜなら、本社としてその事業単位にこれ以上付加価値を提供できる余地がなく、経営陣は別の目標に関心を向けるべきだからである（BOX5-2参照）。

適切に実施されるなら、リストラクチャリングは、多角化の三つの判定基準をクリアする有効なコンセプトであるといえる。問題を抱え、傾きつつあるかに見える企業を買収したり、先行き不透明な業界に参入しようということなので、買収プレミアムは低く抑えられ、参入コストの判定基準はクリアできる。本社部門が積極的に介入する以上、補強関係という基準も問題ない。さらに参入する業界の魅力度が高ければ、リストラクチャリングという企業戦略は大きな株主価値を生み出す可能性が高い。

リストラクチャリング戦略を採用している企業として有名なのは、ローズ・コーポレーション、BTRインダストリーズ（現スタンダード・エアロ）、ゼネラル・シネマなどである。皮肉なことに、今日のリストラクチャリング巧者の多くは、ポートフォリオマネジメント戦略の破綻に乗じて稼いでいるのである。

リストラクチャリング戦略を成功させるには、構造改革の機が熟している業界において過小評価されている企業や戦略ポジションを見つけ出す洞察力が求められる。未経験の事業分野での業績を好転させようというのだから、そのような洞察力は必要不可欠である。

この条件ゆえに、リストラクチャリング戦略を採用する企業は大きなリスクにさらされる。また、この戦略は有効期間も限られている。この戦略が持つ問題点を理解し、失敗したらそれに気づき、断固たる姿勢で対処できるのが優れたマネジャーである。この戦略を採用する企業は、ただ企業を買収しているのではなく、業界全体の構造改革に取り組んでいるという認識を持っている。買収企業を統合するにしても、まったく新しい戦略ポジションを構築するという目的がそこになければ、形を変えたポートフォリオマネジメントにすぎない。

もう一つの問題は、各社がこぞってリストラクチャリング戦略を採用すると、買収候補が払底していくため、買収価格が上昇してしまう点だ。

しかし、リストラクチャリングにおける最大の落とし穴は、これが成功して業績が好転し始めると、その事業単位を手放すのが惜しくなるというところに潜んでいる。自然な心情と経済合理性がぶつかり始める。そして株主価値の創造という目標が、やがて企業規模の拡大に取って代わられていく。

もはや事業単位に新たな付加価値を提供できなくなっているにもかかわらず、これを売却しようとしない。再生を果たした事業単位は、関連事業を擁する他社の傘下に収まったほうが幸せであるにもかかわらず自社で抱え続けてしまう。こうしてリストラクチャリング戦略は、次第にポートフォリオマネジメント戦略に姿を変えていく。

各事業単位に再投資しなければならなくなると、企業本体のＲＯＩは悪化し、リストラクチャリングによる一時的な利益は日々削られていく。成長を持続させなければならないと焦って、買収のペースを加速させる。これがミスを招いたり、買収の判断基準を甘くする。

こうしてリストラクチャリング企業は、ありふれた多角化路線に戻り、その収益性は業界平均レベルに落ち着いてしまう。

スキルの移転

以上二つのコンセプトは、本社部門と各事業単位の関係を通じて価値を生み出すものだった。この場合、選択し、資金を提供し、介入することが本社部門の役割である。

残る二つのコンセプト——スキルの移転、活動の共有——は、事業単位間の内部リレーションシップの活用に依拠するコンセプトである。これをわかりやすく表現するには、誤って用いられることの多い「シナジー」という考え方を避けて通ることができない。

もし数多のアニュアルリポートを信じるなら、すべての事業単位が他のすべての事業単位と相互に関連していることになってしまう。しかし、それらは単なる想像上のシナジーでしかないことがほとんどである。

ゼネラル・モーターズがヒューズ・エアクラフトを買収したのは、自動車のエレクトロニクス化が進んでおり、ヒューズにはエレクトロニクス部門があることが理由だったが、これこそ机上のシナジー論の愚かさの実例である。このような見せかけの内部連関は、別の理由で推し進められた多角化を、後知恵で正当化しているにすぎない。

シナジーが具体的に定義されていても、現実化しないことは多い。事業単位は協力し合うどころか、反目し合うことも珍しくない。つまり、追求すべきシナジーがはっきりしていても、しばしば組織的な障害に阻まれることがあるのだ。

とはいえ、事業単位間の内部リレーションシップからメリットを生み出す必要性が、いまほど求められている時代はない。技術の進歩や競争の激化によって、すでに事業単位間のコラボレーションが多数生まれており、新たな競争優位の可能性が広がっている。

事実、金融サービスやコンピュータ、オフィス機器、エンタテインメント、ヘルスケアといった分野では、かつては無縁だった事業単位間の内部リレーションシップが、おそらく戦略上の最大関心事になっている。

企業戦略において事業単位間の関連性がどのような役割を果たすのかを理解するには、誤解されているこの概念を再定義しなければならない。その際、「バリューチェーン」(*5)から出発するのが適切である。

あらゆる事業単位は、営業から経理に至る諸活動の集合体であり、これらの活動が競争を支えている。これを「価値活動《バリューアクティビティ》」と呼ぶ。競争優位は、これら個々の価値活動のレベルにおいて存在するのであって、全社レベルではない。私は価値活動を「主要活動」と「支援活動」の二つに大別し、両方合わせて全部で九つのカテゴリーに区分している（本書第3章参照）。

主要活動は、製品やサービスをつくり出し、それを配送して販売し、アフターサービスを提供する活動で、「購買」「オペレーション」「出荷」「マーケティングや営業」「サービス」のカテゴリーに分かれる。

支援活動は、主要活動に投入する経営資源やインフラを提供する活動で、「企業インフラ」「人材マネジメント」「技術開発」「調達」のカテゴリーに分かれる。

バリューチェーンには、シナジーを生み出す可能性のある内部リレーションシップが二つある。一つ目は、類似性のあるバリューチェーン間でスキルや専門能力を移転する能力である。二つ目は、活動を共有する能力であり、たとえば二つの事業単位が同じ営業部門やロジスティックス・ネットワークを利用するといった意味である。

バリューチェーンは、企業戦略において最も重要な二つのコンセプト、すなわち「スキルの移転」と「活動の共有」を後押しする。事業単位はそれぞれバリューチェーンを持っているが、個々の価値活動をどのように実施するかという知識は事業単位間で移転することができる。たとえば、サニタリー事業を抱えている企業が咳止めシロップ事業を買収した場合、コモディティのマーケティングのノウハウ、たとえば新しいポジショニング、販促手法、パッケージングのあり方といった知識を移転できる。このように新規事業が既存事業の専門能力を利用する場合もあれば、もちろんその逆もある。

スキルを移転する機会は、次のような場合に生まれる。

◉複数の事業単位において買い手や流通チャネルが類似している場合
◉規制や調達プロセスなど、価値活動が類似している場合
◉たとえば、複数拠点のサービス組織を管理するなど、バリューチェーンの構成が類似している場合
◉低コスト戦略など、企業戦略のコンセプトが同じ場合

たとえ各事業単位が別々に運営されていても、以上のような類似性があれば、スキルの移転は可能である。

もちろん、類似性の中にはありきたりのものもある。どのような事業を組み合わせても、ある程度はその種の類似性が考えられる。それゆえ、類似性があるというだけで安易な多角化に踏み切ってしまうという罠にはまる企業が後を絶たない。単に類似しているというだけでは十分ではないのだ。

スキルの移転によって競争優位が得られるのは、事業単位間の類似性において次の三つの条件が満たされる場合だけである。

（1）各事業単位の活動が類似しており、専門能力を共有する十分な意味がある場合。たとえばマーケティングの重要性、金属加工といった一般的なプロセス技術など、広義には共通する部分があっても、この程度の類似性は多角化を支える基盤たりえない。仮にスキルを移転できる可能性があったとしても、競争優位にはほとんど影響しない。

（2）スキルの移転が、競争優位にとって重要な活動に関係している場合。たとえば消費財事業において、規制当局との付き合い方や不動産管理など、周縁的な活動に関するスキルを移転した場合でも、何らかのメリットはあろうが、多角化を支えるものとはいえない。
（3）移転されるスキルが、それを受け取る事業単位にとって競争優位の源泉となる場合。移転されるスキルや専門能力は、競合他社のそれよりも優れており、先進的で固有のものでなければならない。

スキルの移転は意欲的な試みであり、移転先の事業単位の戦略やオペレーションを改革する。期待される改革は、具体的に確認できるものでなければならない。株主価値に貢献しないことがほぼ確実であるにもかかわらず、スキルの移転に曖昧な展望や漠然とした願望を抱くだけで満足している企業があまりに多い。

スキルの移転は偶然に起きるものでも、時間が経てば自然に起きるものでもない。キーパーソンを指名し（場合によっては恒久的に異動させ）、経営陣も関わり、スキルの移転を後押しすることが欠かせない。多くの企業がスキルの移転に失敗するのは、事業単位にスキル移転に取り組むうえでのインセンティブを与えていないからである。

自社ならではの専門能力を事業単位間で移転できれば、多角化を成功させる三つの基準をクリアしたことになる。スキルの移転は、買収プレミアムを相殺したり、参入コストを引き下げたりするだろう。

多角化のために参入する業界は、業界の魅力度という判定基準をクリアしていなければならない。スキルを移転できる機会を示唆するような適合性があったとしても、それだけでは業界構造の劣悪さを克服できないかもしれない。とはいえ、スキルを移転できる機会があれば、初めて参入する業界でもその構造を改革し、自社に有利な方向へと持っていける可能性はある。

スキルの移転は一回きりのものもあれば、継続的なものもありうる。買収後の一時期で、専門能力をすべて移転し尽くしたならば、最終的にその事業単位は売却すべきである。もはや株主価値を生み出せないからである。しかし、この点をわきまえている企業はほとんどなく、多くの企業が凡庸な業績に頭を悩ませるようになる。

参入事業を慎重に選んだうえで多角化すれば、さまざまな面でスキルを移転できるだろう。経営陣はそのための役割を自覚し、ふさわしい組織メカニズムをつくり出し、事業単位間の交流を促せば、専門能力を共有するチャンスはおのずと増える。

買収とスキルの社内開発を両輪にすることで、スキルの移転を企業戦略として実践できる。強力なスキル基盤を構築できれば、買収に頼ることなく、新規事業に参入する可能性も出てくるだろう。とはいえ、スキルの移転によって多角化に成功している企業は、参入する業界内の企業を買収し、これを足がかりとして、社内の専門能力を活かしながら事業を育てていくことが多い。こうすることで、新規事業参入のリスクをある程度軽減でき、参入プロセスを短縮することもできる。スキルの移転をてこに多角化を推し進めている企業の代表例は、３Ｍとペプシコである。

活動の共有

企業戦略の第四のコンセプトは、バリューチェーンにおける活動を複数の事業部間で共有することに基礎を置く。たとえば、プロクター・アンド・ギャンブル（P&G）は、ペーパータオルと紙おむつの両事業で、物流システムと営業部門を共有している。ヘルスケア製品の物流大手であるマッケソンは、薬品や酒類など、さまざまな製品を一つの超大型倉庫に集約させている。

活動を共有する能力は、企業戦略の有力な基盤といえる。コストダウンやさらなる差別化が図られ、その結果、競争優位が強化されることが少なくないからである。

ただし、活動の共有が必ずしも競争優位に結実するわけではない。さらに、メリットが生まれる可能性があっても、社内の強い抵抗に遭遇する場合もある。このような厳しい現実に直面すると、多くの企業は早々にシナジーを諦め、単純そうなポートフォリオマネジメントに引きこもってしまう。

活動を共有できればどのようなシナジーが期待できるかは、費用対効果を分析することで判断することができる。活動の共有によって規模の経済が実現し、設備の稼働率が高まり、学習曲線を駆け上がるスピードが加速されれば、間違いなくコストは削減されるであろう。

たとえばGEの場合、主要家電製品の宣伝、販売、アフターサービスといった活動にかかるコストが相対的に低い。これは、幅広い家電製品を扱いながらも、活動が共有されているからである。

また、活動の共有によって、差別化の可能性も高まる。たとえば、受注処理システムを共有すれば、顧客から喜ばれるサービスや仕様が実現するかもしれない。差別化のコストも下がる可能性がある。

たとえば、サービスネットワークを共有していれば、より高度な遠隔サービス技術も経済的に成立するだろう。活動を共有すると、往々にして活動そのものを全面的に再編し、競争優位を劇的に向上させることが可能なのだ。

活動を共有する場合、対象となる活動は何でもよいというわけではない。競争優位に貢献する活動が含まれていなければならない。P&Gの場合、ペーパータオル事業と紙おむつ事業にとって、流通システムはまさしくそのような存在である。というのも、どちらの製品もかさばるため、輸送コストが高いからである。対照的に、共有できそうな活動が間接部門しかないにもかかわらず、これを足がかりに多角化に乗り出してもうまくいかない。

言うまでもなく、活動の共有にもコストがかかるので、共有によるメリットがそのコストを上回らなければ意味がない。その際、共有された活動を管理するために、これまで以上に調整が必要になることを忘れてはならない。活動を共有するに当たっては、設計や活動のパフォーマンスの面において、ある程度の妥協を強いられることを覚悟しなければならない。一人の営業担当者が、事業単位の異なる二種類の製品を同時に担当する場合、一種類の製品だけを担当していた時とは異なるスタイルで営業しなければならない。このような妥協によって事業単位の効率が大きく損なわれるようであれば、活動を共有しても、競争優位は強化されるどころか、むしろ弱体化してしまうかもしれない。

活動を共有できる可能性について、きちんと把握している企業は少ない。それゆえ、規模の経済が得られるかどうかを十分検討せずに、いたずらに活動を統合してしまうケースが多い。

規模の経済が働かない活動の場合、調整コストが共有メリットを上回ってしまう。また、活動の共有に伴うコストを最小限に抑えられる場合でも、そのコストを事前に把握していないと、傷口が広がってしまう。

共有化した活動を改革することで、妥協で生じるコストを緩和できるケースはままある。たとえば、前述のように複数の事業単位で営業担当者を共有する場合、生産性を向上させ、これまで以上に顧客情報を提供するために、コンピュータの携帯端末を持たせることも考えられる。何の策もないまま複数の事業単位を横断させても、活動の共有で生じるコストを膨らませるだけである。

以上のような落とし穴があるとはいえ、活動を共有することで競争優位を獲得するチャンスは、技術の進歩や規制緩和、競争の拡大などのおかげで拡大している。実際、多くの業界でエレクトロニクスや情報システムが導入された結果、事業同士を関連付けるチャンスが増えている。

活動の共有という企業戦略は、企業買収にも新規事業の社内育成にも適用できる。たいていの場合、後者の可能性のほうが高い。なぜなら、持てる経営資源をそのまま活用できるからだ。また、新規事業を立ち上げるほうが、買収するよりも統合作業が容易である。あるいは、まず買収によって未経験業界への足がかりを築き、その後、自社の既存事業単位と活動を共有することで事業単位の統合を図ることもできる。

そのような多角化企業の好例として、P&G、デュポン、IBMが挙げられる。いずれの企業でも多角化を推し進めた分野を見ると、極めて緊密に関連し合った事業で構成されるクラスター（集積体）になっている。またマリオット・インターナショナルは、企業戦略として活動の共有を長期にわたって実践しているが、成功と失敗の両方を示す好例といえる（BOX5-3参照）。

活動の共有という企業戦略を推進するには、事業単位間のコラボレーションを奨励・強化する組織環境が必要になる。したがって、各事業単位の自律性が高いと、このような協力は難しい。そこで、私が「水平メカニズム」と呼ぶものを、さまざまな形で導入する必要がある。

- ◉コーポレートアイデンティティの全社的な浸透
- ◉各事業単位の戦略を統合させる重要性を強調したミッションステートメント
- ◉業績以外の結果に報いるインセンティブ制度
- ◉複数の事業単位を横断するタスクフォース
- ◉その他の統合手法

活動の共有に軸足を置いた企業戦略が、補強関係の判定基準をクリアしていることは言うまでもない。事業単位は他の事業単位から、目に見える形でメリットを継続的に享受できるからである。また、新規業界に参入する際の参入コストを削減できるため、参入コストの判定基準も満たしている。活動を共有するチャンスに乏しい買収の場合は、高い買収価格を提示してはならない。また、活動を共有する機会がどんなに豊富であっても、業界の魅力度の検討を軽んじてはならない。多角化を目指す企業の多くが、参入しようとする業界が自社によく適合していることをもって、業界の魅力度が高いと考えがちであるが、多角化を成功させるためには、業界の魅力度が高いことを厳密に確認し、そのうえで自社との適合性も高い多角化を目指さなくてはならない。

どのコンセプトを選択すべきか

企業戦略のコンセプトが違えば、株主価値を創造する手法も違ってくる。四つのコンセプトのどれを選んでも成功することは可能だが、そのためにはいくつかの要件をクリアしなければならない。

◉企業の役割と目標を具体的に定義する。
◉選択したコンセプトの遂行に必要なスキルを備える。
◉企業戦略と適合する形で、多角化された事業を管理できる組織体制を構築する。
◉自社にふさわしい資本市場の状況を見つける。

ポートフォリオマネジメントについては、限られた環境でしかうまくいかないという点に注意が必要である。

どのような企業戦略を選択するかは、その企業の過去の歴史にある程度左右される。ただし、魅力に乏しい業界で事業を行っているのであればゼロからスタートしなければならない。多角化によってスキルや活動の共有を図ろうとする場合でも、自社固有といえるスキルや活動がなければ、当面の多角化は、買収か新会社の設立によって進めなければならない。

また、企業戦略の選択は一発勝負ではなく、将来性のあるビジョンに基づいていなければならない。

長期的に望ましいコンセプトを選び、その出発点から現実的な歩みで前進していくべきである。

スキル移転と活動共有の有効性

今回の調査対象となった企業の過去一〇年間の戦略ロジックと経験を見ればわかるように、多角化によって生み出される株主価値は、企業戦略のコンセプトが一番目のポートフォリオマネジメントから四番目の活動の共有へと近づくにつれて増大している。スキルの移転や活動の共有といったコンセプトは、卓越した洞察力といったあやふやな前提に頼らなくてよい分、株主価値創造の方法として優れているといえる。

企業戦略の四つのコンセプトが、それぞれ排他的ではない点も、スキルの移転と活動の共有にはプラスに作用する。リストラクチャリングを進めながら、スキル移転や活動の共有を図ることができるからだ。さらに、活動の共有をコンセプトとした企業戦略は、各事業単位間でのスキルの移転が並行して行われれば、さらに強化される。実際、マリオットのケースからもわかるように、これら二つの企業戦略を同時に追求することは十分可能であり、そこにリストラクチャリングを部分的に組み合わせることもできる。

新規参入する業界を選択する際、スキルの移転や活動の共有を念頭に置くことで、業界構造を改革できる可能性を調べることができる。このように内部リレーションシップを前提とした企業戦略のほうが、不慣れな業界に参入して構造を改革する戦略よりも、株主価値を創造しやすい。

私の調査でも、スキルの移転や活動の共有をコンセプトとする企業戦略の健全性が証明されている。

調査対象企業の多角化に関するデータを見ると、多角化に成功した企業の重要な特徴がいくつか示されている。

まず、関連性に乏しい買収案件の割合が極端に低い。図表5-3の表題に使った「関連性に乏しい」という表現を言い換えれば、スキルの移転や活動の共有の可能性が明確には存在しないという意味にほかならない。3M、IBM、TRWオートモーティブなど、多角化に成功している企業を見ても、関連性に乏しい事業を買収してしまった場合には残念な結果に終わっている。

買収で成功している企業は、自社の既存事業の多くと関連する事業分野に狙いを絞って多角化を進めている。たとえばP&GとIBMは、それぞれ一八と一九の関連分野に進出しており、スキルの移転や活動の共有の機会を活用している。

また、買収で多くの成功を収めている企業を見ると、新会社の設立や合弁事業を、調査対象企業の平均以上に積極的に活用している。ほとんどの企業は買収以外の方法で新しい事業分野に参入することに消極的だが、この調査の結果からは、そのような従来からの思い込みに反して、新会社を設立して多角化を図るという手段はそれなりに有効であることが見て取れる。図表5-3を見ればわかるように、合弁事業は企業買収並みにリスクが高いが、新会社の設立のリスクははるかに低い。3M、P&G、ジョンソン・エンド・ジョンソン、IBM、ユナイテッド・テクノロジーズの例からも明らかなように、多角化に成功している企業は、新会社の設立という点でも優れた実績を残している。

新会社を自社の力だけで立ち上げる力があるならば、他社を買収して統合に伴う問題に煩わされるよりも、リスクもコストも少なくて済む。日本企業の多角化の歴史を見ても、新規分野への参入の方法として、新会社設立という選択肢が健全であることがわかる。

また、私の調査データは、いかに関連性の高い業界であっても、その業界構造が未熟だったり、戦略をうまく実行できなかった場合は、どのコンセプトを選択しても失敗することを指し示している。たとえば、ゼロックスは隣接業界の企業をいくつか買収したが、その構造は劣悪で、さらにスキル不足のために戦略の実行にまつわる問題を打ち消すほどの競争優位を確立できなかった。

企業戦略を選択するステップ

企業戦略の原理を多角化の成功に結び付けるには、まず自社の既存事業と、自社がその事業にもたらしている付加価値を客観的に見つめ直す必要がある。この作業を経て、初めて優れた企業戦略への理解が深まる。この理解を手がかりにしながら多角化を推し進め、新規事業を取捨選択する基準となるスキルや活動を開発していくべきである。

以下に、そのような見直しを行う際の具体的な手順を紹介する。企業戦略を選択するには、次のようなステップを踏むとよい。

(1) 事業間の関連性を確認する

まず、既存事業間でスキルを移転したり、活動を共有したりできるチャンスがあるかどうか、もれなく洗い出す必要がある。この作業を通じて、既存事業の競争優位を向上させる方法が見つかるだけでなく、多角化の道も見えてくる。既存事業間に関連性が見出せなかったとしても、それはそれで大切な発見である。事業を継続するために付加価値を提供するか、抜本的なリストラクチャリングの必要があるということに気づけるからだ。

(2) 基礎となるコア事業を選択する

多角化の成功は、企業戦略の基礎となるコア事業が何かを理解するところから始まる。コア事業は、次のような条件を備えなければならない。

◉魅力のある業界に属していること。
◉競争優位を持続できる可能性が高いこと。
◉他の事業との関連性が深く、多角化に不可欠なスキルや活動を提供する事業であること。

まずコア事業の足場を固めるべく、マネジメントを一新し、戦略を国際化し、技術を改善する必要がある。私の調査によれば、既存事業を地理的に拡大した場合、その手段が買収であろうと合弁事業であろうと、あるいは新会社の設立であろうと、多角化に比べると撤退率は極めて低い。

ノンコア事業については、辛抱強く整理していかなければならない。売却してしまえば、他に回せる資源が確保できる。ただし整理と一口に言っても、ただちに清算する場合もあれば、とりあえずは体裁を繕って、M&A市場の状況や買い手の登場を待たなければならない場合もあるだろう。

（3）組織をフラット化させてコア事業間の内部リレーションシップを深め、多角化の基礎を固める

事業単位間の内部リレーションシップを深めるために、たとえば事業単位間のコラボレーションの重要性を強調する、各事業単位を組織的にグループ化する、インセンティブ制度を変更する、コーポレートアイデンティティの強化を図る、といったことが考えられる。

（4）活動を共有できるような多角化のチャンスを追求する

多角化を成功させるには、三つの基準（業界の魅力度、参入コスト、補強関係）を満たすことが必要なのは当然だが、四つのコンセプトについて言えば、成功を左右する度合いが最も大きいのが活動の共有である。既存事業における活動の中から、最も効果的で共有しやすいものを洗い出す。それは、強力な流通チャネルだったり、世界屈指の研究開発施設だったりするかもしれない。それが新規事業の可能性を開く。その足がかりとして買収に打って出るのもよいだろう。また新会社を設立して、社内の能力を育て、ポストM&Aの問題を回避するという選択もある。

（5）活動を共有するチャンスが少ない場合、またはすでに共有し尽くしてしまっている場合には、スキルの移転による多角化を追求する

これは買収によって進めることもできるが、既存事業の中に簡単に移転できる重要なスキルがあるならば、新会社を設立するのもよい。

ただしこのような多角化を進める場合、成功条件が厳しくなり、リスクが高まるケースが少なくな

い。不確実性を考慮するなら、スキルの移転だけに頼った多角化は避けるべきである。スキルの移転は、活動の共有による多角化に踏み出すための最初の一歩と位置付けるべきだろう。

未経験の業界を選択するのであれば、おのずと他の事業へと展開されていくものを選ぶべきだ。関連性が深く、相互に強化し合うような事業単位のクラスター（集積）を構築することを目指すべきである。この場合、新分野進出による利益率については、目標を最初から高くしすぎてはならない。

(6) 経営陣に不振事業再建のスキルがあり、内部リレーションシップを生み出すチャンスが見当たらない場合は、リストラクチャリングを追求する

経営不振の企業を見つけて買収し、その再建に向けて経営能力と経営資源を送り込めるのであれば、リストラクチャリングを採用すべきである。とはいえ、資本市場が発達し、M＆A市場が活発化するにつれて、リストラクチャリングを選択する企業は、得がたいチャンスを慎重に探さなければならないようになる。「我先に」と慌てると貧乏くじを引くことになる。

リストラクチャリングは、ローズ・コーポレーションが実践したような半永久的な戦略へと発展する場合もあれば、別の企業戦略へと転換する際の下支えとなる事業グループを構築する手段となる場合もある。

(7) 株主がポートフォリオマネジメントに努めるように配当を出す

あやふやな根拠に基づいた多角化によって株主価値を毀損してしまうよりも、配当を厚くしたほう

がよい。配当をためらう理由として節税を言い訳にする企業があるが、収益力を維持しつつ多角化する能力がない場合、税金対策という理由は多角化の根拠としてはあまりに弱い。

目指す方向を定める

株主価値を創造するうえで、企業の方向性を打ち出すことは賢い方法といえる。しかるべき方向性を設定することで、各事業単位の努力をまとめ上げ、事業単位間の協力をより促すだけでなく、これを新規参入すべき事業を選択する時の指標にすることもできる。NECが打ち出した「C&C」という方向性は好例である。NECはコンピュータ、半導体、電気通信、家電といった事業を、「コンピュータ」と「コミュニケーション」を融合することで統合させたのである。

しかし概して、企業の方向性は安易なものになりがちである。たとえば、CBSは、「エンタテインメント企業」を目指して、余暇に関連した事業群から成るグループを立ち上げた。そして、玩具、手工芸、楽器、スポーツチーム、高級オーディオの販売といった分野に参入した。この方向性は一見まっとうだが、よく考えてみると空疎である。CBSが参入した各分野において、新規事業間だけでなく、CBSのコア事業である放送・レコード事業との間で活動を共有したり、スキルを移転したりするチャンスは皆無であった。結局、これらの事業はすべて売却され、かなりの損失を出したものも多かった。例外は出版関連部門だけである。たび重なる買収——私が調査した中でも最悪の部類に入る——が重荷となり、放送・レコード事業が稼ぎ出した株主価値は食い潰されてしまった。

競争戦略から企業戦略へという移行は、企業にすれば、言わばバミューダトライアングルを通過するくらいの冒険だろう。企業戦略が失敗する背景には、ほとんどのコングロマリットが「自分たちは、どのように付加価値を創造しているのか」という視点を失ってしまっている現実がある。

競争優位を実質的に強化する企業戦略こそ、乗っ取り屋への最善の備えとなる。多角化を成功させる三つの判定基準に十分注意を払い、覚悟を持って企業戦略における四つのコンセプトのいずれかを選択すれば、多角化は目に見えて改善されることだろう。

BOX 5-1 本章の議論のベースとなる調査について

我々は、無作為抽出した米国の大手コングロマリット三三社を対象に、一九五〇年から八六年までの多角化の変遷を追いかけてみた。第二次世界大戦による影響を排除するため、一九五〇年以降についての調査とし、当該企業が各事業に参入した年を確認した。

調査対象期間内に実施された企業買収、合弁事業、新会社の設立についてすべて追跡調査したところ、その合計は三七八八件であった。それらを未経験業界への新規参入、すでに参入している業界内の新規分野への進出、既存の製品やサービスの地理的な拡大の三つに分類した。また、新規分野が既存事業と関連性があるかないかも区別した。それから、参入事例一件一件について、いつ撤退あるいは閉鎖されたかを調べ、その事業を保有していた年数を算出した。

情報源として、各社のアニュアルリポート、フォーム10-K、ファンク・アンド・スコット（F&S）指標（ほぼ全業種の企業、製品、市場、技術に関する書誌情報の国際的データベース）、ムーディーズの資料などを利用する一方、足りない部分は我々独自の判断や、当該業界に関する一般的な知識などで補った。またわずかだが、対象企業に直接問い合わせた例もある。

ある参入事例が成功したか否かは、当初の買収金額、設立費用や利益の推移、その事業について継続的に投入された投資額とそのタイミング、減価償却の有無、売却価格や条件などがわからなければ判断しにくい。

そこで我々は、成否を測るうえで比較的単純な基準を採用した。つまり、新規参入した事業を撤退もしくは閉鎖したかどうかで判断した。特別な場合を除いて、当該事業が成功していれば撤退や閉鎖はないという前提を採用したのである。

これら三三社では、参入事業の大半が五年以内に撤退している。これは業績に失望した結果にほかならない。撤退に伴う損益が開示されているケースは比較的少ないが、撤退事例の半数以上で損失が財務諸表に計上されていた。

図表5-1は、調査期間である一九五〇年から八六年にかけての三三社の多角化戦略の全容を示しているが、図表5-2と図表5-3で示された撤退率は、調査期間全体の参入と撤退を比較しているわけではない。そうしてしまうと、多角化の成功を過大評価することになってしまうからである。一般的に、新規参入を果たした後、すぐさま撤退することはなく、し

ばらくは事業を継続させて成功のチャンスをうかがう。今回の調査データでは、平均的な保有期間は五～一〇年強だが、撤退事例では五年以下が大半であった。その点を考慮して、多角化の成否を正確に測定するために、一九八七年一月の段階で撤退もしくは閉鎖された事業のうち、一九七五年までに参入したものと一九八〇年までに参入したものについて、それぞれの比率を計算した。一九八一年以降の参入事例は対象から外した。これを含めてしまうと、撤退に向かっている事例までもが成功に区分されてしまうからである。

我々の調査データは、おそらく多角化の失敗率を過小評価している。新規参入は派手に喧伝されるが、撤退や閉鎖は発表されてもあまり目立たない。もちろん、撤退や閉鎖についてもできる限り把握しようと努めたが、それでもいくつかを見落としているのは間違いないだろう。新規参入についても漏れがあるかもしれないが、その数はそれほど多くないと思われる。

BOX 5-2｜英国のリストラ巧者——ハンソン・トラスト

ハンソン・トラストは、大手の英国企業へと成長する過程で、リストラクチャリングを巧みに活用した企業の一つである。ハンソンも多角化を推進するコングロマリットだが、一見するとポートフォリオマネジメント型のようだ。しかし実際にはハンソンは、他の一社か二社のコングロマリットと同様、より効果的な企業戦略を採用している。ハンソンはロンドン・ブリック、エバレディ・バッテリーズ、SCMなどの企業を買収しているが、いずれもロンドン金融界では、「ローテク企業」というレッテルを貼られ、あまり評価は高くない。

ハンソンは、成長が伸び悩んでいる成熟企業に狙いをつけるが、どの業界でもよいというわけではなく、業界構造が魅力的でなければならない。すなわち、顧客やサプライヤーの力が弱く、競争も比較的穏やかな業界である。

そこでハンソンが狙うのは、業界トップクラスに属し、しかも資産が潤沢であり、しかし経営がうまくない企業である。また、NPV（正味現在価値）を超える買収プレミアムを支払うことはほとんどない。さらに、改善の見込みのない事業は積極的に切り売りし、買収コストの引き下げを図る。こうして、買収コストの三分の一以上を、買収後半年で回収している。

たとえば、インペリアル・グループはロンドン市内に豪勢な不動産を保有していたが、一九八六年にハンソンの傘下に収まると、わずか二カ月後に売却されてしまった。ハンソンは同年、クーリッジ・ブリュワリーズをエルダースIXLに売却し、インペリアル・グループの買収にかかった二一億ポンドのうち一四億ポンドを回収してしまった。

リストラクチャリングに長けた企業同様、ハンソンもこれまでに積み上げてきた豊富な経験によって練り上げてきた手法でアプローチしている。

ハンソンが重視するのは、低コストと厳格な財務管理である。同社は企業を買収すると、人件費を平均二五％削減し、固定費化している間接費も削り、設備投資も引き締める。このような低コスト戦略をさらに強化するため、各部門のマネジャーを交えて年度予算を組む一方、業績連動報酬やストックオプションといったインセンティブを与えている。

今後もハンソンが、業績好転の結果が明らかになった事業は売却する、というリストラクチャリングの定石に忠実であり続けるかどうかはわからない。規模の拡大という誘惑に負ければ、不振に陥った米国のコングロマリットと同じ運命をたどることになるかもしれない。

BOX 5-3 マリオットの多角化戦略

マリオット・インターナショナルは、ワシントンDCにあったビアレストランにそのルーツがある。そこの客たちが空港に向かう際、食べ物をテイクアウトで注文することが多く、ここから機内食のケータリング事業に参入することになる。さらに、団体向けの給食サービスに進出する。その後、ファミリーレストラン事業へと領域を広げ、ついにはホテル業界に参入した。

いまや、レストラン、スナックバー、空港内の売店、高級レストランにまで手を広げている。さらに、ホテル事業から枝分かれして、クルーズ客船、テーマパーク、旅行代理店、格安モーテル、老人ホームなどのサービスも提供している。

マリオットの多角化は、外食ビジネスで培った豊かなスキルとホスピタリティの上に成り立っている。たとえば、マリオットの厨房では、六〇〇〇種以上のレシピに従って調理が行われている。ホテル内の業務プロセスも標準化され、詳細なマニュアルが用意されている。

マリオットでは、重要な活動の多くが事業単位間で共有されている。食品の調達や流通システムも共通で、九つの調達センターを通じてマリオットの全事業単位に食品が提供されている。この結果、マリオットは他のホテル会社に比べて五〇%も高い利益を食品サービスによって稼ぎ出している。また、不動産部門も統合されており、用地の取得やグループ傘下の物件の設計や建設に全社的な能力が活かされている。

マリオットの多角化戦略では、新会社の設立と企業買収のバランスが図られている。新規参入に当たっては、活動を共有するチャンスがどれくらいあるかによって、新会社の設立と買収を使い分ける。地理的な拡大を図る場合には他社を買収し、既存事業に適合しない部分は整理する。

そのような成功を収める一方で、新会社の設立もしくは買収による事業の三六%から撤退している。この数値は平均よりも高く、犯した失敗も際立っている。主に高級レストラン、テーマパーク、クルーズ客船、旅行代理店の分野で失敗している。最初の三つの事業については、一見類似しているものの、スキルの移転が難しいことがわかった。

高級レストランでは規格化されたメニューは役に立たない。テーマパークや豪華客船では、ホテルや中級レストランのような細部にわたる統制・管理よりも、エンタテインメントや派手さが成功のカギを握っていた。

最後の一つ、旅行代理店業は最初から見込みがなかった。マリオット系列のホテルにとって大事な顧客である他の旅行代理店と競合することになるうえに、付加価値の源泉である独自のスキルや活動を共有するチャンスもまったくなかったからである。

第2部

戦略・フィランソロピー・企業の社会的責任

STRATEGY, PHILANTHROPY, AND CORPORATE SOCIAL RESPONSIBILITY

第6章

フィランソロピーの新しい課題

PHILANTHROPY'S NEW AGENDA: CREATING VALUE

MICHAEL E. PORTER AND MARK R. KRAMER

｜初出｜
Harvard Business Review, November 1999.

｜共著者紹介｜
マーク R. クラマー（Mark R. Kramer）
ハーバード・ジョン F. ケネディ・スクール・オブ・ガバメント上級研究員。
フィランソロピーや CSR（企業の社会的責任）専門で
非営利のコンサルティング会社 FSG をマイケル E. ポーターとともに創設し、
マネージングディレクターを務める。

慈善団体という存在

過去二〇年間で米国の慈善財団の数は二倍に増え、所有する資産の価値は一二倍以上にまで増加した。いまや慈善財団は三三〇〇億ドルを超える資産を持ち、教育・人道・文化の分野のあらゆる団体に毎年二〇〇億ドルを超える寄付を行っている。米国以外で、フィランソロピー（企業の社会貢献活動）やボランティア活動がこれほど充実し、これほど広く行われていると胸を張れる国は世界のどこにもない。とはいえ、我々米国人は一つの社会として、これほどの注力に見合うだけの成果を達成しているだろうか。

慈善財団とは、財団に資金を寄付する個人と、その資金を使って財団が支援するさまざまな社会的事業との間を結ぶ仲介役である。しかし、財団の役割が受け身の中間業者、すなわち助成金を右から左へと動かすだけのパイプ役にすぎないとすれば、それは本来果たせるはずの役割のほんの一部であり、社会が財団に抱く大きな期待にほとんど応えていないことになる。

慈善財団は社会の進歩の旗振り役になれるし、そうなるべきである。稀少な資源を、個人の寄付者よりも、政府よりも、有効に活用できる可能性を秘めている。財団は政治的圧力を受けないため、政府にはけっして持てない独立性を保ったまま社会問題の新しい解決方法を探ることができる。また個人の寄付者と比べれば、規模も大きく取り組みの時間軸も長いうえ、組織運営もその道のプロが行っているのだから、より効果的に社会に恩恵をもたらせるはずだ。

しかしながら、慈善財団がその潜在能力を十分に発揮しているかどうかは疑問の余地がある。自分たちの自由になる資源をどのように使えば社会に最大の価値を生み出せるのか、戦略的に考えている財団はそれほど多くない。結果を評価する取り組みもほとんど行われていない。それどころか、慈善という使命にとっては結果の評価など無関係だ、と考えていることさえ多いのである。

二一世紀においても慈善財団が存在し続け、活躍したいのであれば、このような考え方と行動は変えなければならない。たしかに財団を生み出すのは私人の厚志だ。しかし直接寄付する場合と比べ、財団への寄付は税制面で大幅な優遇措置を与えられているのもまた事実である。であれば、個人が財団へ寄付する時、その寄付金は大きな境界線を越えたことになる。なぜなら、そのお金の一部は、ある意味で我々全員のものだからである。我々が財団に、支出する金額以上の社会的インパクトを実現してほしいと期待する理由もそこにある。財団には社会にとって真の価値を生み出してほしいと願うのである。

慈善財団はすぐにでもこの難題に対処しなければならない。財団の数とその資金力は劇的に増えているにもかかわらず、社会問題の解決に使える資源はかつてないほど稀少になっている。その限られた資源を最大限に有効活用することにはとてつもない社会的価値があり、財団はそれに適した独特の存在なのである。しかし、財団の創設者と理事とスタッフが、彼らのすべきこととその方法についてもう一度考え直そうとしない限り、財団にそのような役割は果たせない。ただ善行をするという昔ながらの方針に満足し、戦略的に成果を高めようとしていない財団があまりにも多すぎる。いまこそ新しい課題——本気で価値を創造するための課題——に取り組むべき時である。

価値創造という義務

個人が社会的事業にお金を寄付すると、寄付金のすべては社会的利益を生み出す仕事に使われる。一方、個人が慈善財団にお金を寄付すると、寄付金のほとんどは表舞台に出ない〝縁の下の力持ち〟になる。財団が慈善のために一年間に寄付する金額は、平均すると財団の資産のわずか五・五％である。法律で定められた最低ラインの五％をわずかに上回る数値だ。残りは社会的利益のためでなく金銭的利益を得るために投資される（慈善活動の助成に使われるのは、財団の投資ポートフォリオのわずか〇・〇一％である）。それゆえ、財団が現在保有する三三〇〇億ドルの大半は、未来の社会的利益を意味している。そのお金が最終的に助成された時に初めて実現する社会的利益である。

我々はふだん、慈善事業に直接寄付することと、財団を通して寄付することの違いをあらためて考えることはほとんどないが、その違いは驚くほど大きい。個人がどこかの慈善事業に一〇〇ドルを寄付した場合、国家は約四〇ドルの税収を失うが、その慈善事業は一〇〇ドルを手に入れ、それを社会に役立てるために使う。したがって、即座に実現される社会的利益は失われた税収の二五〇％になる。一方、一〇〇ドルを財団に寄付した場合、国家が失う税収は四〇ドルで変わらないが、即座に実現される社会的利益はその慈善財団が一年ごとに寄付する五・五ドルにすぎない。すなわち失われた税収の一四％未満である。

もちろん、その慈善財団は元となる寄付金の五・五％をその後も長い年月にわたり助成し続ける。

そうは言っても、それだけの金額を使わずに取っておくことで、やはり相当のコストが生じる。たとえば割引率を一〇％とすると、この財団が今後五年間で社会に貢献する累計額の現在価値はわずか二一ドルである。今後一〇〇年間で考えてもやはり五五ドルにしかならない。最初の一年で慈善事業に直接一〇〇ドル寄付した場合と比べてみてほしい。

一国全体で考えると、たとえ割引率をいくらに設定しようとも、先延ばしされた社会的利益のために我々が前払いするという事実は変わらない。寄付金は、実際に使われるわずかな一部分ではなく、すべてが優遇税制の恩恵を受ける。しかも、財団は保有資産の価値上昇分にもほとんど課税されないため、失われる税収はさらに大きくなる。株式市場が好調だったこの一〇年間、財団が社会的事業に一ドル寄付するごとに、米国政府は七五セントの税収を失った計算になる。

そのうえ、財団を経由した寄付行為には二重の余分なコストがかかる。第一に、財団にはみずからの運営費がかかり、その総額は年間二〇億～三〇億ドルと推計される。第二に、財団が要求する助成申請手続きや報告手続きは微に入り細に入り時間がかかることがあり、助成を受ける側は重い事務負担を押し付けられる。こうした負担は現実問題として非常に大きい。

すなわち、財団というのは、社会的事業に資金を提供する手段としては高コストな方法なのだ。財団には免除された税額と自身の運営費を上回る価値を社会にもたらすことはできない、と言いたいわけではない。彼らにはそれができる。また、もし税金免除がなければ政府がその税収を財団に劣らず有効利用しただろうとか、財団と同じ慈善目的に使ったはずだと言いたいわけでもない。ここで言いたいのは、一国として我々は財団を通じたフィランソロピーに相当の投資をしているという点だ。その規模を考えれば、財団が果たすべき役割をきちんと果たしているか問うだけの価値は十分にある。

では、慈善財団がその高コストを十分に埋め合わせるほど社会に与える影響を増すにはどうすればよいのだろうか。最高にうまくいけば、財団は善意の情熱やお金より大きなものを社会問題の解決に向けて提供することができる。永続的な資産基盤があるということは、社会問題に立ち向かい、得意分野で専門性を高めるのにふさわしい長期的な時間軸を持てることを意味する。それゆえ、同じ金額でも、個人による寄付や政府支出よりも財団を通したほうが大きな社会的インパクトを実現できる可能性があるのだ。我々があえて財団に「価値創造すべし」と要求するのは、そのような意図からである。

助成によって社会的利益を生む四つの方法

圧倒的多数の慈善財団は、助成先という他者を通してその役目を果たしている（ごく少数の事業財団だけがみずから社会的サービスを提供している）。助成型の財団は、支援する組織から社会的利益を買っているのである。だが、個人や政府も含めて誰であろうと、同じ金額を出せば財団と同じ社会的利益を買うことができる。したがって、財団が価値を創造したといえるのは、その活動を通して助成金の購買力だけでは得られない社会的利益を生み出した時である。それを実現するためには四つの方法がある。最初の二つは比較的よく知られているが、組織的に行われるケースはめったにない。後の二つははるかに大きな力を持つが、はるかに知られていない。四つの方法のいずれでも価値創造はできるが、社会に与える影響の大きさには明確な順位がある。後で紹介する方法ほど財団に特有の長所――資源、専門性、独立性、長期的時間軸――がより大きく活かされている。これは、〝誰のために行うか〟という対象が「個別の助成先」から「社会全体のために」と移ってくるからだ（図表6－1参照）。

最もふさわしい助成先を選ぶ

この価値創造の方法は単純明快だ。ビジネスの世界で投資アドバイザーが果たす役割と同じように、財団はみずからの専門知識を活かして、最もコスト効率のよい組織、または喫緊の課題や見逃されている問題に取り組む組織に資金提供することで、社会にとって最も有効な使い方がなされるよう資源を割り当てればよい。たとえば、高校中退率を下げるためのプログラムに助成を求める組織は多数あるが、財団はその中から最も成果を上げている組織を選ぶのだ。そうすれば、提供した資金が社会にもたらすリターンは、専門知識をあまり持たない個人寄付者の寄付金よりも高くなるだろう。このように行えば、助成先の選択と資金の提供それ自体が価値を生む源泉となる。

ほとんどの財団は助成先の評価と選別を主要な任務だと理解しているが、資源割り当てによるリターンを将来に向けて高めていくため、みずからの成果までも組織的に評価している財団はほとんどない。ここで注目すべき例外の一つがコロラド・トラストだ。「利用しやすく手頃な価格の医療」と「家族の強化」という二つの分野に特化した慈善財団である。

コロラド・トラストは助成先の選別プロセスを改善することに並々ならぬ力を注いでいる。結果を

図表6-1 | 財団が価値を創造する4つの方法

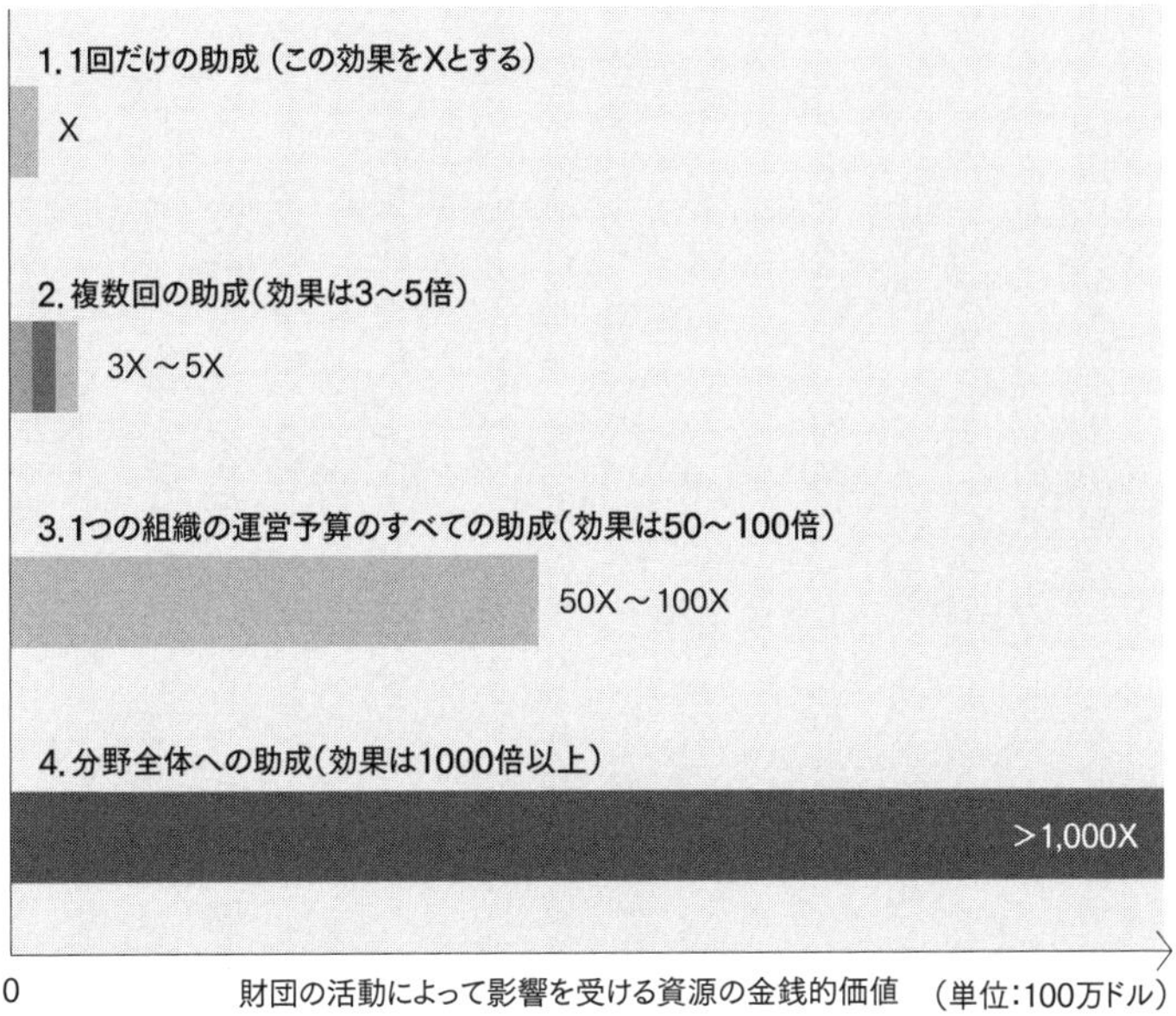

1. **最もふさわしい助成先を選ぶ**
資金1単位当たりで見ると、財団の助成金がもたらす社会的リターンのほうが、専門知識をあまり持たない個人寄付者の寄付金によるリターンよりも高いだろう。

2. **他の資金提供者にシグナリングする**
他の資金提供者を引き込めば、財団は慈善目的資金を拡充でき、リターン効率を高めることができる。

3. **助成先の組織能力を高める**
助成先の組織能力を高めることを助ければ、組織の効率が改善され、結果としてその助成先が使う資金すべてのリターンが高まる。

4. **知識と実践を前進させる**
効果的に社会問題を解決できる方法を生み出すという課題設定型の取り組みは、慈善事業の資金であれ、政府の資金であれ、その他の組織の資金であれ、当該分野で使われるすべての資金の生産性を高める。

後に紹介する方法のほうが直前の方法よりも、慈善財団に特有の長所を活かしている。これは、影響を受ける資源の総量が「1回の助成」から「特定の分野全体」へと大きくなるためだ。

分析し、得られた知見を次回以降の意思決定に反映させているのだ。助成したすべての案件について、助成先のパフォーマンスだけでなく、同トラスト自身の効率性についても評価を行っている。しっかりとした前提に基づいてその案件に対する方針を決めたか。助成先の選別基準はどれほど優れていたか。――こうした問いかけを組織的に行うことで、同トラストは一連の助成を繰り返すごとに、みずからの効率性を改善しようと努力している。

他の資金提供者にシグナルを発する

価値創造の二つ目の方法は、一つ目の方法を論理的に発展させたものだ。ある財団が慈善事業の評価と選別に長けていれば、他の寄付者（とりわけ当該分野の知識に乏しい寄付者）に知識を与えて効果的な寄付を促すことによって、みずからが生み出す価値をさらに大きくすることができる。このようなシグナリングによって、より多くの慈善目的の資金が生まれ、より高いリターン効率を実現できるのである。

マッチング・グラント（資金提供者と同額を寄付する）を提供することで他の資金提供者を引き入れるのもシグナリングの一つだが、ほとんど活用されておらず、助成額全体の四％に留まっている。マッチング・グラントを越えて、慈善財団は助成先がより多くの資金を得られるよう手助けしたり、他の資金提供者に対して助成先の選び方を改善する方法を教えたりすることができる。しかし、慈善財団の世界では独立独歩の文化が浸透しており、それが組織的学習の障壁となり、財団のパフォーマンス改善を阻害している。

助成先のパフォーマンスを改善する

慈善財団は、助成先にただ資金を提供するだけでなく、全面的に関わるパートナーとしての役割を担い、その結果として助成先の組織能力が高まれば、より大きな価値を創造できることになる。そのようにして生み出された価値は、一回限りの助成とは比べものにならない影響力を持つ。助成を受けた団体のすべての行為について、その社会的インパクトが高まるし、助成先同士が積極的に学び合うことによって、他の団体の組織能力も高められるからだ。

助成先の能力全般に影響を及ぼすことが重要な理由は、財団からの助成が非営利セクターの全収入に占める割合が三％程度にすぎないからだ。財団は、助成先の能力を高める手助けをすることで、社会的生産性向上のために、そのわずかなシェアよりも大きな影響力を及ぼすことができる。だからこそ、助成先と直に接して一緒に彼らの能力を高めることができれば、助成先を選別したり、他の資金提供者にシグナリングするよりも、効果的に稀少資源を活用できる。

非営利団体はたしかに社会貢献度で競争してはいるが、サービス提供における最終損益を評価するという規律は持っていない。そのため、自分たちの能力を評価し、管理しようという強いインセンティブを持たない。慈善財団はそのような姿勢を非営利団体に求めるだけでなく、みずからの客観的立場を活かし、また組織内外の専門知識も利用して、助成先の弱点を見つけて改善する手助けもできる。

ここで、デイビッド・アンド・ルシール・パッカード財団の例を見てみよう。同財団は非営利団体の経営、企画、組織改革、人材育成を支援するため毎年一二〇〇万ドルを助成している。たとえば、ある環境保護団体への助成は、マーケティングと資金調達のスキルを向上させるために使われた。非営利団体である「砂漠と海洋の研究のための多文化センター」（CEDO）は、カリフォルニア州の砂漠と北部湾岸地域の持続可能な利用を促進するメキシコと米国の共同事業だ。CEDOは同地域に人々の関心を集め、観光客を増やすことには成功したが、観光客増加を利益に変えるマーケティングの専門的スキルに欠けていた。そこでパッカード財団がマーケティングコンサルタントの雇用費用を提供し、観光客をCEDOの会員にする方法を伝授させた。その結果、継続的にCEDOに流れ込むことになった収益は、パッカード財団の寄付した五万ドルをはるかに上回った。

ベンチャーキャピタリストのエド・コーエンが創設したエコーイング・グリーン財団はさらに幅広く、非営利セクター全体の能力向上のために毎年一四〇万ドルを助成している。同財団は社会起業家、すなわち社会変革の触媒の役割を果たそうという意欲とビジョンを持つ個人に投資する。公共サービスのリーダーが集まり、互いの経験や知識、熱意を分かち合うコミュニティの構築を目指しているのだ。いままでに同財団が資金提供した三〇〇人を超える仲間たちは、自分自身のプロジェクトを推進するだけなく、互いに交流してベストプラクティスを伝え合っている。彼らが得た教訓は文書化され、資金提供を受けた仲間全員に配布され、また一般にも公開される。

このような経営スキル向上への支援だけでなく、財団が非営利団体を支援する方法は非常に多彩である。組織運営に全面的に関与するパートナーとなり、助言や経営支援をしたり、専門的サービス企業や政治力を利用できるようにしたり、その他にも現金とは異なる経営資源を数多く提供することができる。助成先の能力を高めようとすれば、彼らとの密接な協力が欠かせない場合が多い。また、長期間にわたって関係を維持しようという意欲も必要になる。財団ならその両方を実現できる。

一例を挙げると、カリフォルニア州サンマテオのチャールズ・アンド・ヘレン・シュワブ・ファミリー財団は一九九八年秋、ペンシルバニア・コミュニティ財団およびソブラト財団とともに、期間二年、予算二〇〇万ドルの新構想に着手した。助成先となるのは家族向けサービスを提供する地元の一六機関で、彼らの組織運営と成長の内部問題を解決しようというプロジェクトだった。プロジェクトが続く限り、財団スタッフは八週間ごとに一六すべての機関のトップと面談する。問題に適切に対処するため、テーマによっては経営の専門家も面談に加わった。こうしたグループ討論の結果、三つの助成先が経営効率化のために合併したほうがよいと決断するに至り、財団スタッフはその合併の実現まで密接に協力した。また、テクノロジー管理が大きな問題の一つであると判明したため、三財団はいくつかの機関について技術面のニーズを調べて資金を提供した。

その分野における知識や慣行を前進させる

慈善財団が最も大きな価値を創造できるのは、それまでより効果的に社会問題を解決できる方法を生み出す研究や研究プロジェクトの体系的進歩に資金提供した場合だ。最もうまくいけば、それ以降の当該分野の活動を全面的に変えるような新しい枠組みを生み出し、あらゆる資金――出所が慈善家だろうが政府だろうがその他の組織だろうが――の生産性を高めることさえ可能だ。

財団は一つの分野を徹底的に掘り下げて研究するのに適した独特の位置にいる。解決すべき新たな問題を提唱し、大衆の感情と政府の政策の両方を動かすことができる。たとえば「緑の革命」の原点となったのは、一九五〇年代後期から一九六〇年代初頭にかけてフォード財団とロックフェラー財団が共同で資金提供した研究だ。世界的な飢餓と人口増加を憂慮した両財団が研究機関を設立し、単位面積当たりの収穫量が二倍ないし三倍となるような新品種の麦と米を開発した。

それから六年足らずのうちに、インドでは米の生産量が倍増し、かつては麦の輸入国だったメキシコは輸出国となった。ナイジェリアとコロンビアは両財団の研究を手本に、それぞれ独自の研究機関を設立した。ロックフェラー財団はその後、彼らの研究結果を発展途上国二八カ国の組織に伝えた。すべてを合わせれば、両財団がもたらした知見により、世界で最も貧しい何千万人もの人々が恩恵を受けたのである。

カーネギー財団による研究も、同じような強烈なインパクトを過去九五年以上にわたり米国の教育に与えてきた。一九〇四年、カーネギー財団は医学教育の現状に関するエイブラハム・フレクスナーの研究に資金提供し、この研究によって米国の医学教育全般に標準というものが欠如している実態が明らかになった。この研究が米国の医学教育を劇的に変えたのである。同研究に続く二〇年間で全米の医学校のおよそ半数が閉鎖され、フレクスナーの提案した医学カリキュラムはいまでも米国中の医学教育の土台になっている。

カーネギー財団はその後も教育分野で何百もの研究に資金提供した。最初は他の専門教育の分野、たとえば法律や工学、経営学などだった。助成を受けた研究はそれぞれの分野で標準化された新しい教育モデルの普及に影響を与えた。

一九六七年、カーネギー高等教育委員会は大学の学部で教えるべき一般教養の基準を設置し、現在でもほとんどの大学がこれに従っている。さらにカーネギー財団はテストの標準化を研究・促進し、ニュージャージー州プリンストンに本部を置く「教育試験サービス」(ETS)の設立にも関与した。

この種の働き――知的ブレークスルーの追求や実験的プロジェクトの実施に留まるのではなく、現実の成果として結実するまでやり遂げる――こそ、我々が黎明期の慈善財団から連想する役割である。現在でも一部の財団はこうした大きなインパクトをもたらす可能性のある活動を行っている。たとえばピュー慈善財団は、地球温暖化の研究と大衆教育、国際交渉の調整を目的とする「地球規模の気候変動に関するピュー・センター」を立ち上げた。

政府による社会活動への資金提供は細りつつあるが、財団には社会に役立つ知識と実践の現状を前に進めることで、とてつもない価値を創造できる可能性がまだ残されている。残念ながら、その道を選ぶ財団は少ない。

慈善財団にも戦略が必要である

ここまでに紹介した価値創造の四つの方法(助成先を選ぶ、他者にシグナリングする、助成先の能力を高める、新しいアイデアを生み出して広める)は、実践の場において相互に補強し合い、メリットが累積していく。社会的事業者の能力を高め、新しい知識を生み出し、多くの一般大衆と民間部門の取り組みに影響を与えられる財団が増えれば増えるほど、財団の社会的影響力も高まっていく。

しかし、四つの方法いずれを採ろうとも、価値を創造するには本物の戦略が必要になる。残念ながら「戦略」という言葉は、慈善財団の世界であまりにも使われすぎたため、いまではほぼ意味を持たなくなってしまった。「戦略的寄付」はいまや、何らかの目的を念頭に置く寄付のほぼすべてを指すようになった。財団に関する「戦略」という言葉が、ビジネス界で使われる「戦略」のように独自の意味を持ち、組織活動のあらゆる側面を規定する一つの規律として使われることは、めったにない。

ビジネス界で企業戦略といえば、特定のニーズの組み合わせを競合他社より適切に満たし、顧客価値を創造する具体的方法について説明するものである。企業は競合と同じ価値をより低コストで生み出すか、もしくは競合と同等のコストでより大きな価値を生み出すか、どちらかを実現しなければならない。それを実現できるのは、独自のポジショニングを確保するか、自社が提供すると決めた価値の種類に合わせた独特の競争手段を確保できた場合だけである（戦略の基本についての詳細は本書第2章参照）。

フィランソロピーの目的はビジネスとは違うかもしれないが、その基底を成す戦略の考え方は同じである。企業のように市場で競争するのではなく、財団は寄付金という稀少資源を使ってみずからの潜在能力を最大限に発揮し、いかに社会貢献するかという事業を営んでいる。より少ない資金で同等の社会貢献ができた時、または同等の資金でより大きな社会貢献ができた時、財団は価値を創造したといえる。

ビジネスであろうとフィランソロピーであろうと、戦略とは次の四つの原則を守ることである。

特定分野での成果を目指す

慈善財団が「優れた成果」を達成するとは、その活動、投資、および助成を総合して考えた時、費やした資金一単位当たりの社会的インパクトが、同じ目的を掲げた他のどの組織よりも大きいということだ。慈善団体にとって、優れた成果を目指すということは、組織を強化拡大することでも、他の財団との間のゼロサム競争に勝つことでもない。それは、社会に対する財団の総合的な貢献度を最善の方法で高めるということである。

もちろん実際には、同一条件で財団同士の成果を正確に比較する方法を見つけるのは難しい。だからといって、財団が優れた成果を目標に掲げることを諦めてよいという理由にはならない。最低限、みずからの成果を時系列で比較して、継続的な向上を目指すことはできる。たとえばユーイング・マリオン・カウフマン財団は、同財団の青少年育成部門の最優先課題を高校中退率の引き下げに設定している。一〇年の間、実験を繰り返しては慎重に吟味を続けた結果、同財団は問題への取り組み方を根本的に見直した。というのも、直接的な教育改革よりも、地域コミュニティと連携し、面倒見のよい大人が参加するほうが効果的だとわかったからだ。結果として同財団は助成先を変え、同じ金額でより大きな結果を残すことができた。すなわち「優れた成果」を達成したのである。

また、慈善財団はみずからを評価する手段として、助成先組織のパフォーマンスも考慮すべきである。このような考え方はいまのところ一般的ではない。とはいえ、資金提供を行う財団が価値創造できるのは他者を通してのみなのだから、資金提供先の出来不出来に対する責任を負うべきである。財団として成功したといえるには、助成先組織のリストを一つの集団と見なした時、常にその集団が平均を上回る成果を上げている必要がある。もちろん、すべての助成が成功するわけではないだろう。

進歩するには通常、計算済みのリスクを負う必要があるからだ。とはいえ、助成金一単位当たりの社会的成果を優れたものにすることを目指すべきである。

まず最初の一歩として、優れた成果を上げるというのは極めてまっとうな目標であると受け入れることが大切だ。その次は結果を吟味し、学んだことに基づいて行動しなければならない。

独自のポジショニングを選ぶ

すべての人のために、あらゆるものになろうとする組織は、けっして優れた成果を上げることはできない。戦略の出発点となるのは、慈善財団として取り組む社会問題の数に上限を設けることだ。各財団はそれぞれ、社会の「どこ」に「どのような」影響を与えたいのかを決めなくてはならない。

ここで、スイスの慈善活動家ステファン・シュミットハイニーが一九九三年に設立したアヴィナ財団を例に取ろう。同財団は環境分野で活動している。その分野こそ、影響力を与えたい場所なのだ。とはいえ、資金提供先の分野を一つか二つに絞ることと戦略を持つことは同じではない。環境分野の仕事にも幅広い種類がある中で、アヴィナは「南米の持続的開発」という狭い範囲に目標を絞っている。持続的開発の促進にも多種多様なやり方があるが、アヴィナは「環境にやさしいビジネス慣行の奨励」というやり方を選んだ。したがってアヴィナは、ポジショニングの二つの側面――「どこ」に「どのような」影響を与えたいのか――の両方ともが非常に明確である。

慈善活動が最大の成果を上げるのは、動機付けられ、知識を持ち、情熱のある人々が自分の大事に思う問題について取り組む時である。したがって、正しいポジショニングをするには、財団は自分たちの文化を理解することが必要になる。文化とは、その財団の価値観であり、歴史であり、多くの場合は設立時の資金拠出者や現在の理事たちにとっての優先事項も含まれる。結局のところ、ポジショニングとは次のような問いに対する答えということができる。すなわち、「この財団の文化、情熱、専門性、資源について我々の知ること、そして他の財団の成し遂げたことや、いまやっていることについて我々の知ること、さらには我々が解決したいと願う問題について我々の知ること、これらすべてを前提とした時、ではどうすれば我々の財団は最大の価値を創造できるのだろうか」という問いかけである。

ここでもう一度、チャールズ・アンド・ヘレン・シュワブ・ファミリー財団を例に取ろう。同財団は、個人や家族向けに福祉サービスを提供する組織の能力と経営力を強化する、というポジショニングをしている。そのような影響の与え方を選んだ背景には、健全経営の大切さを重視する理事の価値観もあるが、より大きいのは財団スタッフがこの分野を調査し、そのような支援をしている財団がほぼ皆無だと知ったことだ。ポジショニングとはこのように、機会、強み、弱点の現実的な評価と、個人の価値観との両方を反映している。

戦略の基盤は独自の活動である

次に、財団の主たる活動のすべてをポジショニングに合わせて調整しなければならない。助成先の選別方法、助成案件の規模と組み合わせと期間、財団スタッフおよび理事会の構成と役割、金銭以外の支援の種類、評価と報告の手続き——これらすべてを調整するのである。

たとえば教育分野の財団、カリフォルニア州オークランドのフィランソロピック・ベンチャーズ財団（ＰＶＦ）は、草の根レベルの助成に特化している。

一九九五年、ＰＶＦは「教師に必要なものを寄付しよう」というプログラムを立ち上げた。教育という巨大な分野で活動するに当たり、小規模なＰＶＦはみずからの小さなサイズにふさわしい特別なポジショニングを選んだのである。ＰＶＦは、高価ではないが強いニーズのある教材を地元の教師に提供している。教師が必要とする時にすぐさま入手できないと無価値になってしまうような教材である。

ＰＶＦは六〇〇〇人を超える教師に向けて、教材や校外学習、または教師用研修の費用として一五〇〇ドルまでの助成ができると知らせた（一年間の実体験の後、ＰＶＦは一回当たりの助成の上限を五〇〇ドルに引き下げた）。地元の教師たちはこの制度を「ファックス助成制度」と呼んでいる。同財団は助成申請をファックスで受け付け、受信から一時間以内に可否を返信し、二四時間以内に小切手で助成金を届けるからだ。

「教材や資金が不足気味の教師を助ける」というポジショニングをしたＰＶＦは、数千もの少額の助成を行うに当たり、〝事務書類なし〟というルールを生み出した。時間のかかる助成申請から教師を解放したのである。自分たちが選んだ領域では、助成申請の受領、審査、検討、入金にまつわる細かい手続きは不要だと気づいたのである。

ＰＶＦは、価値を生み出すためにみずからの活動内容を戦略に合わせて調整した財団の完璧な例である。他にはないやり方、その財団が実現したいことに密接に結び付いた独自のやり方をして初めて、同じ助成金でより大きなインパクトを生み出すことができ、助成先により大きな成果を上げさせることができる。戦略に合わせてみずからの活動を調整するというのは、その財団ならではの強みを組織化し、補強する手段である。

トレードオフを伴うポジショニング

慈善財団が優れた成果を上げるためにある分野を選び、ある方法を選んだなら、それ以外の分野や方法を手放す必要がある。「手を出さないことを決める」という視点は、財団に戦略があるかどうかを判定するリトマス試験紙である——それは財団に限らず、あらゆる組織についていえる。

PVFにとってそれは、教育分野で多数の魅力的なチャンスを断ることを意味する。モデルとなる制度を生み出したり、いままでにない教師研修や、公共政策に影響を与えることさえできそうな一点集中型の巨額助成や、数年がかりの新構想に対して首を縦に振らないということである。そうした助成をするには、資金提供の配分方法を変えるだけでなく、調査と審理のためにスタッフの人員配置や財団の運営スタイルも変える必要が生じるだろう。どちらの助成のほうが価値が高いかという問題ではない。ポジショニングには常にトレードオフが存在する、という話である。

戦略につきもののこの点は、とりわけ財団にとって戦略を持つことを難しくしている。助けを求めてくる組織は多く、どんな助成であれ何らかの役には立つように思えるし、結果に対する責任を問われることもほとんどない。財団の理事や同僚からの頼みを聞いてあげたいというプレッシャーに抗うのも容易ではない。一つの分野に絞って事業を開始した財団でさえ、気がつけば他の多くの分野に引きずり込まれているものだ。だが、優れた成果を上げることを目標とするのであれば、トレードオフは避けられない現実である。

慈善財団の活動の実態

これまでのところ、慈善財団の取り組みの現状や財団による助成の成果について、包括的な調査研究は行われていない。しかし、入手できたデータを見る限り、我々の提唱するやり方とはほど遠い財団の現状が浮かび上がる。戦略には集中が必要だが、財団は概してみずからの資源――人的資源と資金の両方――をあまりにも広く薄く拡散しすぎている。断片化した助成を数多く行うことが常態化し、個々の助成要請の対応に常に追われているため、財団の専門性を高めたり、助成先に手を貸したり、社会問題を徹底的に調査したりする時間はほとんどない。財団スタッフは苛酷な助成作業のサイクルに絡め取られ、次の理事会までに未決の助成申請の報告書を書き上げる時間を捻出するのがやっとである（**図表6-2**参照）。

手を広げすぎ

たとえば平均的な慈善財団は、相互に無関係な異なる一〇の分野に毎年助成をしている。ここで言う「分野」は教育や医療など、大きなくくり方をしているにもかかわらずである。助成金の七五％以上を一つの分野だけに集中している財団は九％に満たず、助成金の九〇％超を一分野に集中している

図表6-2 財団の資源の分散状況（多すぎる分野、手薄なスタッフ、多数の少額助成）

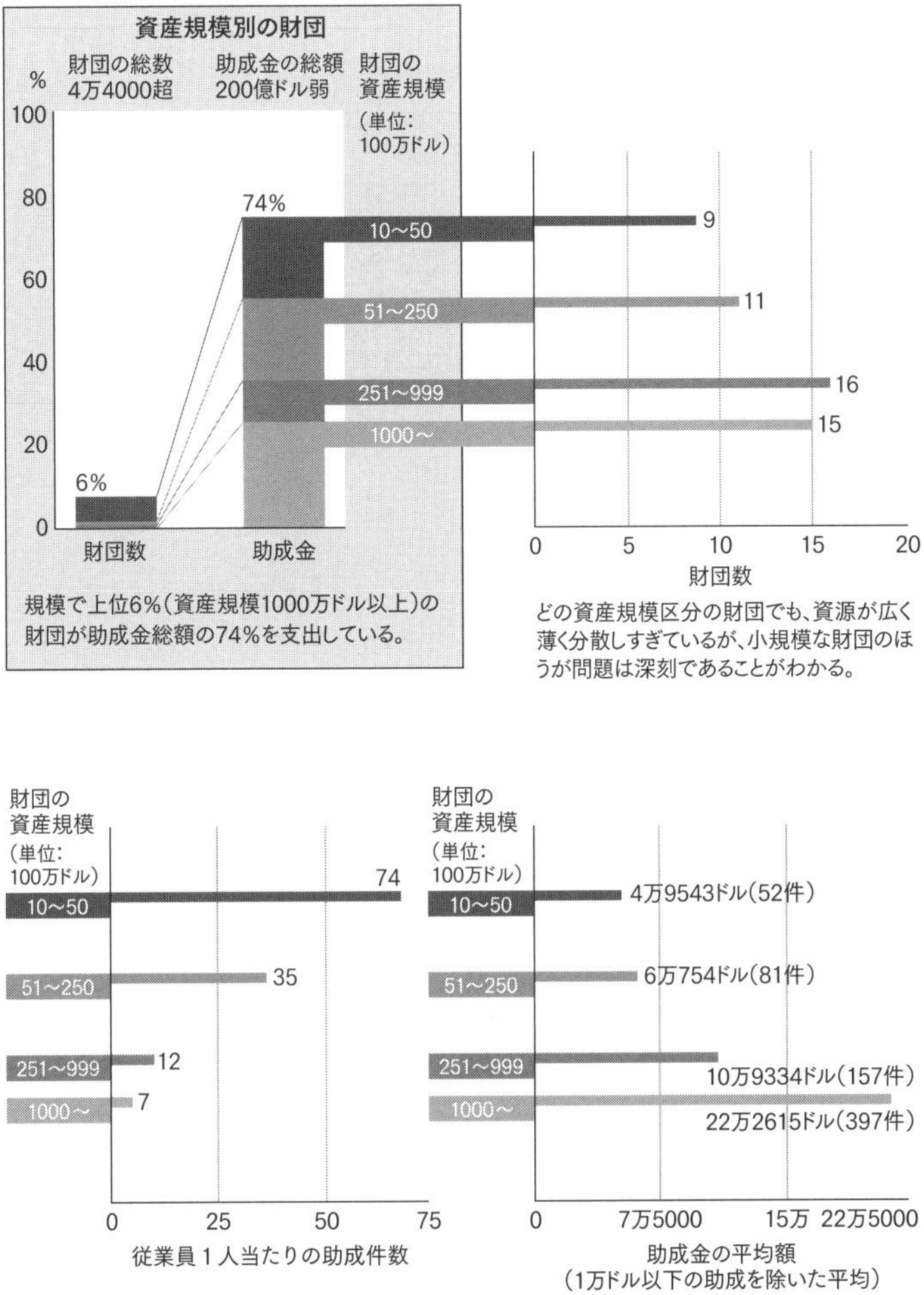

規模で上位6%（資産規模1000万ドル以上）の財団が助成金総額の74%を支出している。
どの資産規模区分の財団でも、資源が広く薄く分散しすぎているが、小規模な財団のほうが問題は深刻であることがわかる。

出所：The Foundation Center. 1997年に総額100万ドル以上の助成を行った財団から選ばれたサンプル1000財団の実態に基づくデータ。1件1万ドルに満たない助成は除外した。

財団はわずか五％だ。このような拡散型の助成は、明快な戦略に基づくポジショニングとは相容れない。

データからも、多くの財団が、せっかく独自の価値創造ができるのにその強みを活用していないことが見て取れる。資産規模が一〇億ドルを超える最大級の財団だけを見ても、専門職員は一人当たりおよそ七件の助成を一年間に扱っている（そしてその一〇〇倍にも及ぶ助成要請を処理する）。平均すると、一つの大規模財団が助成を行う分野一つにつき三人の専門職員しかいない。

最大級の財団のスタッフなら、助成案件を審査するための十分な時間と専門知識を持っていそうなものだが、最も熱心なスタッフでさえ、どうすれば助成先を助けるための時間を捻出できずに苦労している。財団の規模が小さくなればスタッフの負担はさらに増す。数百ある資産規模五〇〇〇万ドル～二億五〇〇〇万ドルの財団になると、専門職員一人当たりの助成件数は五倍に増え、平均して二人の職員で一一のばらばらな分野で助成を扱っている。最も小規模な財団になるとボランティアの理事に頼っているケースが多く、助成案件の多数が正式な審査をほとんど経ずに決められていると見て間違いなさそうだ。

長期的視野の欠如

慈善財団は助成先を選別したら、次に、より大きな価値創造のために活動しなくてはならないが、右のような大まかな指標から判断すると、十分なことができているとは考えにくい。助成先に資金以外の資源を与える財団はめったにない。財団による助成のうち、助成先の能力向上を目的としたものはわずか二・二％しかない。九五％は一年限りの助成だ。

一年限りの助成を数年間連続して行うケースは見られるが、財団側がその機会を活かして助成先とより緊密な共同作業を行い、長い時間軸で彼らの能力を高めていこうとしている様子は見られない。長期的視野を持てるはずの財団が、四半期ごとの助成実績だけを重視しがちになっている。

研究活動への助成が少ない

最後に、慈善財団は問題解決のための革新的手法や社会問題に関する知見の向上に強い関心があると言ってはいるが、異なるやり方で問題に取り組むことで相対的な効率性を高めようとする研究に助成する財団は、ほぼ皆無だ。研究活動に対する助成は財団による助成全体のわずか八・八％であり、しかもその大半は医療と科学の基礎研究の分野で行われている。研究やデータ収集が助成対象となることはめったになく、一般に財団は、そうした取り組みより目先の社会サービスのほうが助成対象にふさわしいと考えている。

多くの財団は、研究活動に助成するより、新たに具体的なプログラムを始めるためのシード・マネーの助成を通してイノベーションを促進したいと考えている。だが、新しい取り組みを開始しても、それが生き残り育たなければメリットはない。多くの財団は、実施中のプログラムの支援や活性化を見落とし、長期にわたる持続的な支援をすることに失敗している。彼らは事前調査も事後評価もめったに行っておらず、助成したプログラムが成功しているのか、助成金に助けられた立ち上げの時期を過ぎた後もうまく実施されているのかを見定めることができていない。

助成プログラムの評価が不十分

だが、危機の兆候を最も雄弁に物語っているのは、財団が助成の結果を評価できていないことだ。プログラム評価のために資金が割り当てられることはまずない。多くの財団は、プログラム評価にお金をかけるべきかどうか、そして過去の助成の成果を評価すれば将来の助成先選別が改善されるのかどうか、はっきり決められないでいる。評価に関するこの迷いをさらに深めるのが、財団スタッフの業績評価基準だ。助成先を決める際の分析と推薦の記録を重視し、助成の結果として現実世界に与えた実績――それがそもそも助成の狙いだったはず――はほとんど考慮されない傾向にある。この結果、助成プログラムの評価は消極的な態度を助長する。失敗と判断されれば非難されるリスクがある一方で、成功と判断されても何も得られないからだ。

実際に財団が行っているプログラム評価は、次の三つの面で問題がある。第一に、助成金が計画通り使われたかどうかという点（アウトプット評価）だけに評価対象が限られており、社会に与えた影響（アウトカム評価）を判断しようとしない。第二に、プログラム評価を行うのは多くの場合、財団からの支援を求めている助成の受け手自身である。これでは客観的で信頼できる評価ができるのか疑問だ。第三に、プログラムが社会に与えた影響を外部コンサルタントが評価する数少ないケースでさえも、評価の対象となるのは通常一回限りの助成によるものであり、その財団の他の助成とは切り離して評価される。その財団が総合的な助成目的にどれだけ近づけたかという視点は存在しない。

プログラム評価は複雑でお金がかかる場合があるのは確かだ。しかし最初から明確な目的を与えられていれば、例外なく実行可能である。職業訓練プログラムと若手アーティストのための資金集めプログラムでは評価基準は異なるだろう。だが、どちらの場合でも、意味のある評価基準をつくることは可能だ。

ここで、サンフランシスコを拠点にホームレスや困窮者の雇用機会創出に特化したロバーツ・エンタープライズ・ディベロップメント財団（REDF）の取り組みを見てみよう。REDFは助成先のルビコン・プログラムズと密接に連携し、二五の評価基準をつくった。これは単に職業訓練プログラムの成功度を測るだけでなく、ルビコン・プログラムズがより効果的にプログラムを運営するのにも役立つ。雇用安定の増減や賃金、職業スキルといった当然の評価基準だけでなく、薬物乱用といった関連要因、さらには「自分の個人的目標にどれだけ近づけたかという参加者自身の自己評価」といった定性的要因までもが、プログラムが目指す成果をどれだけ達成できたかを測る有効な評価基準であることを、REDFとルビコン・プログラムズは発見した。

プログラム評価をしなければ、財団は自分たちが成果を上げているのかどうかけっして知ることができない。成果を判断しないということは、優れた成果に向けて努力するという、戦略の一番基本的な前提を無視することに等しい。

新しい課題に取り組む

本章で概説した方向に向け、慈善財団が最初の一歩を踏み出すにはどうすればいいだろう。「ベンチャー・フィランソロピー」という新しい旗印を掲げる組織も含め、いくつかの財団はすでにその方向に舵を切り始めている。だが我々が出会った財団の中に、徹底的にこれらを実践している組織はなかった。

前述した各ポイントをまとめ、整合性の取れた一つの仕組みにするためには、戦略を策定し、その戦略に沿うよう組織運営を変え、きちんと戦略に沿った運営が行われているか効果的に監視できるよう、財団のガバナンスにも手を加える必要がある。こうした変化を起こす責任を最終的に負うのは財団の理事たちだ。彼らは財団の（ひいては社会の）資金の使い方に説明責任を負う受託者《フィデューシャリー》なのである。

戦略策定

戦略策定に向け、まず出発点となるのがポジショニングだ。そのためには常に組織として「他の誰も十分な対策を取れていない大事な社会問題は何か」を考え、調べる必要がある。必ずしも最重要の問題を見つけ出すことが目標ではない。なぜなら重要な問題は数多くあるからだ。大事なのは、その問題解決のために自分たちの財団がどれほど効果的に役立てるか、である。

次に、助成を行う分野でどのような取り組みがなされてきたのか、その先例から学ぶことができる。いまの社会経済のトレンドに適した手法と適さない手法はあるのか、他の組織はこの分野でどんな取り組みを行っているのか、自分たちの財団の仕事はそうした既存の取り組みを強化・補完できるのか、問題の根本原因を解明できるのか――といったことを学ぶ必要がある。

戦略策定の三番目のポイントとしては、自分たちが選んだ分野で最も効果的に価値創造するための、自分たちの財団にしかない独特の強みが何かを考えることだ。答えの一端は、その財団が過去に最も大きな影響を与えられたのがどこか、客観的に調べてみれば見えてくる。また、弱点を現実的に把握することでも見えてくる。

さらに、戦略の選択においては、組織の規模も大きな要因となる。独自の価値創造のやり方を推進するには十分な資源が必要だ。大きな財団なら、複数の分野に取り組むのに十分な規模があるだろう。複数の分野で活動することを選んだ場合、分野ごとに戦略を策定し、それぞれの戦略に合わせた運営をしなければならない。ただし、規模にかかわらず、すべての財団は稼働させる資源の比率を増やすことによって、より大きな価値を創造することができる。具体的には、選択した分野での助成率を上げ、投資ポートフォリオの一定割合を慈善活動へ振り向けるということである。

評価・ガバナンス・実行

ひとたび戦略を決めたら、次は運営の細部の調整に着手できる。他のあらゆる組織と同様、財団は数多くの活動の集合体である。個々の活動——たとえば助成申請の募集活動や助成先の支援活動——は、策定した戦略に合わせなければならない。運営の微調整でとりわけ大事な要素の一つは、財団が成果を上げているかどうかを判断するための測定手法の開発だ。

また、戦略に沿った運営をするためには、ほとんどの財団でガバナンスの仕組みを見直す必要が生じるだろう。次々と助成案件を処理して資金を世に出すべし、というプレッシャーが財団スタッフだけでなく理事会にまで蔓延しているような環境では、変化を起こすのは難しい。今日、最大級のものを除くすべての財団で、理事会が個々の助成の割り振りを議論・承認している。目標や戦略がないため、助成の割り振り作業を財団スタッフに委託することもできないし、財団の活動を評価するための枠組みも持てない。

この悪循環から抜け出すため、シカゴに拠点を置くクラウン財団は、年に四回開催される理事会のうち二回だけしか助成申請の検討を行わない。残りの二回は組織の方針を議論し、実績を評価し、さまざまな問題を掘り下げて調べることに充てられる。理事会が戦略策定と実績評価に集中するためには、助成の承認という運営面の仕事から距離を置く必要があると考えてのことである。

目標と戦略、そして評価の仕組みが整えば、財団スタッフは助成の決定をより自主的に行うことができ、より適切なタイミングで柔軟に対応できる。コロラド・トラストの場合、目標が明快で戦略もしっかりしていれば、複数年に及ぶ数百万ドル規模の取り組みを理事会が検討して承認する。ひとたび理事会が枠組みを決めれば、後は、その取り組みが続く限り担当スタッフが個別の助成を行う権限を持つ。こうすることで、スタッフは個々の助成に関する意思決定に対してより大きな責任と自由裁量権を持つことができ、理事会は専門分野を研究し、全体的な戦略を定め、スタッフの業績を評価するための時間を確保することができる。

いまの慈善財団のやり方では、社会問題を心から憂い、何とかしようと骨惜しみせずに働く人たちの効率を悪化させてしまう。それだけに留まらず、資金寄付者、財団スタッフ、理事が本来の活動から得られるはずの満足感さえ奪ってしまう。助成金の分散、助成先とのよそよそしい関係、成果意識の欠如――これらのせいで、どうしても財団とその活動の最終結果との間に断絶が生じるからだ。ましてや戦略的に行動するのはもっと難しい。だが、理事にしてもスタッフにしても、戦略的に行動することで得られるものは大きい。

フィランソロピーの成果を改善すれば、慈善財団はいまよりはるかに大きな影響を社会に及ぼすことができるだろう。社会的事業のマネジメントのあり方を変えるうえで主導的役割を果たせるはずだ。フィランソロピーを、良心に動かされた個人の行動からプロフェッショナルの仕事へと進化させる先鋒になれるはずだ。社会に対する責任を引き受け、社会的価値を創造するという責務を引き受けるまで、慈善財団は失敗というものが存在しない世界で活動を続けることになる。残念ながら、そのような世界には真の成功も存在しない。

第7章

競争優位のフィランソロピー

The Competitive Advantage of Corporate Philanthropy

Michael E. Porter and Mark R. Kramer

｜初出｜

Harvard Business Review, December 2002.

｜共著者紹介｜

マーク R. クラマー（Mark R. Kramer）
ハーバード・ジョン F. ケネディ・スクール・オブ・ガバメント上級研究員。
フィランソロピーや CSR（企業の社会的責任）専門で
非営利のコンサルティング会社 FSG をマイケル E. ポーターとともに創設し、
マネージングディレクターを務める。

フィランソロピーの現状

フィランソロピー（企業の社会貢献活動）が低迷している。米国企業による慈善活動への寄付は、二〇〇一年一に四・五％減少し（実質ドルベース）、利益に占める寄付金の比率は過去一五年間で半減した。理由は想像に難くない。経営幹部にとっては、「板ばさみ」の状況がますます深刻になっているからだ。すなわち、「企業の社会的責任」のいっそうの拡大を求める企業批判と、短期的利益の最大化を求めて容赦なくプレッシャーをかけてくる投資家という相克である。

しかし、いくら寄付を増やしても批判を抑えることはできない。寄付を増やせば増やすほど、社会貢献への期待はますます高まるからだ。また、最終損益への影響度という点から慈善活動への支出を正当化するのも、不可能とは言わないまでも非常に困難である。

このジレンマを受けて、フィランソロピーをもっと戦略的に進めていこうとする企業が増加している。だが、今日「戦略的フィランソロピー」として通用しているものが、本当の意味で戦略的である例はほとんどないし、フィランソロピーとしてもそれほど効果的ではない場合が多い。いま増加しつつあるのは、フィランソロピーを広報や宣伝の一形態として活用すること、コーズ・マーケティング（社会的な意義を伴うマーケティング）や注目度の高いスポンサーシップなどを通じて、企業やブランドのイメージを高めようとする動きだ。

米国企業によるコーズ・マーケティングへの投資は、企業の社会貢献支出全体に占める比率はまだ小さいものの、一九九〇年の一億二五〇〇万ドルから、二〇〇二年には推計八億二八〇〇万ドルへと急速に拡大している。また企業メセナ（芸術に対する後援活動）も増加しており、二〇〇一年には五億八九〇〇万ドル相当に達した。

それはたしかに価値のある社会的目標を支援してはいるが、そこには、社会に影響を与えようという意図と、自社の認知度を向上させて社員の士気を高めようという意図が同居している。たとえば、たばこメーカー大手のフィリップモリスの場合、一九九九年の慈善活動への寄付は七五〇〇万ドルだったが、寄付行為そのものを周知させるために一億ドルを投じた宣伝キャンペーンを展開しているのである。当然、同社の取り組みは本当に社会的成果を上げたのか、それともその動機に対して世間から冷笑されただけなのか、疑問を抱かれる結果となった（章末のBOX7-1参照）。

企業はフィランソロピーに関わるべきか

このようなフィランソロピーのもやもやとした現状を鑑みると、いまこそ最も基本的な命題に立ち返るべきなのかもしれない。すなわち、「企業はフィランソロピーに関わるべきか」という問いである。

経済学者のミルトン・フリードマンは、何十年も前にこの命題に挑んだ。一九七〇年に『ニューヨーク・タイムズ・マガジン』に掲載された論文の中で、フリードマンは、「企業の社会的責任とは、株主の利益を増大させることだけである」と主張している。著書『資本主義と自由』(*1)では、「企業はそれを所有する株主の道具である。企業が寄付を行えば、個々の株主が自分の資金をどう使うのか判断できなくなってしまう」と述べている。フリードマンの結論は、もし慈善活動に寄付しなければならないのなら、それは企業によってではなく、個々の株主によって、あるいはもっと範囲を広げて、個々の社員によって行われるべきである、というものである。

今日のフィランソロピーの状況を見ると、たしかにフリードマンは間違っていない。企業の寄付制度の大多数はばらまき型で、焦点が絞られていない。ほとんどが、地域レベルで活動する多数の市民運動向けに少額の現金を寄付するか、大学や全国規模の慈善団体に一般的な運営支援を行うものであり、社員や顧客、地域社会の間によい評判を築こうという狙いである。社会的目標や事業上の目標を十分に考え抜いたうえで寄付するというよりは、経営幹部や社員の個人的な思い入れや価値観を反映している場合が多い。

実際、最もよく使われているアプローチの一つである「従業員マッチング・グラント制」（個人の寄付活動に会社が寄付金額に応じて補助する制度）では、企業はどの慈善活動に寄付するかという選択を個々の社員に丸投げしてしまっている。これは社員の士気向上を目的としているわけだが、それなら、そのぶん賃金を上げて、社員自身が税控除を受けて寄付をすれば同じ効果が得られるかもしれない。実際、企業の寄付の多くを見る限り、自分のお金を提供する個人が、みずからその行き先を決めるほうがましなように思われる。

では、コーズ・マーケティングのように、少なくとも表面的には事業目標と結び付いているプログラムの場合はどうだろう。その場合でも、たとえ成功しているプログラムでも、正当化できる慈善活動とは言いにくい。なぜなら、企業活動に伴う正当な経費はすべて損金計上の対象となっているのに、フィランソロピーへの支出にはそのような税制面での措置は存在しないからだ。コーズ・マーケティングが効果的なマーケティング手法であるなら、それはすでに税控除の対象となっているはずだし、慈善活動と認定されても何のメリットも何もないはずだ。

ならば、フリードマンの主張は常に正しいのだろうか。彼の主張の根底には二つの前提がある。一つは、社会的目標と経済的目標は明確に区分されており、社会的支出は経済的業績を犠牲にするという前提。もう一つは、企業は社会的目標のために、個人の寄付者が提供する以上のメリットを提供できないという前提である。

この二つの前提が通用するのは、企業による寄付が、今日よく見られるように、焦点が絞り切れておらず、個々ばらばらに行われている場合だ。しかしフィランソロピーにはもう一つ別の、真の意味で戦略的な考え方が存在する。それは、企業はみずからの「戦略的コンテキスト」(自社が事業を展開している立地における事業環境の質)を改善するためにフィランソロピーを活用できるという考え方である。フィランソロピーを戦略的コンテキストの向上のために利用すれば、社会的目標と経済的目標は両立でき、事業の長期的展望を改善することができる。こうなると、フリードマンの第一の前提と矛盾してくる。

また、戦略的コンテキストの向上に取り組もうとする企業は、単にお金を出すだけでなく、自社の能力や、組織や人とのつながりを提供して社会的慈善事業を支援することができる。そうなると企業は、個人や慈善財団、あるいは政府よりも、はるかに大きな社会的利益を生み出すことができることになり、フリードマンの第二の前提もその根拠を失うことになる。

事実、少数だが、戦略的コンテキストを重視したフィランソロピーで、社会的目標と経済的目標の両方を達成している企業は存在する。その一例がシスコシステムズである。

シスコは「シスコ・ネットワーキング・アカデミー」と称する野心的な教育プログラムに投資している。ネットワーク管理者を養成し、高卒者にとっての魅力的な雇用機会を提供すると同時に、自社の成長にとっての潜在的制約要因を緩和しようという試みである。シスコは、戦略的コンテキストに影響を与える社会ニーズに注目し、自社独自の属性を活かしつつ、そのニーズに取り組むことで、いまだ認識されていないフィランソロピーの可能性を示しつつある。

ただし、この新しい方向を選択するには、寄付プログラムへの取り組み方を根本的に変えなければならない。自社のフィランソロピーの焦点を合わせるべき「対象」、そして寄付をする際の「方法」を考え直す必要がある。

経済的目標と社会的目標は対立しない

昔から、経済的目標と社会的目標は別物であり、多くの場合、相反するものと見られてきたのは事実である。だが、このような二分法は間違っている。オープンで知識ベースの競争が展開される世界においては、ますます時代遅れになりつつある。

企業は、自社を取り巻く社会から孤立して機能しているわけではない。実際には、企業競争の能力は、事業を展開している地域の環境に強く依存している。たとえば、教育の改善は一般には社会問題と考えられているが、地域の労働者の教育水準は、当該企業の潜在的な競争力に本質的な影響を与える。社会的な改善とビジネスとの関連が深ければ深いほど、経済的なメリットにつながる度合いも強くなる。

シスコ・ネットワーキング・アカデミーを設立したシスコは、教育システム全般に関心を注ぐのではなく、ネットワーク管理者を養成するトレーニングに集中している。つまり、シスコにとっての競争上のコンテキストを最も大きく変化させる種類の教育である（BOX7-2参照）。

長期的に見れば、このように社会的目標と経済的目標は本質的に対立するものではなく、全体として結び合わされていく。今日、競争力を決定付けるのは、労働力や資本、天然資源を使って高品質な製品・サービスをつくるうえでの生産性である。これを高めるには、教育を受け、安全で健康的な状況に置かれ、それなりの家に住み、自分にもチャンスがあるという意識に動機付けられた労働者が必要である。

環境保護は、社会にとってプラスになるだけでなく、企業にとってもプラスになる。なぜなら、汚染や廃棄物の抑制は資源をより生産的に使うことにつながり、消費者が高く評価する製品を生み出しやすくなるからだ。

開発途上国の社会的・経済的条件を改善すれば、企業が事業を展開するうえで生産性の高い拠点が生まれ、その製品にとっても新たな市場が誕生する。世界が直面している緊急課題の多くについては、社会にも企業にも利益になるように産業セクターの能力を活用するのが最も効果的な方法であること

図表7-1｜ビジネスと社会貢献の融和

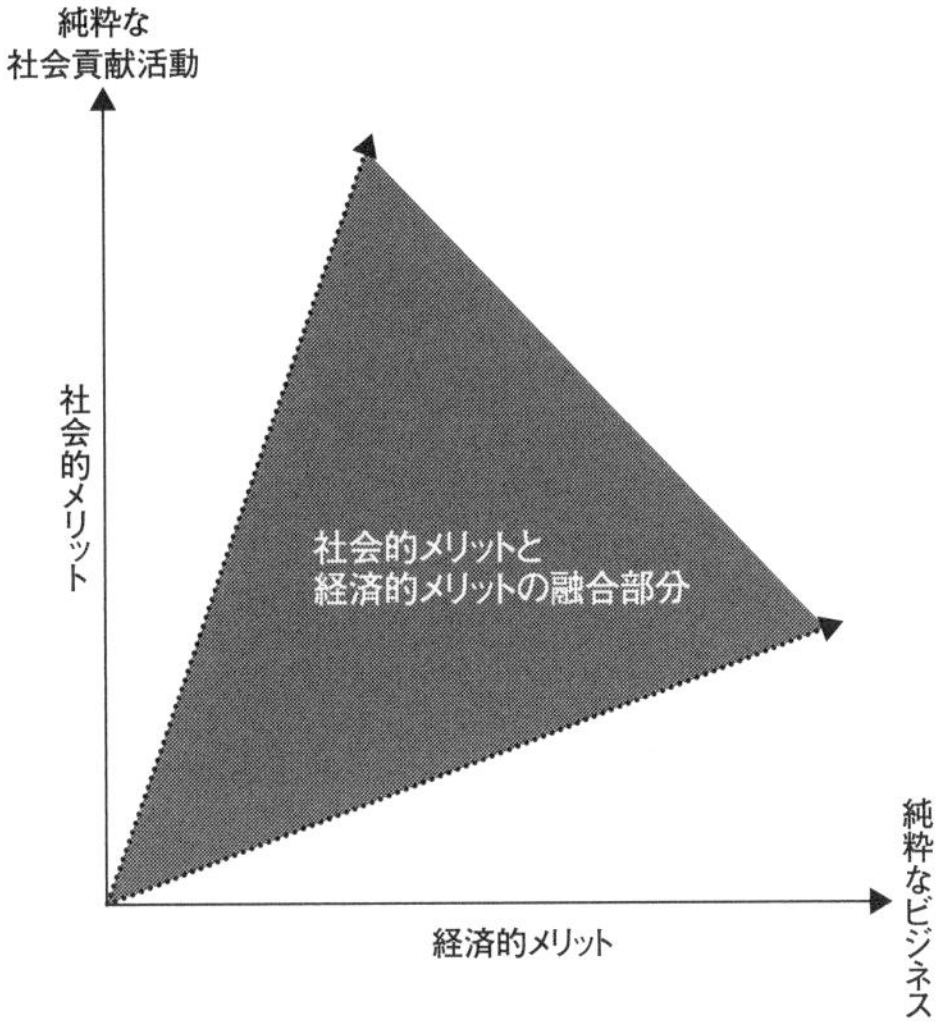

を、我々は学びつつある。

とはいえ、企業による支出がすべて社会的なメリットをもたらすわけではないし、社会的なメリットがあるからといって、それが必ず競争力を向上させるわけでもない。企業による支出のほとんどは、その企業にとってのメリットしか生み出さない。ビジネスと関係のない慈善活動への寄付は社会的なメリットしか生み出さない。企業による支出が社会的利益と経済的利益を同時に生み出す場合のみ、フィランソロピーと株主価値は融和する。

これを示したのが**図表7-1**である。グレーの三角部分は、フィランソロピーが競争コンテキストに重要な影響を与える部分を示している。フィランソロピーが真に戦略的となるのはこの部分である。

競争環境を形づくる四つの要素

競争コンテキストはこれまで、戦略面において常に重要だった。スキルが高く、やる気のある労働力が使えること、道路や電気通信といった地域インフラの効率性、地元市場の規模と成熟度、政府規制の程度等々。これら競争コンテキスト上の変数は、企業の競争力に常に影響を与えてきた。

競争コンテキストの重要性はますます高まっている。競争の基盤が、どれだけ低コストのインプットを得られるかという点から、どれだけ優れた生産性を実現できるかという点に移りつつあるからだ。一例を挙げれば、知識やテクノロジーをベースとする現代的な競争においては、労働者のケイパビリティ（能力）がますます重要になっている。また、企業と地域社会のパートナーシップへの依存度が高まっており、垂直統合よりも、地域サプライヤーや地元機関へのアウトソーシングやコラボレーションに依拠するようになっている。顧客とも密接に協力し、研究開発の面では地元の大学や研究機関を頼りにするようになっている。さらに、複雑さを増す国内規制に巧みに対処し、新たなプロジェクトや製品のリードタイムを短縮することが、競争上、ますます重要性を強めている。

こうした変化の結果、企業が成功するかどうかは、地元機関をはじめとする競争コンテキストと密接に関係するようになった。さらに、製造やマーケティングにおけるグローバリゼーションによって、こうした競争コンテキストは、本国市場だけでなく、複数の国で重要性を増している場合が多い。

競争コンテキストは、地域社会の事業環境に含まれる、次の四つの関連し合う要素から成り立って

図表7-2｜競争コンテキストを形成する4つの要素

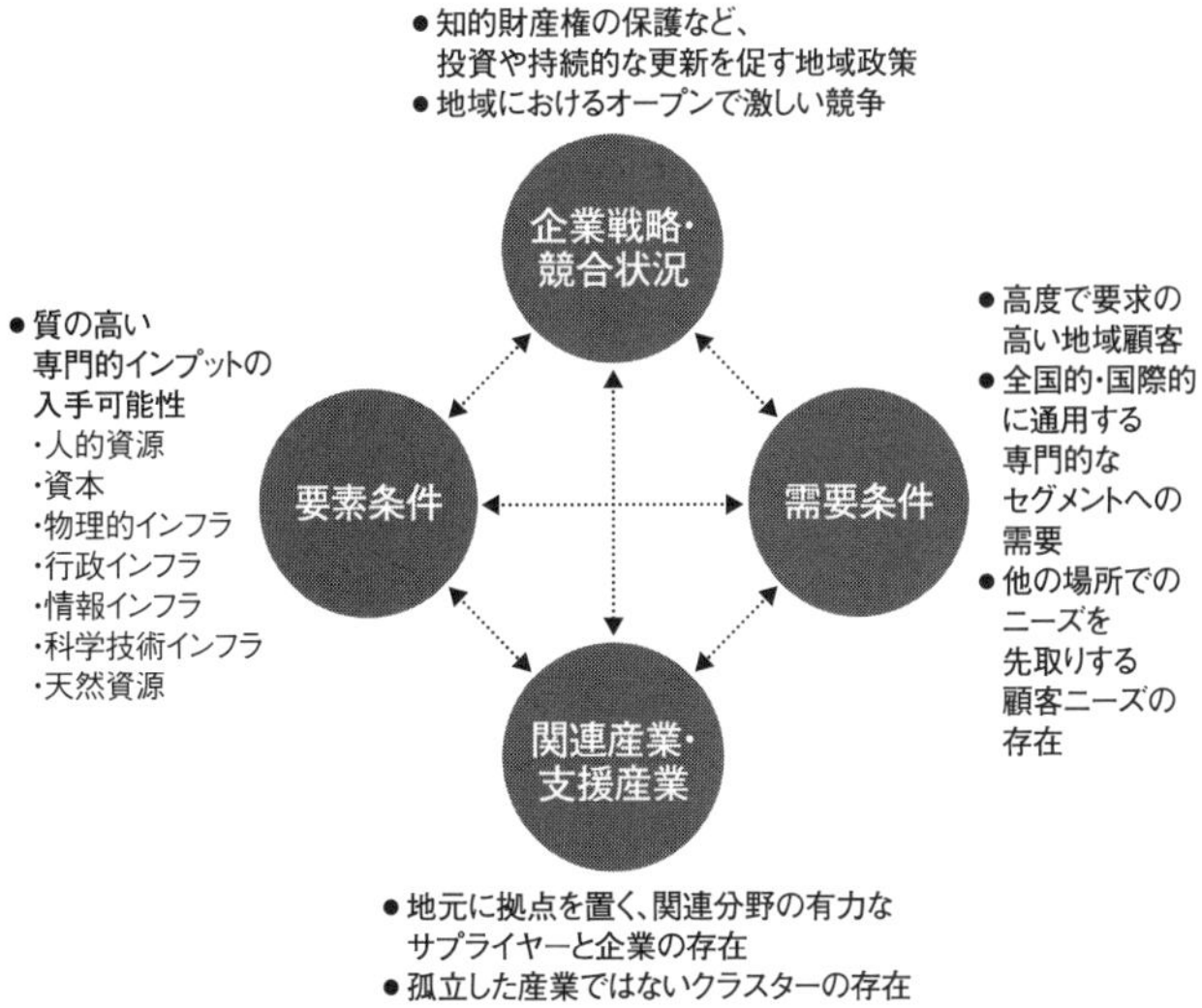

おり、これが潜在的な生産性を左右する。

（1）要素条件（入手可能な生産インプット）
（2）需要条件
（3）企業戦略と競合状況
（4）関連産業や支援産業

このフレームワークについては、**図表7-2**に概略をまとめた。詳しくは、『国の競争優位』[*2]で説明している。これら競争コンテキストのいずれかが弱いと、事業立地としての国や地域の競争優位が損なわれることになる。

事業環境の中には、道路網や法人税制、企業関連法規のように、すべての業界にわたって影響を与えるものもある。このような包括的な条件は開発途上国において決定的な意味を持っており、フィランソロピーを通じてこれらの要素を改善することは、世界の最貧国に極めて大きな社会的利益をもたらす可能性がある。

だが、それ以上とは言わないまでも、同じくらい決定的な要素となる場合が多いのが、競争コンテキストのうち、特定の「クラスター」に固有の側面である。クラスターとは、たとえばドイツにおける高性能自動車やインドにおけるソフトウェアのように、特定分野に属する企業、サプライヤー、関連産業、専門機関が地理的に集中し、相互に関連している状況を指す。クラスターは、競争コンテキストの四要素のすべてが一体となって企業活動に影響を与える中で生成されていく。クラスターはその地域の経済状況の顕著な特徴となる場合が多く、クラスターを構成する企業はより生産的になり、イノベーションが容易になり、新規ビジネスも育まれる(クラスターについては本書Ⅱ巻第2章で詳しく論じている)。

クラスターを構成する企業によるフィランソロピー投資は、個別のものであれ集合的なものであれ、クラスターの競争力と、クラスターを構成する企業の業績に強烈な影響を与える可能性がある。それは競争コンテキストを改善するうえで、フィランソロピーが最も効果的な(時には唯一の)方法である場合も多い。それによって、自社の経営資源のみならず、非営利組織などその他の機関における既存の取り組みやインフラを活用できる。

たとえば、先進的なスキルという点で地元の基盤を強化するには、社内研修を発展させていくよりも、大学に寄付したほうがはるかに安上がりとなる可能性が高い。またフィランソロピーであれば集団的な企業行動も実行に移しやすく、コストを複数の企業に分散させることも可能だ。非営利組織や政府機関は特定企業のみの利益となる取り組みに協力することには及び腰だが、フィランソロピーは幅広い社会的メリットをもたらすため、彼らとパートナーシップを形成できる場合が多い。

競争環境の視点から見たフィランソロピー

競争コンテキストの要素を注意深く分析すれば、社会的価値と経済的価値がオーバーラップし、企業自体の競争力、あるいはその企業が属するクラスターの競争力を最大化してくれるであろう分野を確認できる。以下では、競争コンテキストの四要素それぞれについて検討する。さらに、企業のフィランソロピーがどのようにして、長期的な経済展望を改善するような影響を各要素に与えてきたのかを見てみよう。

要素条件（インプット条件）

高水準の生産性を実現するには、訓練された労働者、質の高い科学・技術機関、適切な物理的インフラ、透明性の高い効率的な行政プロセス（会社の登記や認可条件など）、そして利用可能な天然資源が存在する必要がある。これらはすべて、フィランソロピーによって影響を及ぼせる分野である。

たとえば、慈善活動への寄付によって教育研修を改善することができる。映画制作会社のドリームワークスＳＫＧは最近、ロサンゼルスの低所得層の学生を対象に、エンタテインメント業界で働くうえで必要なスキルを訓練するプログラムを創設した。同社の全六部門がロサンゼルス・コミュニティ・カレッジ・ディストリクトや地元の高校、予備校と協力し、教室における指導とインターンシップ、個別指導を組み合わせた専門的なプログラムを開発している。
社会的なメリットは、低所得層の住民向けの教育システムが改善され、よりよい雇用機会が創造されることだ。経済的なメリットは、専門的な訓練を受けた卒業生を採用しやすくなることである。ドリームワークスSKGに入社する卒業生がさほど多くなかったとしても、同社が依拠しているエンタテインメント・クラスターが強化されることによるメリットがある。

社会貢献への取り組みが地域の生活の質を向上させる可能性もある。これは住民すべてにメリットをもたらすが、専門的な能力を持ち転職しがちな社員を引き付けるには、このような要因がますます必要になりつつある。

清掃・家庭用品メーカーのSCジョンソンは、一九九六年に「サステイナブル・ラシーン」（持続可能なラシーン）と呼ばれるプロジェクトを立ち上げた。これは、同社の本拠であるウィスコンシン州ラシーンを、もっと住みやすい、働きやすい場所にしようという試みである。地元の組織や自治体、住民とのパートナーシップの下、SCジョンソンは地域の経済と環境を改善することを主眼とした、地域全体にわたる協力体制をつくり上げた。

あるプロジェクトでは、四つの自治体の間で水質と土壌に関する措置を調整し、それによって住民と企業の負担を減らしつつ、汚染を減らすという成果を上げた。別のプロジェクトでは、何らかの問題を抱えた生徒たちを対象に、地域初のチャータースクールを開校した。また、経済活性化に重点を置いた取り組みもある。ラシーン中心部における商業用地の空地率は、汚染された用地が再生されたことによって四六％から一八％へと低下し、雇用も戻ってきた。

フィランソロピーによって、労働力以外のインプットを改善することも可能だ。これには、地元の研究開発機関のレベルや、法制などの行政制度の効率性、物理的インフラの質、天然資源の持続可能な開発を向上させていくというアプローチがある。たとえばエクソンモービルは、進出した開発途上国において、道路や法の支配といった基本条件を改善するためにかなりの経営資源を投じている。

需要条件

ある国やある地域における需要条件としては、市場の規模、製品基準の妥当性、顧客の成熟度といったものが挙げられる。地域の顧客のレベルが高ければ、新たに生まれつつある顧客ニーズに関する洞察が得られ、またイノベーションを求めるプレッシャーも生まれてくるため、その地域全体の競争力が高まる。一例を挙げれば、ボストンでは先端的な医療が提供されているため、ボストンを拠点に活動する医療機器メーカーからは次々にイノベーションが生まれている。

フィランソロピーは、地域市場の規模と質の両面にわたって影響を及ぼす可能性がある。たとえばシスコ・ネットワーキング・アカデミーは、シスコの法人顧客が十分な訓練を受けたネットワーク管理者を獲得しやすい状況を整えることで需要条件を改善した。それによって、市場規模が拡大し、ユーザーの水準も高度になっていった。より先進的なソリューションに対するユーザーの関心も向上した。

アップルは以前からずっと、自社製品を若年層に紹介する手段として、学校にコンピュータを寄付している。これは学校にすれば明らかに社会的メリットがあるばかりか、同社製品の潜在市場を拡大し、生徒や教師がよりハイエンドな顧客になってくれるという意味もある。

保険金融サービス会社のセーフコは、非営利団体とパートナーシップを組んで、低価格住宅の供給拡大や治安の改善に取り組んでいる。実験的に取り組んだ四つの市場では、住宅保有率と治安が向上するにつれて、セーフコの保険契約高も上昇し、四〇％以上も成長したところもあった。

企業戦略・競合状況

国や地域において競争を司る規則やインセンティブ、社会的規範は、企業の生産性に根本から影響を与える。投資の促進や知的財産権の保護、地域市場の自由貿易、カルテルや独占の解体や防止、腐敗の抑制といった政策があれば、事業を展開するうえでより魅力的な立地が生まれる。

フィランソロピーは、生産性と透明性の高い競争環境を生み出すうえで、強い影響力を発揮することができる。たとえば、世界各国の情報開示や腐敗防止に取り組んでいる「トランスペアレンシー・インターナショナル」に、米国企業二六社、他国企業三八社が共同で支援している。この団体は、腐敗の程度を測定し、腐敗に公衆の関心を集めることによって、公正な競争を行う企業が報われ、生産性が向上する環境を創出しようとしている。それは地域住民にメリットをもたらしつつ、支援企業の市場アクセスの改善にもつながる。

もう一つ例を挙げておこう。インターナショナル・コーポレート・ガバナンス・ネットワーク（ICGN）は、米国教職員保険年金基金（TIAA-CREF）やカリフォルニア州公務員退職年金基金（CalPERS）などの大手機関投資家によって形成された非営利組織である。その目的は、特に開発途上国を中心に、コーポレートガバナンスと情報公開の水準を改善することにある。ＩＣＧＮは、統一的な国際会計基準や公正な株主議決権行使を推し進めている。

開発途上国やその市民は、コーポレートガバナンスと情報公開の改善によって、地域企業の慣習が改善され、悪辣な地域企業を摘発し、外国人投資家にとってその地域がより魅力的になることで利益を得る。一方、プロジェクトに参加している機関投資家にしてみれば、投資先である資本市場がより健全かつ公正なものになるというメリットにあずかれる。

関連産業・支援産業

質の高い補完産業やサービスが近隣に存在すれば、企業の生産性は大きく改善される可能性がある。遠方にあるサプライヤーにアウトソーシングすることも不可能ではないが、近くにある有能なサプライヤーから、サービスや部品、機械類を調達することに比べれば、その効率は劣る。近接性は、単に輸送コストと在庫コストの低減につながるだけでなく、対応スピードや情報交換、イノベーションの点でもプラスになる。

フィランソロピーによって、クラスターの発展や補完産業の強化を図ることは可能である。たとえばアメリカン・エキスプレスの場合、クレジットカード事業と旅行代理店事業の売上げの相当部分が、旅行関連支出に支えられている。したがって、アメリカン・エキスプレスは、同社が事業展開している国々の旅行産業クラスターに所属しており、これらのクラスターが観光の質の改善や観光客の誘致に成功するか否かは、同社の事業に大きな意味を持つ。

アメリカン・エキスプレスでは一九八六年以来、中等教育段階における旅行・観光専門学校に資金を提供しているが、それによって学生たちが受ける訓練は、中核事業であるクレジットカード事業のためでも、旅行代理店部門のためでもない。それは、他の旅行代理店や航空会社、ホテル、レストランで働くためのものである。同社の支援プログラムは、教師研修やカリキュラム支援、夏季インターンシップ、業界からの指導者の派遣などで構成されており、現在一〇カ国、三〇〇〇校以上、在籍学生数も一二万人以上に達している。

このプログラムは、地域住民にとっては教育・雇用機会の改善という点でメリットをもたらしている。米国国内では、本プログラムの対象となる学生の八〇%が大学に進学し、二五%が卒業後に旅行業界に就職している。アメリカン・エキスプレスの経済的メリットも大きい。各地域の旅行クラスターの競争力が増し、成長力も改善されるからだ。これはアメリカン・エキスプレスにとっては重要なメリットにつながる。

競合他社のただ乗りをどう考えるか

フィランソロピーによって競争コンテキストが改善されると、直接の競合他社を含め、そのクラスターや地域に属する他企業もその恩恵に浴する場合が多い。

そこで、重要な疑問が浮上する。このようにただ乗りできるならば、競争コンテキストを重視するフィランソロピーの戦略的価値は打ち消されてしまうのではないだろうか、という疑問だ。

答えは「ノー」である。フィランソロピーを実施する企業において、その競争上のメリットはそれでもなお大きい。理由は五つある。

（1）競争コンテキストを改善することのメリットを享受するのは、主としてその場所に拠点を置く企業である。すべての競合他社が同じ地域に存在するわけではないだろうから、その企業は競合他社全般に対して、やはり優位を得ることになる。

（2）フィランソロピーは集団活動に向いている。競合他社も含め、クラスターに属する他企業とコストを分かち合えれば、ただ乗り問題は大きく軽減される可能性がある。

（3）大規模なフィランソロピーを最も実践しやすい立場にいるのは業界のリーダー企業であり、それがすなわち、競争コンテキストを改善するメリットの大半を享受することにつながる。たとえばシスコは、ネットワーク機器でトップシェアを誇っているため、この市場の拡大や成長の加速による最大のメリットを享受できる。

（4）競争コンテキストを改善することで得られる優位すべてが、競合他社にとって等しく同じ価値を持っているわけではない。フィランソロピーが企業独自の戦略と緊密に調和していればいるほど、すなわちその企業が特に頼みとしているスキルやテクノロジー、インフラの充実につながる活動や、その企業が最も得意とする特殊なセグメントにおける需要を増大させる活動であればあるほど、コンテキスト改善を通じて得られるメリットも、その企業に有利に配分されるようになる。

（5）ある地域で最初にフィランソロピーに着手した企業は、多くの場合、特に大きなメリットにあずかれるだろう。なぜなら、それによって優れた評判やリレーションシップが築かれるからだ。たとえば、エクソンモービルがアフリカ諸国でのマラリア撲滅キャンペーンを通じて改善したのは、公衆の健康状態だけではない。自社や下請企業の社員の健康も改善され、地元の政府や非営利組織との間に強力なリレーションシップが生まれ、資源開発パートナーとして優遇される存在になるという目標において大きく前進したのである。

フィランソロピーのメリットが競合他社にも共有されてしまう場合でも、やはりその活動を先行させた企業は優位に立つことができる。その好例が、グランド・サークル・トラベルである。

グランド・サークルは、米国の高齢者向け海外旅行の直販事業で業界トップに立っている。同社は、顧客に豊かな文化教養体験を提供することを基本とした戦略を掲げている。グランド・サークルが設立した財団は、一九九二年以来、同社の顧客が好んで訪れる土地の史跡保存プロジェクトに一二〇〇万ドル以上の寄付を行っている。対象は、たとえばトルコの「エフェソス遺跡および博物館の友財団」や、ポーランドの「アウシュビッツ・ビルケナウ国立記念館」などである。他社のツアーも同じルートをたどり、グランド・サークルによる寄付の恩恵を受けている。

だが、グランド・サークルはそのフィランソロピーを通じて、これらの史跡を維持している組織と緊密なリレーションシップを築き、その史跡を訪れ、学習できる特別な機会を自社の顧客に提供できるようになっている。こうしてグランド・サークルは、他の旅行代理店とは一線を画す、独自の競争優位を獲得している。

価値創造のフィランソロピー四原則

フィランソロピーと競争コンテキストの関係を理解すれば、寄付を集中させるべき「対象」が確認できる。フィランソロピーがどのように価値を生み出すのかを理解すれば、寄付を通じて最大の社会的・経済的インパクトを実現する「方法」も、くっきりと浮かび上がってくる。そしてこれから見ていくように、この対象と方法は相互に強化し合う関係にある。

前章で、慈善財団が社会的価値を生み出す四つの方法について説明した。

（1）最善の寄付対象を選択する。
（2）他の寄付者にシグナルを送る。
（3）寄付対象者のパフォーマンスを改善する。
（4）その分野における知識や慣行を進歩させる。

これらの取り組みは、相互にそれぞれの基礎を成している。寄付者が、「最も望ましい寄付対象の選択」から「知識の増進」へと段階を踏んでいくにつれて、ますます大きな価値が創造されるようになる（**図表7-3参照**）。

図表7-3｜フィランソロピーの価値を最大化する

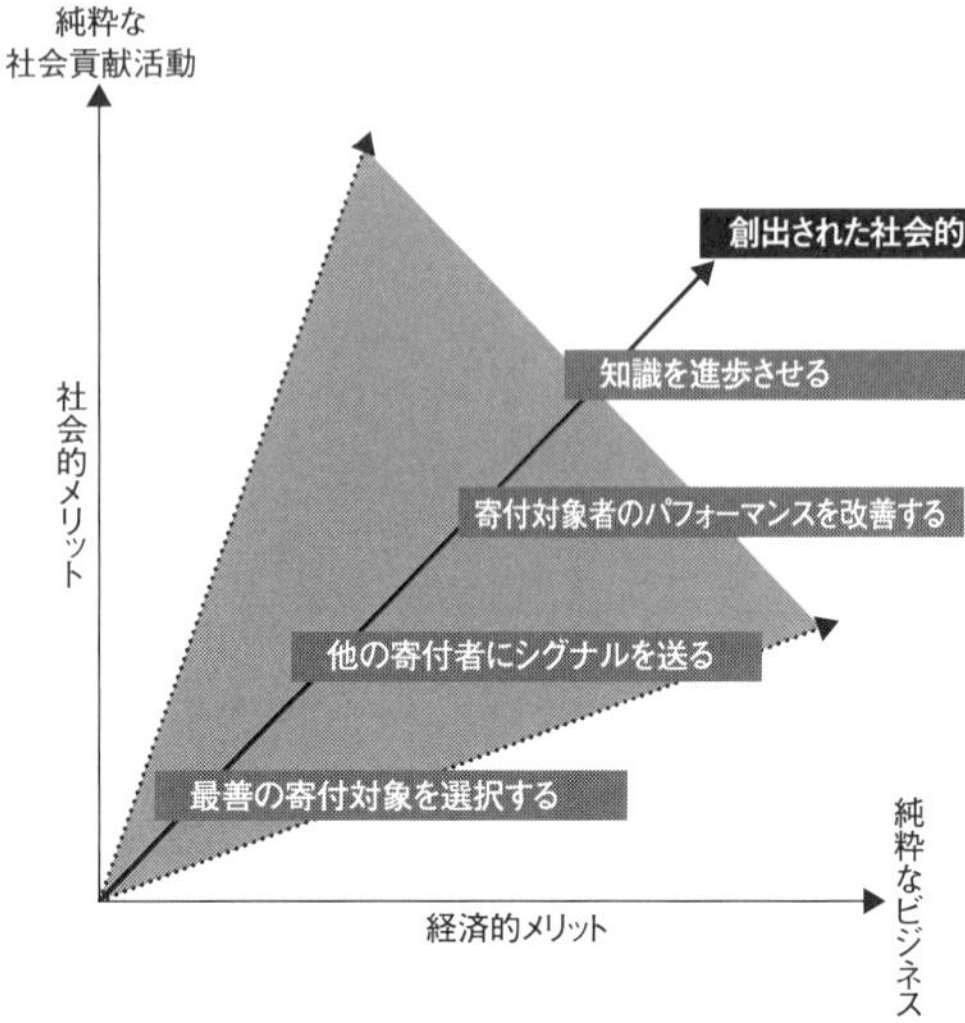

これと同じ原則は、企業による寄付にも通用し、そこに「どうすればフィランソロピーが最も効果的に競争コンテキストを改善しうるのか」という方法が示される。また、これら四原則に着目することで、企業による寄付は、個人による同規模の寄付よりも大きな社会的インパクトを生み出せるようになる。

最もふさわしい寄付対象を選択する

ほとんどのフィランソロピーには、実際に社会的なメリットを生み出している他の組織に資金を提供するという要素が含まれている。したがって、寄付者がもたらすインパクトは、もっぱら寄付する先がどれくらい影響力を有する存在であるかによって決まる。より有能な寄付対象者や提携組織を選択すれば、支出金額の社会的インパクトが増大することになる。

ある分野で最も有能な寄付対象者を選択することはけっして容易ではない。どの非営利組織が最も多くの寄付を集めているのか、評判や知名度が高いか、優れた啓発キャンペーンを展開しているかは明白な場合もあるだろう。だがこれらの要因は、その寄付対象者が寄付金をいかにうまく使っているかとはほとんど関係がない。最大の社会的インパクトを実現する寄付対象者を選択するには、広範かつ体系的な調査が必要になるのが普通である。

個人の寄付者に、こうした本格的なデューディリジェンス（価値の事前評価）を実施するだけの時間や専門能力が備わっていることはめったにない。個人に比べて財団ははるかに専門性が高いが、そのスタッフの数も限られている。それに比べて企業は、そのフィランソロピーが自社のビジネスと結び付いていれば、このような調査を実施するにふさわしい立場にある。

その際、企業は特に社員が持つ財務・経営管理・技術面の専門能力など、社内のケイパビリティを活用することも可能だ。企業は自社のオペレーションを通じて、あるいはサプライヤーや顧客企業を通じて、国内だけでなく各国の地域社会でプレゼンスを獲得しているケースも多い。これによって、当該地域に関する豊富な知識や非営利組織のオペレーションを直接検証・比較する能力が得られる。場合によっては、特に有能な非営利組織やプログラムを、自社が事業展開している地域に紹介し、支援することもできるだろう。たとえば前述のグランド・サークルは、資金を提供すべき史跡保存プロジェクトを決定するために、一五カ所の海外支社を活用している。

フリートボストン・ファイナンシャル（二〇〇四年にバンク・オブ・アメリカと合併）は、経営管理や財務に関するさまざまなスキルを備えた社員たちから成るチームを組織し、自社の財団が支援するスラム地域経済開発組織の検証に当たらせている。チームは各非営利組織を訪問し、幹部にインタビューを実施し、方針や手続きを検討し、支援を継続すべきか、もし継続するならばどの方向が適切かについて、自社の財団に報告を行う。たいていの個人や財団、いや場合によっては政府機関でも、これだけの関心と専門能力はなかなか振り向けられないものだ。

他の寄付者にシグナルを送る

寄付を行った企業は、最も優れた非営利組織を取り上げ、他の寄付者に宣伝することができる。それによって、より多くの寄付金が集まり、社会貢献支出が全体に効果的に行き渡ることになる。そのようなシグナルを送るうえで、企業は自社の価値ある資産を活かすことができる。

（1）評判がよく信頼を集めている企業が寄付をすれば、寄付対象者にお墨付きが与えられる。
（2）企業は顧客、サプライヤーその他のパートナーなど、同じクラスター内の関係者から成る巨大なネットワークに影響力を行使できる。そのため、個人やほとんどの非営利組織、財団よりも、はるかに広範囲にわたる寄付対象者にアクセスすることができる。
（3）自社のコミュニケーションチャネルや専門能力を利用して、情報を迅速かつ広範に、説得力を持って他の寄付者に発信できる。

このように他の寄付者にシグナルを送ることは、企業のフィランソロピーにおいて非常に重要である。それによって、ただ乗り問題を緩和することができるからだ。

クラスターの参加者たちがまとまって社会投資を行うと、すべてのプレーヤーにとって競争コンテキストの改善につながり、各社のコスト負担が軽減される。他社も資金援助している社会プロジェクトで自社のリレーションシップやブランドアイデンティティを活用すれば、費用対効果を高めることができる。

シスコ・ネットワーキング・アカデミーは、シスコのクラスターに属する無数のIT企業をはじめ、世界各地の教育システムや政府から支援を得ている。これらのすべてが、同アカデミーの卒業生が成功することによってメリットを享受する。アメリカン・エキスプレスが支援する旅行観光専門学校は、旅行業界クラスター内の七五〇以上ものパートナーから協力を受けている。

これらのパートナーは、コストの一部を負担すると同時に、メリットの一部を享受している。多種多様な企業が、社会貢献イニシアティブのために、それぞれの長所を持ち寄っている。各企業がそれぞれの専門能力を活用することによって、集団的な社会投資は企業一社の寄付よりもはるかに大きな効果を発揮しうるのである。

寄付対象者のパフォーマンスを改善する

支援する非営利組織の有効性を高めることができれば、企業は社会的価値を生み出し、費用対効果で見た社会的インパクトを増すことができる。最もふさわしい寄付対象を選択すれば、単一の寄付による社会的利益を増大させる。他の寄付者にシグナルを送れば、多数の寄付が集まり、社会的利益が増大する。そして、寄付対象者のパフォーマンスを改善すれば、その組織が同じ予算で達成できる社会的利益が増大する。

他の寄付者と異なり、企業ならば、非営利組織などのパートナーと直接協力して、彼らがより効果的な組織になるのを助けることができる。企業は個人や財団にはない資産や専門能力を持っており、それらを活用しながら資金面以外の支援を幅広く、たいていの寄付対象者が自前で調達するよりも高度なサービスを低コストで提供することができる。

非営利組織のパフォーマンスを改善するにはそれなりの時間がかかるが、企業は事業の拠点としている地域社会と長期的な関わりを維持しているので、その間、地元の非営利組織と緊密な協力を進めることができる。

さらに、企業は複数の地域で事業を展開しているため、さまざまな地域や国の非営利組織に、知識やオペレーション改善の経験を伝達することもできる。ある業界やクラスターの競争コンテキスト面での問題は、地域が異なっても似通っていることが多いので、複数の地域で事業展開している企業は、複数の地域に社会的価値をもたらす可能性が高い。

このように企業は、自社のビジネスや戦略に結び付いたフィランソロピーを行うことにより、他の寄付者にはできない形で、寄付対象者のパフォーマンスを改善し、より大きな社会的価値を創出することができる。何と言っても、その企業特有の資産や専門能力は、その事業分野に関連する問題に対処するうえで最も有効である。

ドリームワークスＳＫＧは映画制作という専門能力を持っている。ロサンゼルス市内の学生たちがエンタテインメント業界で職を見つけるのを支援するためのカリキュラムを企画する際、この専門能力が役に立つのである。シスコ・ネットワーキング・アカデミーでも、シスコ社員の特殊な専門能力が活用された。

フリートボストンが「コミュニティ・ルネッサンス・イニシアティブ」を立ち上げた時も、自社の専門能力をうまく活用した。自社の主要市場は東海岸の伝統都市であるという認識の下、フリートボストンは競争コンテキストを改善するうえで、おそらく最も決定的な方法として、スラム化した都市中心部の経済再生に注力しようと決断したのである。

フリートボストンはフィランソロピーとしての寄付と、金融サービスにおける専門能力を結び付けた。たとえば、中小企業向けサービス、スラム地域向け融資、住宅ローン、ベンチャーキャピタルといった分野である。

フリートボストンが設立した財団は、同社のプレゼンスが高く、経済的ニーズも大きく、信頼できるパートナーとして地域社会に根差した強力な組織が存在している地域を六つ認定した。ニューヨーク州のブルックリンおよびバッファロー、マサチューセッツ州のローレンス、コネチカット州ニューヘイブン、ニュージャージー州のカムデンおよびジャージーシティである。

財団はこれらの各都市に七二万五〇〇〇ドルずつ寄付し、地元の共同体や企業、自治組織との提携関係を築き、地域社会が、その再生のための中心的な課題と考えるテーマに取り組んだ。フリートボストンの社員は専門的なアドバイスや地元企業への中小企業向け融資パッケージ、また住宅ローンや住宅購入者向け教育プログラムを提供した。また財団は、民間や地方自治体から六〇〇万ドルの資金を集め、フリートボストン自体が財団に投じた四五〇万ドルの基金を大幅に強化した。

もう一つ、ＡＯＬの例を紹介しておこう。同社には、インターネット接続やコンテンツを管理する独自の能力がある。ＡＯＬは教育関係者との緊密な協力の下、「ＡＯＬ@スクール」を開発した。これは無料で使いやすい非商用サイトで、内容は学年ごとに生徒、学校経営者、教師に合わせたものになっている。このサービスは、全米数十万人の生徒に補助教材や関連ツールを提供すると同時に、教師向けの学習計画や参考資料を提供することで、教室での授業を改善している。

このプログラムを通じて、ＡＯＬは単なる寄付だけではなく、自社の特殊な専門能力を活用して、他の大半の組織よりも迅速かつコスト効率の高い方法で中等教育のパフォーマンスを改善している。その過程で、ＡＯＬもサービスの提供力、そして長期的なサービス需要に対応しうる人材を強化・開発することができた。

その分野における知識や慣行を進歩させる

イノベーションが生産性を改善させる原動力となるのは、民間部門に限った話ではなく、非営利部門でも同じである。大きな進歩は、少しずつ進む効率改善によってではなく、新しいアプローチの誕生によってもたらされる。したがって、社会的価値を生み出す最も強力な方法は、社会問題に対処する新しい手法を開発し、それを幅広く実践に移すことである。

企業は専門能力や調査能力、またリーチの広さといった要素をフィランソロピーにもたらすことにより、非営利組織が自力ではとうてい開発できなかった新しいソリューションの創造を支援することができる。

一九九四年以来、ＩＢＭは「リインベンティング教育プログラム」に総額七〇〇〇万ドルを投じており、同プログラムの対象は現在、教師六万五〇〇〇人、生徒六〇〇万人に達している。都市部の学区や各州の教育省、教育大学と協力しつつ、ＩＢＭは新しい指導方法や戦略を支援するeプラットフォームの研究開発を進めた。

この新たなカリキュラムは、教師がみずからの職務をいかに習得するかを抜本的に改めることを意図している。このカリキュラムは、大学の教職課程で用いられているものと同じプラットフォームを提供することで、教師になるための準備と教育現場のギャップを埋め、新人教師たちを支援している。

教育大学や学区には、こうしたプログラムを独自に開発する専門能力も資金力もない。二〇〇一年に実施された外部の評価によれば、リインベンティング教育プログラムに参加している教師は、生徒の成績向上という点で大きな成果を上げているという結果が出ている。

ファイザーは、コスト効率の高いトラコーマ予防法を開発した。トラコーマは予防可能な疾病だが、開発途上国においては失明の原因のトップとなっている。同社は薬品を寄付するほかに、エドナ・マッコネル・クラーク財団や世界的に活動する保健機関と協力しつつ、現代的な薬品を使うどころか医療サービスをほとんど利用できなかった人々のために、薬品を処方し流通させるためのインフラ構築に取り組んでいる。

実際一年もしないうちに、対象としたモロッコおよびタンザニアの住民の間では、トラコーマの患者数が五〇％も減少した。その後、このプログラムは積極的に拡大され、ビル・アンド・メリンダ・

ゲイツ財団や英国政府をパートナーに加え、世界中で三〇〇〇万人の人々を対象とすることを目標としている。ファイザーは重要な社会的メリットを提供するだけでなく、自社の市場を拡大するために必要なインフラの構築を支援することにより、事業の長期的展望も改善しているのである。

新たな知識の創出と同じくらい大切なのが、それを実践に移すことである。企業リーダーの持つノウハウや影響力、人脈、世界各地のコミュニティでの存在感は、社会的問題に対処する新たなアイデアを普及させるという点で、強力なネットワークを形成している。企業は、グローバル規模で知識を伝達したり、複数の拠点で新たな社会的イニシアティブを実践するという点に関しては、他のほとんどの寄付者とは比べものにならないほど熟達しているのである。

競争優位のフィランソロピーに向けて

企業が正しい方法で正しい社会的目標を支援すれば（つまり対象と方法を間違えなければ）、好循環が形成される。競争コンテキストのうち、みずからの業界や戦略にとって最も重要な条件に集中していれば、より大きな価値を生み出してくれる寄付対象者を支援するにふさわしい自社の能力を活用できる。自社の活動分野においてフィランソロピーが生み出す価値を高めていけば、競争コンテキストも大きく改善される。そうなれば、企業自体も、企業が支援する社会的目標も、重要なメリットを享受することができる。

しかし、競争コンテキスト重視のアプローチを採用することは、現在のフィランソロピーの流れには反する。多くの企業は、フィランソロピーと自社のビジネスとの間に努めて距離を置いている。そのほうが、地域社会での評判がよくなると信じているのである。

より「戦略的」に寄付を行うという目標を掲げる企業はたしかに増えているが、長期的には競争力の改善につながる分野と寄付を結び付けている企業はほとんどない。自社の長所を活かして、フィランソロピーが生み出す社会的・経済的価値を最大化しようと体系立った取り組みを行っている企業はさらに少ない。むしろ、社会的責任や社会的配慮を重んじる企業というイメージを培うために、自社がどれだけの資金と努力を注いでいるかを宣伝することに気を取られている場合が多い。

たとえばエイボン・プロダクツは最近、四〇万人の社外販売員を動員して個別訪問キャンペーンを実施し、乳がん予防のための寄付金を三二〇〇万ドル以上も集めた。乳がんと戦うことは有意義な社会的目標であり、エイボンのターゲット市場である女性消費者にも大きな意味がある。だが、エイボンの競争コンテキストという点では重要な要因ではなく、エイボンがその分野に関して、何か本質的な専門能力を備えているわけでもない。

結果的にエイボンは、効果的な寄付集めによって寄付金を大幅に増やしたし、好感度を高めるパブリシティを行うことはできたが、自社のフィランソロピーが社会的価値と同時に経済的価値も生み出すという可能性については認識が十分ではなかった。寄付は大いに結構だが、もっと賢くやることもできたはずだ。どれだけのインパクトを実現したかではなく、寄付によるPR面のメリットにばかり関心を注いでいる限り、社会的価値を生み出す機会は犠牲にされてしまうだろう。

もちろん、フィランソロピーに企業の好感度や評判を向上させるというメリットがあることは否定しない。だが、好感度のアップだけでは十分な動機とはならない。企業倫理に懐疑の目が向けられていることを思えば（二〇〇二年の一連の企業スキャンダルの余波で、このような懐疑主義はさらに強まっている）、社会問題に大きな改善インパクトをもたらした企業は、単に巨額の寄付を行った企業よりも高い信頼を得られるだろう。

優れたフィランソロピーは何によって判断できるのだろう。そのフィランソロピーが、誰にも知られなくても続ける意味があるほどのメリットを、社会変革を通じて企業にもたらしているか否かによってである。たとえばシスコの場合、その優れた貢献は広く認知されているが、まったく評判が上がらなくとも、同社がシスコ・ネットワーキング・アカデミーを発展させていく理由は十分にある。

競争コンテキスト重視のフィランソロピーに移行するには、今日一般的に見られるよりもはるかに厳格なアプローチが必要になるだろう。すなわち、フィランソロピー・マネジメントを、それ以外の企業活動と緊密に統合していくという意味である。

フィランソロピーを広報部門や企業財団のスタッフに任せ切りにするのではなく、CEOが先頭に立ち、競争コンテキストの改善につながる寄付戦略の策定と実行に当たらなくてはならない。特に、競争コンテキストを改善するための投資分野の選定に当たっては、各事業部門が中心的な役割を果たさなければならない。そのようなフィランソロピーを実現するためには、以下の五つの段階を経ることが必要である。

（1）重要な地理的拠点における自社の競争コンテキストを検証する

どの部分に社会的投資を行えば、企業の競争ポテンシャル、あるいはクラスター全体のそれを改善できるのだろうか。生産性やイノベーション、成長、競争力の障害となっている重要な制約要因は何だろうか。

競合他社に比べて、自社の戦略ばかりが大きな影響を受ける制約要因があれば、特に注意を払うべきである。競争コンテキストのうち、このような分野が改善されれば、競争優位が強化される可能性がある。競争コンテキスト重視のイニシアティブの定義が具体的になればなるほど、企業が価値を創出し、自社の目標を達成できる可能性も高まる。

エイボンのように、全女性の健康を改善するといった幅広いイニシアティブに取り組んだ場合、一部の社員や顧客にはありがたいだろうが、必ずしも競争コンテキスト面のメリットが得られるわけではない。また、目標を厳しく絞り込んだからといってインパクトも小さくなるわけではない。ファイザーのトラコーマ対策、IBMのリインベンティング教育プログラム、シスコ・ネットワーキング・アカデミーのように、目標を狭く絞り込んだイニシアティブであっても、何百万もの人々に利益をもたらしたり、業界全体で見たグローバル市場を強化できる可能性がある。

(2) 現在のフィランソロピー・ポートフォリオを見直し、新たなパラダイムに適合するかどうかをチェックする

現在のフィランソロピー・プログラムは、以下の三つに分類される可能性が高い。

（1）コミュニティにおける義務――市民団体、福祉団体、教育団体に対して支援する。よき企業市民でありたいという願望が動機となっている。
（2）優れた評判の構築――社員や顧客、地域社会のリーダーなどが好感を持っている社会的目標を支援する。多くの場合、ビジネスで利益を上げさせてもらっていることの返礼、また企業として社会との関係を改善したいという願望を動機としている。
（3）戦略的な寄付――本章で説明しているような、競争コンテキストの改善を重視したフィランソロピー。

企業によるほとんどの寄付は、最初の二つのカテゴリーに分類されるだろう。もちろん、そこに含まれる寄付の中にも、必要かつ望ましいものがそれなりの比率であるだろう。それでも、フィランソロピーをできるだけ第三のカテゴリーにシフトさせていくべきである。なおコーズ・マーケティングに関しては、あくまでもマーケティングであってフィランソロピーではない。それは、それ自体としてのメリットに立脚していなければならない。

（3）価値創造の四原則に照らして、現在もしくは将来想定しうる寄付行動を評価する

「最も効果的な寄付対象を選び」「他の寄付者にシグナルを送り」「寄付対象者のパフォーマンスを改善し」「知識や実践を進歩させる」という四原則に関して、自社の資産や専門能力をどのように活用しているかを評価する。他企業が太刀打ちできないほど大きな価値を生み出せる寄付先は、どこにあ

るだろうか。

(4) クラスター内の他企業や他のパートナーとの集団的な活動のチャンスを探る

競争コンテキストの改善に取り組み、創出される価値を増大させるには、単独での努力よりも集団的な活動のほうが効果的なことが多い。コストを幅広く分散負担することで、ただ乗りの問題を緩和するのにも有効である。

現在、社会的目標を達成するために他社と協力している企業はほとんどない。これは、競合他社と協力することへの一般的な抵抗感ゆえだろう。クラスターには、直接には競合しない関連パートナーや業界も多数含まれているはずだ。ところが、フィランソロピーを企業広報の一形態と見なしてしまう傾向があるため、各社が単独で社会貢献キャンペーンに着手し、そこに自社独自のアイデンティティを塗り付けてしまうので、パートナーとの協力が阻害されてしまうという状況が生じている。パブリシティというよりも、むしろ社会的な変化を実現することを重視すれば、パートナーシップや集団的な活動の可能性も拡大していくだろう。

競争コンテキストを改善するチャンスがどこにあるかを見極め、独自の価値を社会に追加できるような貢献のあり方が見つかれば、パートナーも見つけやすくなるだろう。つまり、競争コンテキストをこのように変化させた場合、ほかに利益を得るのは誰か。補完的な専門能力や、経営資源を有しているのは誰か、ということを考えればよいことになる。あるいは逆に、他社のフィランソロピー活動の中で、自社も参加するに値するものはないだろうか。また、価値を高めるような形で貢献することで、どこか別の組織にとって自社はよいパートナーになれないだろうか。

(5) 成果を厳密に追跡・評価する

フィランソロピーの戦略と実践を継続的に改善していくには、成果をモニターすることが不可欠である。他の企業活動と同じく、長期的に一貫して改善を進めていくことが価値の最大化につながる。成功を収めるプログラムは、短期的なキャンペーンではなく、規模や洗練度という点で成長し続ける長期的なコミットメントなのである。

社会と企業にとっての価値を最大化する

戦略的コンテキスト重視のフィランソロピーは簡単ではない。万能薬も存在しない。フィランソロピーとして、どのくらいの水準や期間が自社にふさわしいかは、企業によって異なる。本章で論じたアイデアをどのように実践するかという点についても、個々の企業で異なるだろう。フィランソロピーがいわゆる科学になることもありえないだろう。それは本質的に、長期的な目標を追求する、判断と信念の行動である。とはいうものの、本章で提示した視点とツールは、どの企業にとっても、これまで以上にフィランソロピーの効果を高めるうえで役立つはずだ。

このアプローチが幅広く採用されれば、企業の寄付のパターンは大きく変わるだろう。全体的に寄付の水準も増大する可能性があるし、創出される社会的・経済的価値も急増するかもしれない。企業は自社のフィランソロピーが生み出す価値にもっと自信を持つようになり、熱心に取り組むようになる。事業拠点である地域社会にも、そのフィランソロピー戦略をより効果的に伝達できるようになる。

企業が支援する分野を選ぶ際の基準も明確になり、気まぐれや物好きといった受け止め方はされなくなるだろう。また企業と企業以外の寄付者の役割分担がより適切になり、企業は企業ならではの能力を発揮できる分野に取り組むことができるようになる。

慈善団体の側にもメリットはある。企業から非営利部門に提供されるリソースが増加するだけでなく、予測しやすい形で提供されるようになるからだ。同じく重要なポイントだが、慈善団体と企業の間に緊密で長期的なパートナーシップが築かれ、これまで以上に営利部門の専門能力や資産が社会的目標のために活用されるようになる。企業が非営利部門のインフラを活用して、コスト効率よく自社の目標を達成できるよう、非営利組織もビジネスインフラを活用することでメリットを得られるのである。

企業リーダーの中には、この新しいアプローチは自社の利益を重視しすぎていると思う人もいるだろう。フィランソロピーは純粋に良心の問題であり、ビジネス上の目標を混入させるべきではないという主張だ。特に石油化学業界や製薬業界など、社会的な議論の的にされやすい業界では、このような見解が根強く定着しており、多くの企業が独自の慈善財団を設立し、慈善活動とビジネスを完全に切り分けている。

しかしその結果、これらの企業は社会のためにも自社のためにも、より大きな価値を生み出す無数の機会を逃している。競争コンテキスト重視のフィランソロピーは、単に企業の私利私欲を満たすだけでなく、幅広い社会変革を通じて多くの人々に利益をもたらす。もしフィランソロピーが企業だけの利益を考えたものだとすれば、そもそも慈善活動としての税額控除の対象にならないばかりか、その企業の評判を傷付けてしまうことも十分に考えられる。

競争コンテキストの改善と社会の改善に取り組むことに、本質的な矛盾は何ら存在しない。実際には、これまで見てきたように、フィランソロピーが競争コンテキストと密接に結び付けばつくほど、その企業の社会貢献度もますます高まるのである。それ以外の分野、つまりその企業が付加価値を生み出すことも、メリットを得ることもできない分野については、フリードマンが主張するように、慈善的な衝動に突き動かされた個人に任せておけばよい。

創出する価値を最大化するために体系的な取り組みを目指すなら、競争コンテキスト重視のフィランソロピーは企業に新たな競争ツールのパッケージを与えてくれる可能性がある。そうなれば、経営資源をフィランソロピーに投下することも正当化されよう。それは同時に、世界をよりよい場所にする強力な方法を解き放つことにもつながるのである。

BOX 7-1　戦略的フィランソロピーという神話

「戦略的フィランソロピー」という言葉ほど、定義が曖昧なまま乱用されている言葉は少ない。何らかのテーマや目標、アプローチ、重点を有する慈善活動ならば、事実上、ありとあらゆるものがこの言葉で表現される。

この言葉は、慈善的な寄付とビジネスの間に何らかのつながり——いかに曖昧で希薄なものであっても——が存在することを意味している。しかしそれは、事業報告書やプレスリリースの中で寄付を正当化するために言及される大義名分でしかないことが多い。実際、企業の寄付プログラムのほとんどが、その企業の戦略とはまったく無関係である。それらはもっぱら、企業イメージを高め、好意的なパブリシティを獲得し、社員の士気を高めることを目的としている。

戦略的フィランソロピーとして最も早くから紹介されていたのが、コーズ・マーケティングである。これは寄付を単一の社会的目標や尊敬に値する組織に集中させる方法であり、ばらまき型の寄付に比べれば一歩前進している。洗練されたコーズ・マーケティングであれば、寄付対象として選んだ非営利パートナーに寄せられている社会の尊敬や、有意義な社会的目標などを、コーポレート・アイデンティティと関連付けて、自社の評判を高められる可能性がある。

たとえばオリンピック支援企業は、その名を広く露出できるばかりか、「エクセレンスの追求」と関連しているというイメージを獲得できる。またコーズ・マーケティングは、慎重な選択プロセスを通じて寄付を集中させることで、焦点の定まらない寄付よりも大きなインパクトを生み出す可能性を秘めている。

とはいえ、コーズ・マーケティングも戦略的フィランソロピーと呼ぶにはほど遠い。そこで重視されているのは、やはりパブリシティであって、社会的なインパクトではない。ここで期待されているメリットは評判をよくすることであって、企業競争力の改善ではない。

これに対して、真の戦略的フィランソロピーとは、重要な社会的目標と経済的目標に同時に取り組み、独自の資産や専門能力を提供することによって、企業と社会の双方がメリットを得られるよう、競争コンテキストに狙いを定めるものである。

BOX 7-2 シスコ・ネットワーキング・アカデミー

シスコが支援する「シスコ・ネットワーキング・アカデミー」には、フィランソロピー戦略と競争コンテキスト、そして社会的利益の強い結び付きがよく表れている。

シスコといえば、インターネット接続用のネットワーク機器やルーターの代表的メーカーであるが、過去一〇年で急速な成長を遂げてきた。その一方、インターネットの利用が拡大するにつれて、世界各地の顧客が、資格を有するネットワーク管理者の慢性的な不足に悩まされるようになった。シスコ（そしてＩＴ産業全体）の持続的成長を考えた時、これが大きな制約要因となったのである。

ある推計によれば、一九九〇年代末の時点で、ＩＴ関連分野では、全世界で一〇〇万人以上もの人材不足が発生していたという。シスコはこのような制約が自社の競争コンテキストに存在することに気づいていた。そこで、その対処法について思いをめぐらせたところ、フィランソロピーという考えに至り、またこれしか術がないことを知った。

まず、企業イメージを改善することを目標にした典型的な寄付活動からプロジェクトは始まった。シスコは本社に近い高校にネットワーク機器を寄付し、その後、同じプログラムを地域内の他校へも拡大していった。だが、この協力プログラムを担当していたエンジニアは、ネットワーク機器をインストールしても、教師や職員への研修が行われていないことに気づいた。

そこで、彼を中心とするシスコのエンジニア数人が、機器の寄付だけではなく、教師たちにコンピュータネットワークの構築・設計・メンテナンスの方法を教える講座を自発的に開発した。生徒たちもこの講座に参加するようになり、うまい具合に情報が吸収されていった。

このプログラムを広げていくうちに、シスコの経営幹部は、中等教育・高等教育課程の学生を対象に、ネットワーク管理に関する研修や資格を与えるeラーニングカリキュラムを開発できるのではないかと思い至った。そのようなプログラムは、社会的にも経済的にも、従来よりもはるかに幅広いインパクトがある。こうしてシスコ・ネットワーキング・アカデミーが誕生した。

プログラムの社会的目標が、シスコならではの専門能力と密接に関連していたため、シスコは高品質なカリキュラムを迅速かつ低コストで開発できた。それによって、単に社会的目標のために資金や機器を寄付するよりも、はるかに大きな社会的・経済的価値を生み出すことに成功したのである。

また米国教育省の提言を受けて、シスコは「エンパワーメント地域」の学校に目標を定めるようになった。これは、国内で最も深刻な経済的問題を抱える地域を連邦政府が指定し、その状況改善に重点的に取り組むというものである。さらにシスコは、そのプログラムにコミュニティカレッジ向けの研修や社会人向けの研修も含めるようになった。最近では、国連の協力の下、開発途上国へのプログラムを拡大させている。開発途上国では雇用機会が特に少なく、またネットワーク関係のスキルも非常に限られている。

シスコは、アカデミーの卒業生のために世界規模の雇用機会に関するデータベースを構築し、より効率の高い雇用市場を創出している。これは、自社のクラスターにとっても、また、アカデミーの卒業生や、彼ら彼女らが生活する地域にとっても利益をもたらしている。

シスコは、独自の資産と専門能力、そして世界的な事業規模を活かしながら研修プログラムを立ち上げている。その企画と展開の迅速さは、他の教育機関や政府機関、財団、あるいは他の企業による寄付ではとうてい太刀打ちできない。

また、自社のクラスターに属する他企業にもシグナルを送ることで、フィランソロピーのインパクトをより増幅させている。他の企業は、インターネット接続やハードウェア、ソフトウェアなど自社の製品・サービスを寄付、あるいは割引価格で提供することで、シスコのフィランソロピーを補完している。

一方、先端的なテクノロジー企業の中には、シスコがつくり出した世界規模のインフラの価値に気づき、eラーニングプログラムを独自開発するよりも、シスコに協力する道を選んだ企業もある。サン・マイクロシステムズやヒューレット・パッカード、アドビ・システムズ、パンデュイットといった企業は、プログラミングやITの基礎、ウェブデザイン、ケーブル処理などの講座を後援することで、シスコ・ネットワーキング・アカデミーのカリキュラムの充実に貢献している。プロジェクトがシスコのビジネスに関連しているからこそ、クラスター内の他企業から支援を仰げるのであり、また彼らの寄付を効果的に活用できるのだ。

このプログラムはスタートしてまだ五年しか経っていないが、現在米国の五〇州すべて、世界では一四七カ国で、中学校、コミュニティカレッジ、コミュニティに立脚した組織など、九九〇〇カ所で同アカデミーの活動が展開されている。これによって生み出された社会的・経済的価値は膨大である。シスコの推計によれば、プログラム発足以来、同社の投資は総額一億五〇〇〇万ドルに達している。シスコはこの投資によって、米国国内や世界中で最も経済的に困窮した地域の男女に、IT関連の雇用、そしてITそのものをもたらしている。

二年間のプログラムを修了した生徒の数はすでに一一万五〇〇〇人を超え、現在履修中の生徒数は二六万三〇〇〇人、その半分は米国国外である。プログラムは現在も急速な拡大を続けており、毎週五〇～一〇〇カ所で新たに開講されている計算だ。

シスコは、アカデミーの卒業生のうちの五〇％がIT産業に就職していると推測している。米国の場合、ネットワーク管理者の平均年収は六万七〇〇〇ドルである。すでにIT産業に就職した卒業生全員について考えれば、このアカデミーを卒業したことによるキャリア全体を通じた売上増のポテンシャルは、数十億ドルにも達する可能性がある。

たしかに、このプログラムは多くのただ乗り企業にも利益を与えている。つまり、高度な訓練を受けたアカデミー卒業生を活用できる世界中の企業であり、その中にはシスコと直接的に競合する企業もあるだろう。

だが、ルーターの市場シェアで首位を走るシスコは、このような競争コンテキストの改善によるメリットを最も多く享受できる立場にある。また、他社を積極的に巻き込んでいるから、シスコとしてはプログラムのコストすべてを負担する必要はない。シスコは、市場を拡大しクラスターを強化するのみならず、顧客の洗練度もアップさせている。

単なる寄付行為ではなく、このように競争コンテキストを具体的に改善することで、シスコはこのプログラムの国際的な認知を獲得し、社員の間に自尊心と情熱を呼び起こし、パートナーからの評判を改善し、フィランソロピーにおけるトップ企業という名声を浴しているのである。

第8章

戦略と社会問題

——競争優位とCSR

Strategy and Society: The Link Between Competitive Advantage and Corporate Social Responsibility

Michael E. Porter and Mark R. Kramer

｜初出｜

Harvard Business Review, December 2006.

｜共著者紹介｜

マーク R. クラマー（Mark R. Kramer）
ハーバード・ジョン F. ケネディ・スクール・オブ・ガバメント上級研究員。
フィランソロピーや CSR（企業の社会的責任）専門で
非営利のコンサルティング会社 FSG をマイケル E. ポーターとともに創設し、
マネージングディレクターを務める。

CSRの新たなパラダイム

行政、社会活動家、マスメディアによって、企業活動の責任が厳しく問われる時代になった。無数の組織が、企業を社会的責任（CSR）の観点から評価している。評価手法には疑問を感じるものもあるが、発表されるランキングには社会的注目が集まっている。その結果、CSRはどの国のビジネスリーダーにとっても、なおざりにできない重要テーマになった。

多くの企業は、自社の活動が社会や地球環境に及ぼす悪影響の改善に努め、一定の成果を生んできた。だがそれは、実現できたはずの成果からはほど遠い。その理由は二つある。第一に、企業も企業を批判する社会も、企業活動を社会の利益と対立するものと見なしていることが挙げられる。実際には、両者は相互依存の関係にある。第二に、企業の社会的責任を問う風潮の中でプレッシャーを感じた企業が、通り一遍のCSRに逃げ込み、自社の戦略に適したCSRの追求を怠っているということが挙げられる。

つまり、現在支配的なCSRの考え方は、あまりに部分的であり、事業や戦略とも無関係で、企業が社会に貢献する機会を限定している。むしろ、事業上の判断を下すのと同じフレームワークに基づいて、その社会的責任を果たすというように考えれば、CSRはコストでも制約でも、また慈善行為でもなく、ビジネスチャンスやイノベーション、そして競争優位につながる有意義な事業活動であることがわかるはずだ。

本章では、企業と社会の関係に新たな視点を提示したい。すなわち、「企業の成功」と「公共の福祉」をゼロサムで考えないという視点である。本章で示すフレームワークを用いれば、企業が社会に及ぼすであろう影響――それがプラスであれ、マイナスであれ――を特定し、どれに対処すべきかを判断し、そのための効果的な方法を考え出せる。

戦略的に見れば、企業が持てる資源や能力、判断力を、社会に資する活動に投じるなら、CSRは社会を大きく進歩させる源になる可能性が高い。

CSRの現状と企業の姿勢

CSRに注目が集まっているが、それは企業が自発的に取り組んできた結果とばかりはいえない。むしろ、自社には責任がないと見なしていた問題について、世論からの意外ともいえる反応に接して初めて意識した企業も多い。

たとえば、ナイキは一九九〇年代前半、強硬な不買運動の標的となった。『ニューヨーク・タイムズ』紙をはじめ、各マスメディアが、インドネシアの下請工場で学齢期に当たる少年が働かされているといっせいに報じたからだ。一九九五年、ロイヤル・ダッチ・シェルが老朽化した石油掘削施設ブレント・スパーをそのまま北海に沈めようとしたところ、環境保護団体のグリーンピースから猛烈な抗議を受け、メディアも大々的に報道した。製薬会社は、主力製品や主要市場とほとんど関係のないアフリカのエイズ問題にも、手を差し伸べるべきだと見なされている。さらに、ファストフード業界や食品業界には、肥満と栄養不足の問題に責任があるという論調も出てきた。

右派左派を問わず、あらゆる市民活動団体が企業に圧力をかけることに積極的になり、そのテクニックも上達してきた。社会活動家たちは、ある問題に世間の目を向けさせるために、大きな責任がなくとも、とにかく目立つ企業、儲けている企業を攻撃の的にしがちである。

たとえば、ネスレはボトルウォーターの出荷量では世界最大だが、世界全体の淡水量の〇・〇〇〇八％しか消費していないにもかかわらず、厳しい批判にさらされた。実際には、世界全体の淡水の七〇％を消費する農業用水の非効率性のほうが重要な問題なのだが、そこにはネスレのように標的にしやすい多国籍企業は存在しない。

ＣＳＲにまつわる議論は、大企業の取締役会でも取り上げられるようになっている。二〇〇五年の一年間で、労働条件から地球温暖化まで、合計三六〇件のＣＳＲ関連の株主総会決議がなされた。また、ＣＳＲ報告書を義務付ける国が増えている。たとえば、現在英国で審議中の一九八五年会社法の改正案は、全上場企業に対して、倫理・社会・地球環境面でのリスクをアニュアルリポートに記載するように義務付けるものだ。

これらの圧力からはっきり読み取れるのは、社外のステークホルダーたちが、さまざまな社会問題に関する責任を企業に負わせようとする傾向である。その結果、その行動が容認できないと判断された企業には、大きな財務リスクが生じるおそれがある。

企業もこの種のリスクを意識はしているものの、どのように対処すべきかをわかっていない。ありがちなのが、戦略とも実際の業務とも関係なく、うわべを装うだけの対応である。ＰＲ活動やメディアキャンペーンを実施するが、その中心となるのは、社会や地球環境での慈善行為を並べ立てたCSR報告書である。

二〇〇五年、多国籍大企業二五〇社のうち、CSR報告書の提出企業は六四％に上った。アニュアルリポートの一部としている例もあるが、大部分は独立したサステナビリティ報告書で、この作成を専門とする小さな業界が生まれたほどである。

しかし、この種の報告書がCSR活動における共通のフレームワークを示すことはなく、また長期戦略のフレームワークなどは望むべくもない。単に社会への配慮を示すために、ばらばらな活動を紹介する記事を集めた冊子にすぎない。

この種の報告書では、書かれていることより書かれていないことのほうが、重要なことを伝えている場合が少なくない。たとえば、特定の事業や地域において、汚染物質や廃棄物、CO_2排出量やエネルギー消費量が減少したと記されているのに、全社についてはそうした記述が見当たらないというようなことがある。フィランソロピー関連の記事では、寄付金の額やボランティアの参加時間は掲載されているが、どのような成果があったかは伝えていない。具体的な目標を掲げた将来の取り組みへの約束となると、さらに乏しい。

CSR報告書の増加は、CSRランキングの増加と並行している。厳格で信頼できるランキングなら、企業活動に建設的な影響を与えられるかもしれないが、現状はさまざまな「自称審査員」が勝手なことを言うだけで、混乱に拍車をかけているにすぎない（章末のBOX8-1参照）。

経営者たちはこの状況から抜け出すために、NPO（非営利組織）、コンサルティング会社、専門の学者に助言を求めるようになった。その数は増える一方で、議論も複雑になるばかりである。ＣＳＲについての大量の文献が登場しているが、実用的な指針は依然はっきりしない。

ここで、ＣＳＲに関する主要な議論を検討すべきだろう。そうすれば、社会への配慮を戦略やオペレーションと一体化するために新たなアプローチが求められている理由が納得できるだろう。

ＣＳＲをめぐる四つの議論を検証する

ＣＳＲを熱心に主張する人たちが掲げてきた理由は、大きく分けて次の四つがある。

◉道徳的義務
◉持続可能性
◉事業継続の資格
◉企業の評判

まず道徳的義務という議論は、企業には善良な市民として正しいことに取り組む義務があるとする、米国の代表的な非営利ＣＳＲ団体、ビジネス・フォー・ソーシャル・レスポンシビリティの目標に象徴されている。同団体は加盟企業に、「倫理的価値観を尊重し、一般市民、地域社会、自然環境を尊重した方法で商業的成功を実現する」ことを求めている。

次に持続可能性とは、地球環境と地域社会を守り育てることを強調している。その定義は、一九八〇年代にノルウェー初の女性首相、グロ・ハーレム・ブルントラントが述べたもので、すなわち「未来の世代のニーズを損なわない範囲で、現在のニーズを満たす」ことである。現在も「持続可能な発展を目指す世界経済人会議」はこれをそのまま採用している。

三つ目の事業継続の資格とは、どのような企業であれ、行政や地域社会などステークホルダーから、暗黙的か明示的かを問わず、事業を遂行する許可を得る必要があるという考え方である。

最後に、企業の評判を理由としてCSR活動に取り組む企業が少なくない。会社のイメージやブランド力が向上し、社員の士気も上がり、その結果、株価も上昇するという主張である。

以上、四つの理由から、CSRは議論されてきた。しかし、いざ現実の判断を下すに当たって、十分な道しるべたりうるものは一つもない。四つのアプローチそれぞれについて、その限界を見てみよう。

(1) 道徳的義務

CSR活動には強い道義上の要請がある。なるほど、偽りのない財務報告、コンプライアンス（法令遵守）、倫理的な配慮などは、誰もが納得しやすいばかりか、その取り組みも難しくない。道徳的義務というからには無条件の義務と考えたくなるが、しかし現実には、大半のCSR活動は矛盾する複数の価値観、利害、コストの間で困難な舵取りを余儀なくされる。

たとえば、グーグルが中国に進出する際、解決しがたい矛盾が生じた。すなわち、米国のユーザーたちは検閲を忌み嫌うが、中国政府は自国にとって都合の悪い情報は検索できないように法的に制限を課したのである。

ある社会的便益を他の社会的便益と比較する場合でも、またその費用対効果を検討する場合でも、道徳的な評価が必要となるが、そのための基準は確立していない。たとえば、製薬会社がその売上げを、生活困窮者の治療への支援、未来の治療薬の開発、株主配当の間でいかに配分すべきかを、道徳的義務の原則に従って決定することはできない。

(2) 持続可能性(サステナビリティ)

持続可能性は「トリプル・ボトム・ライン」と呼ばれる経済・社会・地球環境の三つにおいて成果を上げるという、啓発された自己利益の追求に訴えるものである。言い換えれば、社会や地球環境に累を及ぼす近視眼的な企業行動を避け、長期的な経済的成功を考えて行動せよということだ。

この考え方は、企業の経済利益と規制対応が両立する場合には申し分ない。たとえば、デュポンは一九九〇年以来、エネルギーを節約することで累計二〇億ドル以上を節約した。マクドナルドは、包装材を変更したことで、固体廃棄物を三割削減した。地球環境へのプラス効果を別にしても、賢い経営判断だったといえる。

しかし、このようなケース以外では、持続可能性という概念は曖昧すぎて、ほとんど意味を成さない。透明性のあるビジネス慣行は、腐敗した慣行よりも持続可能性が高い。優れた雇用慣行は、不正な奴隷的就労よりも持続可能性が高い。フィランソロピーは社会の持続可能性に貢献する。しかし、こうした宣言はいくら正しくても、長期的な目標と短期的なコストのバランスをいかに取るかという判断基準にはならない。持続可能性を主張する人たちは、このようなトレードオフをめぐる問題の存在は認めるものの、それに答えるフレームワークは持っていない。

そして、CSRの戦略上の意味を理解していない経営者は、目先のコストを出し惜しみがちである。すると、社会的義務を怠っていると批判を受け、後にはるかに大きなツケを被るおそれがある。

(3) 事業継続の資格

事業継続の資格という考えはより実際的である。これならば企業は、各ステークホルダーとの関連性が強い社会問題を特定することができ、それについて判断を下すための具体的な方法を見出すことができる。

また、この視点は、企業と行政、地域住民、社会活動家との間に建設的な議論を促す。行政の許可が死活的重要性を持つ鉱業やその他の採取型産業において、事業継続の資格という観点から行動する企業が多いのはそのためである。同じ理由で、有害物質や環境汚染を生み出す化学産業など、周辺住民の受け入れが必要な企業の間でも、この観点から行動する企業が多い。

しかし、外部のステークホルダーを満足させようとすると、企業は言われるがままのCSRを実施するということになりかねない。各ステークホルダーの主張は重要だが、これらステークホルダーは企業の能力、市場における競争上のポジショニング、社会的価値の追求と企業利益のトレードオフについて理解しているわけではない。また、ステークホルダーからの圧力が厳しいからといって、その問題が企業にとっても世界にとっても重要とは限らない。ＣＳＲを、圧力団体を懐柔する手段と考えている企業は、場当たり的な自己弁護を繰り返す。終わりなきＰＲはしょせん対症療法にすぎず、社会的意義も戦略上の意義もほとんどない。

（４）企業の評判（レピュテーション）

企業の評判というアプローチは、戦略上のメリットを追求しようとするものだが、思い通りになることはめったにない。世評を気にするのは、事業継続の資格と同様、主に社外の誰かを満足させたいという気持ちからである。一般消費者を相手にしている企業では、それはコーズ・マーケティングとなって表れる。

また、化学や電力など、槍玉に上げられやすい産業は、ＣＳＲ活動を一種の保険と見ている。社会に配慮しているという評判が高まれば、何か事故が発生した時でも、世間の批判も多少は違ってくるだろうと期待してのことである。つまり、この考えもＣＳＲとＰＲを混同しているおそれがある。

アイスクリームのベン・アンド・ジェリーズ・ホームメード・ホールディングス、食品メーカーのニューマンズ・オウン、アパレルのパタゴニア、化粧品のザ・ボディショップなど、数は少ないが、長期的ＣＳＲ活動で有名になった企業もある。しかし、このような企業でさえ、どのような成果を社会にもたらしたのか、ましてや事業にどのような貢献があったのかは明確ではない。

企業の評判が消費者の購買意思決定や株価に及ぼす影響については多くの研究があるが、はっきりした結論にはほど遠い。また、不測の事態への保険になるという説に至っては、ほめられるべき行為とそれに消費者が示す態度の関係が曖昧すぎて、測定不能である。費用対効果が数値化できない以上、CSRに取り組む根拠は脆弱で、経営トップの交替や景気の悪化といった理由で廃止になるおそれがある。

以上四つの説には、共通の弱点がある。企業と社会の相互依存関係ではなく、対立関係に注目している点である。これら四つとも、CSRが必要な全般的な理由を指摘しているだけで、CSRと企業の戦略や業務プロセス、事業展開している地域との関連については考慮していない。

そのため、一番重要な社会問題はどれか、自社が一番大きな成果を上げられる問題はどれかを選び、優先順位をつけ、対処するという目的の役には立たない。その結果、企業の戦略とは無関係なCSR活動や慈善活動が選ばれ、社会的意義のある成果も得られず、長期的な企業競争力にも貢献しないまま終わってしまう。

社内組織上も、CSR関連の業務やプロジェクトはたいてい他の部門から孤立しており、フィランソロピーとさえ切り離されていることがある。このようなばらばらな取り組みのせいで、企業の社会的影響力は広く薄く分散し、個々のステークホルダーや目先の課題への対応に追われるだけの結果になっている。

このような細分化による機会損失は膨大である。社会に便益を提供すべき企業の力は分散し、コミュニティと企業の目標を同時に後押しするような行動など望むべくもない。

事業とCSRを一体化する

CSRを推進するには、まず企業と社会の一般的な関係を基本に置きつつ、そのうえでCSRを戦略や事業と関連付ける必要がある。企業と社会は互いに必要とし合っている。このような一般論は紋切り型に聞こえるかもしれないが、やはり基本となる真理である。CSRをめぐる諸説が引き起こした混沌から企業を救い出すには、やはりここに立ち戻るべきである。

企業が成功するためには社会が健全でなくてはならない。教育や医療、機会均等は、生産性の高い労働力を確保するための前提である。安全な製品と労働環境は、顧客を引き付けるだけでなく、事故による内部コストも減少させる。土地、水、エネルギーなど天然資源の有効活用は、企業の生産性を高める。優れた行政や法制度、私有財産権は、企業の効率とイノベーションに不可欠である。法規制がきちんとしていれば、消費者も企業も不正な搾取から守られる。最終的に、健全な社会は人々のニーズを満たし、向上心を引き出すことによって、企業が必要とする需要を拡大する。コミュニティを犠牲にして、おのれの利益だけを追求するような企業にとって、成功は幻想にすぎず、たとえ実現しても一時的である。

同時に、社会が健全であるためには企業の成功が欠かせない。いかなる社会プログラムも、長期的に生活水準と社会環境を向上させる雇用、富、イノベーションの創出という面では、企業にはかなわない。

政府、NGO（非政府組織）、その他市民社会の構成員たちが、健全な社会を目指す戦いの中で企業の生産性の足を引っ張るようなことをすれば、部分的には勝利しても全体としては敗北を喫するだろう。企業と地域社会の競争力が低下し、賃金は上がらず、雇用が失われ、税金や寄付の源である富も失われるからである。

企業のリーダーも市民団体のリーダーも、互いが衝突する部分にばかり意識を向け、利害が一致する接点への関心が足りない。企業と社会が相互依存関係にある以上、事業判断も社会政策も、共通の価値に従わなくてはならない。すなわち、いかなる意思決定も、企業と社会の双方に恩恵をもたらすものでなければならない。企業であれ社会であれ、みずからの利益のために相手を害するのは危険な道である。一方が得る一時的な利益が、双方の長期的な繁栄を阻害することになるだろう（＊1）。

以上のような一般的な原則を実際の行動に移すために、企業は、事業の根幹を成す競争と戦略のフレームワークに社会的視点を取り込まなければならない。

企業と社会の接点を探す

企業と社会の相互依存には、二つの方向がある。一つは、企業が日常の事業活動を通じて社会に及ぼす影響、すなわち「企業から社会への影響《インサイド・アウト・リンケージ》」である。

企業のバリューチェーン内のあらゆる活動は、企業が事業を行っている地域社会と接点を持ち、社会にプラスあるいはマイナスの影響を及ぼす（BOX8-2の図表8-3参照）。

企業は、みずからの活動が社会に及ぼす影響（雇用慣行、CO_2の排出、産業廃棄物など）を意識するようになったが、これらの影響は多くの経営者が思っている以上に複雑で、一筋縄にはいかない。早い話、どこでその事業を行っているかによっても違う。ある製造プロセスが社会に及ぼす影響は、中国と米国とではまったく異なるはずだ。

企業が社会に与える影響は、時代とともに変化することもある。社会の基準が変わり、科学が進歩していくからだ。たとえば、いまでは重大な健康リスクとされているアスベストは、二〇世紀前半の科学では安全とされていた。五〇年かけてアスベストの危険性を示す証拠が積み上げられ、ようやく損害賠償請求が起こされる事態になったのである。アスベストに関する科学的研究の進歩がもたらす結果を予測できず、倒産に追い込まれた企業は多い。したがって、今日明らかとなっている社会的影響を見ているだけでは十分ではない。たえず変化する社会への影響を見極めるプロセスがなければ、企業存亡の危機にもつながりかねない。

企業と社会の相互依存のもう一つの方向は、外部の社会状況が企業に及ぼすプラスとマイナス両面の影響、すなわち「社会から企業への影響《アウトサイド・イン・リンケージ》」である。

すべての企業は、戦略——とりわけ長期的戦略——を実現する能力に影響を及ぼす、何らかの競争環境の中に置かれている。社会の状況は、企業を取り巻く競争環境の重要な一部である。企業の競争環境は、企業のバリューチェーンほど注目されていないが、企業と社会の双方の戦略にとって重要な意味を持つ。健全な競争環境を維持することは、企業と地域社会の両方にとって有益である。

競争環境は大きく次の四つに分けることができる（ＢＯＸ８－２の図表８－４参照）。

（1）事業遂行に必要なインプットの質と量。たとえば、人的資源や輸送インフラなど。

（2）競争の前提条件となるルールとインセンティブ。たとえば、知的財産保護、手続きの透明性、汚職防止、投資促進などの政策。

（3）事業地域における需要の規模と性質。これは、たとえば製品の品質や安全性の基準、消費者の権利、政府調達の公正性などからの影響を受ける。

（4）自社事業を有利に進められる周辺業界の存在。たとえば、各種のサービスを提供する事業者や装置メーカーなどである。

四つの競争環境のいずれにも、CSR活動の機会が存在する。たとえば、望ましい人材を雇用できるかどうかは、いくつかの社会的要因に依存するが、企業はこれに影響を及ぼすことができる。たとえば地元の教育システム、住宅の供給、人的資源の制約となる差別への対応、医療施設の整備などである。(*2)

対応すべき社会問題を選ぶ

どんな企業も、すべての社会問題を解決することはできないし、すべての社会的コストを引き受けることもできない。したがって、自社の事業と関連性が高い社会問題を選択する必要がある。それ以外の問題は、それに取り組むのに適したポジションにいる他の業界の企業、NGO、政府機関などに任せればよい。

図表8-1｜社会問題の分類

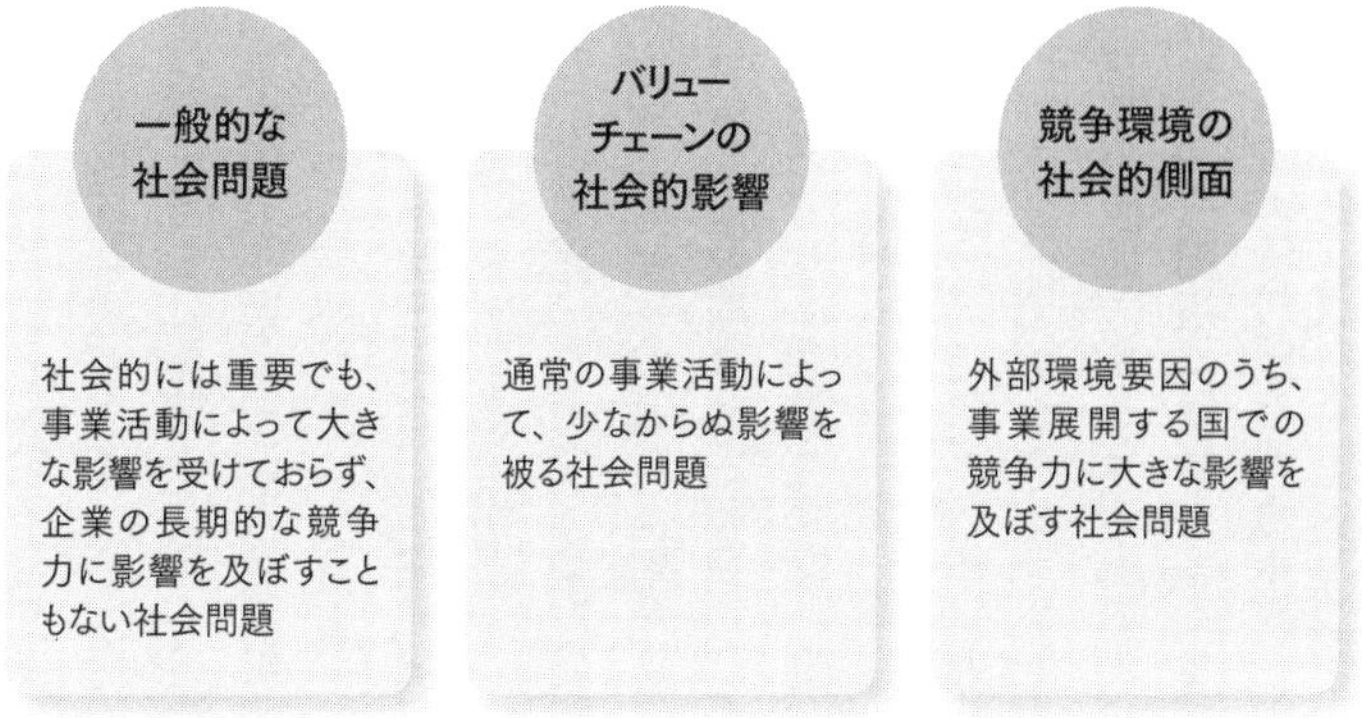
一般的な
社会問題
社会的には重要でも、事業活動によって大きな影響を受けておらず、企業の長期的な競争力に影響を及ぼすこともない社会問題
バリューチェーンの
社会的影響
通常の事業活動によって、少なからぬ影響を被る社会問題
競争環境の
社会的側面
外部環境要因のうち、事業展開する国での競争力に大きな影響を及ぼす社会問題

CSRのテーマを選択する際の指針は、「そのテーマには価値があるか」ではなく、「そのテーマは共通の価値を生み出す機会をもたらすか」でなくてはならない。つまり、CSRが社会にもたらす恩恵が企業にとっても価値がある、そのようなCSRを選ばなければならない。

本章に示すフレームワークは、企業に影響を与える社会問題を次の三種類に大別する。これによって、企業は社会に存在する多くの重要課題から、自社にとって重要かつ戦略的な意味を持つ社会問題の組み合わせを絞り込むことができる（図表8-1参照）。

（1）一般的な社会問題——社会にとっては重要でも、企業活動の影響はさほど受けておらず、企業の長期的な競争力にも影響を及ぼさない社会問題。

（2）企業が影響を及ぼしている社会問題――バリューチェーンにおける企業の活動が影響を及ぼしている社会問題。
（3）企業の競争環境に影響を与える社会問題――企業の外部環境要因のうち、企業が事業を展開している場所で、競争力に大きな影響を及ぼすような社会問題。

企業はまず、事業単位ごと、主要地域ごとに、社会問題を右の三種類に分類し、次いで影響の大小によってランク付けをする必要がある。同じ問題でも、それがどのカテゴリーに分類されるかは、事業単位によって、業界によって、また場所によって異なる。

たとえば、ダンスカンパニー（舞踏団）への支援は、サザン・カリフォルニア・エジソンなどの電力会社にすれば「一般的な社会問題」だが、アメリカン・エキスプレスのような企業にすれば「競争環境に影響を与える社会問題」となろう。同社の売上げは高級エンタテインメント、ホテル観光業界に依存しているからだ。

CO_2排出は、バンク・オブ・アメリカのような金融機関にすれば「一般的な社会問題」だが、ユナイテッド・パーセル・サービス（UPS）などの運輸業にとっては「企業が（マイナスの）影響を及ぼしている社会問題」であり、トヨタ自動車にとっては「企業が影響を及ぼしている社会問題」であると同時に「競争環境に影響を与える社会問題」でもある。

アフリカ大陸のエイズ禍は、ホーム・デポなど米国の小売業者にすれば「一般的な社会問題」であるが、グラクソ・スミスクラインなどの製薬会社にとっては「企業が影響を及ぼしている社会問題」、アングロ・アメリカンなど採掘に現地労働力を使う鉱山会社にとっては「競争環境に影響を与える社会問題」となる。

雇用の多様性、省エネルギーなど、経済全般に広く当てはまるような問題でも、その影響度は、業界によってまちまちである。たとえば、医療保険制度は、社員数も少なく給与も高いソフトウェア開発やバイオ関連の企業ではさほど問題にはならないが、低賃金労働者を多数抱えている小売業では大きな問題になる。

同じ業界に属する企業でも、ポジショニングが違えば、同じ社会問題から受ける影響が異なることがある。自動車産業で言えば、ボルボは「安全性」がポジショニングのコア要素であり、トヨタはハイブリッド技術による「環境面への配慮」によって競争優位を築いてきた。社会問題の中には、その企業の多くの事業単位や事業地域に関連するものがあるが、そのような社会問題には全社を挙げた戦略的CSRとして取り組むことがふさわしい。

ある社会問題が複数の業界にまたがり、多数の企業に関係している場合、それらの企業が協調して対処するのが効果的である。たとえば、石油、天然ガス、鉱工業の大手一九社が加盟するEITI(採掘産業透明性イニシアティブ)という団体は、事業展開している国すべてにおいて、政府への支払額を公表・証明し、贈収賄の防止に努めている。この種の業界大手企業が一致団結して行動すれば、現地政府がいかに腐敗していようと、支払額を公表する企業を閉め出し、社会への便益を損なうようなことはできなくなる。

戦略的CSRを企画する

社会問題を分類して優先順位をつけることは手段であり、その目的は、具体的かつ積極的なCSR活動を実施することである。CSRは、社会にとっての価値と企業にとっての価値を同時に実現し、地域社会の期待を上回るものでなければならない。「迷惑を減らす」というレベルに留まることなく、「社会をよくすることで戦略を強化する」というレベルを目指すべきだ。

そのようなCSRは、各ステークホルダーに責任を負うものでなくてはならないが、それで十分というわけではない。持てる経営資源の多くを戦略的CSRに振り向けるべきである（図表8-2参照）。CSRには「受動的CSR」と「戦略的CSR」があるが、社会により大きなインパクトをもたらし、それが自社にもたらすメリットを収穫するのは戦略的CSRである。

受動的CSR

外部の声に対処する受動的CSRは、二つの要素から成る。第一は、善良な企業市民として行動し、ステークホルダーの社会的関心事の変化に対応することであり、第二は事業活動の現実や未来の悪影響を緩和することである。

善良な企業市民としての活動はCSRに欠かせないものであり、しっかり実施する必要がある。立派な活動を行っている地域団体の中には、企業からの寄付に頼っているところが多く、企業が地域社会に貢献していれば、社員たちも誇りを持って働ける。

図表8-2 | 受動的CSRから戦略的CSRへ

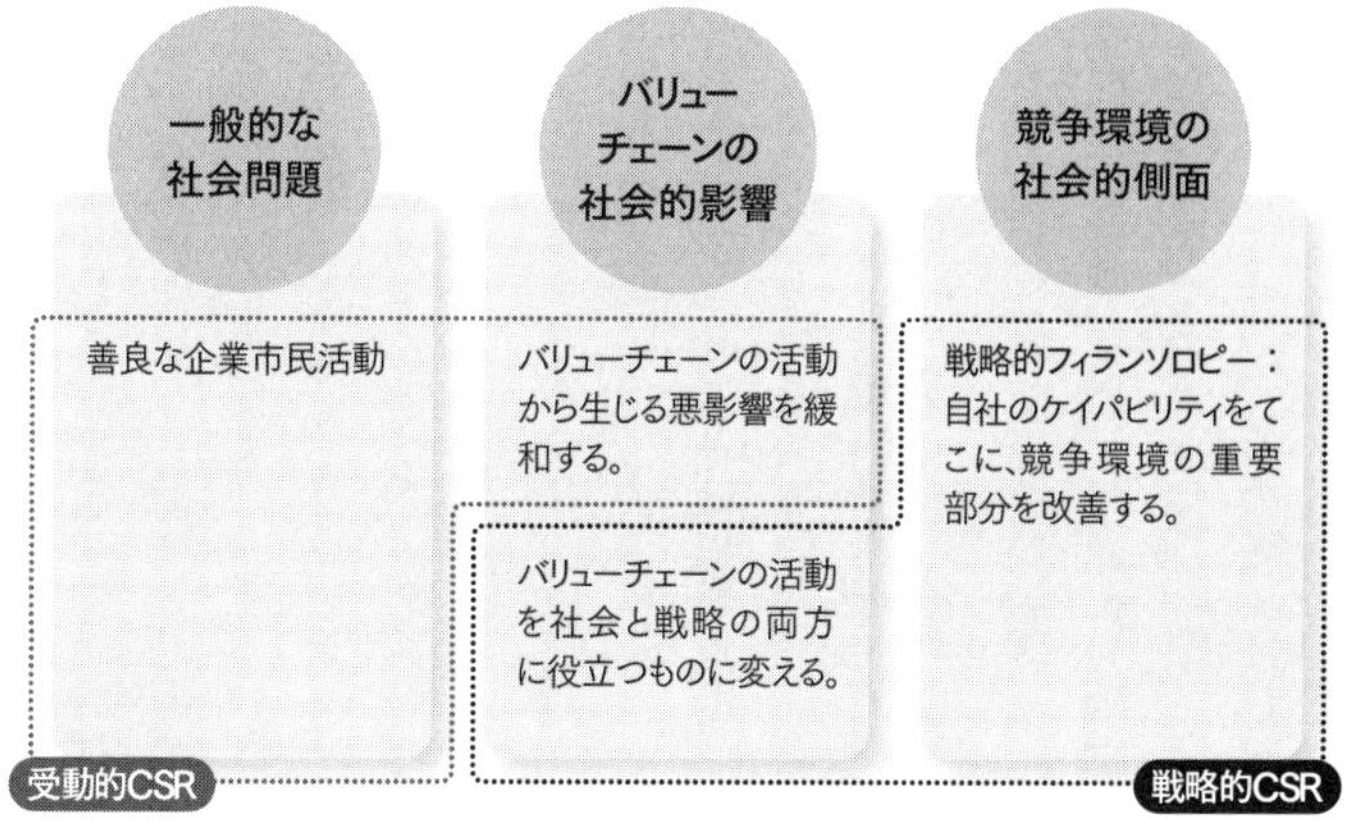

だが、単に小切手を切るだけでは尊敬される企業市民にはなれない。具体的かつ測定可能な目標を立て、長期的に成果を調査する必要がある。その好例はゼネラル・エレクトリック（GE）である。同社は自社工場の周辺地域において、成績の芳しくない公立高校の支援に乗り出した。五年間に一校当たり二五万～一〇〇万ドルを寄付し、さまざまな寄贈を行っている。加えて、GEの管理職や社員たちは積極的に学校と協力し、足りないものを探し、みずから生徒への指導や講義を提供している。このプログラムは一九八九年から九九年まで続き、対象となった一〇校についてその効果を調べたところ、いずれの高校も成績を大きく改善し、特に下位五校のうち四校の卒業率は平均三〇％から六〇％へと倍増した。

このように実効性の高い企業市民としての

活動は、地域の信用を獲得し、自治体など各方面との関係も改善できるだけでなく、参加する社員たちも誇りを感じられる。ただし、この活動は社会的貢献度は高かったものの、会社の事業とは確たる関連がなく、人員の採用や定着率へのプラス効果は限定的であった。

受動的CSRの第二の要素、つまりバリューチェーンから生じるマイナス影響の緩和は、つまるところ業務上の課題である。バリューチェーン全体が社会に及ぼす影響は数え切れないほど多く、しかも事業部門ごとにあるため、多くの企業は、社会的リスクや環境リスクをまとめた一般的なチェックリストを用いてCSR活動を検討している。にわかにCSR報告書の標準となりつつあるグローバル・リポーティング・イニシアティブは、一四一種類のCSR問題をリスト化し、さらに業種ごとの補助リストを作成している。

このようなチェックリストは出発点としては優れているが、企業はそこから一歩進んで、自社ならではの能動的な内部プロセスを設計すべきである。各事業部のマネジャーは、バリューチェーンを手掛かりに、地点ごとに事業活動の社会的影響を見極めることができる。この場合、実際に企業の活動を間近に見ているラインマネジャーが適任である。

まだはっきり認知されていない影響を予見するのは難しいが、その点について、ホームセンターのチェーンを国際展開する英国のB&Qの例は参考になる。同社は数百の店舗を抱え、取扱品目は数万種類に及ぶが、すべての商品について、気候変動から供給先の労働条件まで一二種類の社会問題との関係をチェックしている。どの製品にCSRリスクがあるのかを判断し、外部から圧力がかかる前に手を打てるようにしているのである。

バリューチェーンの影響を改善するために、すべての活動のやり方をゼロから再構築する必要はない。各活動についてベストプラクティスを調べ、その変化に注意しつつ各活動を実施すればよい。自社のバリューチェーンが原因で生じた社会問題について、他社以上に積極的に対応して効果を上げている企業は存在する。そのような企業は優位に立てるが、調達のようなオペレーション面での改善と同じで、一時的であることを忘れないほうがよい。

戦略的CSR

企業にとって、戦略はベストプラクティスの寄せ集めではない。戦略とは独自のポジショニングの選択、つまり競合他社とは異なる方法でコストを下げ、特定の顧客ニーズに応える方法の選択である。この原則は、顧客や競合他社との関係においてだけでなく、社会との関係にも当てはまる。

戦略的ＣＳＲとは、「善良な企業市民」や「バリューチェーンの悪影響の緩和」のレベルを超えて、社会と企業の両方に独自性のあるメリットをもたらす活動に集中することを意味する。それには「企業から社会へ」と「社会から企業へ」の両方が関係してくる。ここにこそ「共通の価値」（シェアードバリュー）を実現するチャンスが眠っている。

製品やバリューチェーンの中には、企業の競争力と社会の両方に資するようなイノベーションを生み出す要素が多く存在する。

トヨタの排ガス問題への対応が好例である。トヨタのハイブリッドカー、プリウスは、競争優位と環境保護を両立させる斬新な自動車開発の先駆けとなった。ハイブリッドエンジン車は、通常の自家用車に比べて有害汚染物質の排出量がわずか一割程度、また燃費も半分まで下がる。プリウスは二〇〇四年、『モーターマガジン』誌のカー・オブ・ザ・イヤーに輝いた。トヨタはこれによって機先を制し、フォード・モーターほかの自動車メーカーは同社のハイブリッド技術をライセンス利用しているほどである。トヨタは独自のポジションを築き、いまやハイブリッド技術を世界標準として確立する勢いにある。

メキシコの建設会社、ウルビ・デサロジョス・ウルバノスは、給与天引きによる柔軟な住宅ローンなど、新しい融資手法を用いて、低所得層向けの住宅を建設し、成長してきた。フランス最大の銀行クレディ・アグリコルは、環境問題に関連した金融商品を開発して差別化に成功した。たとえば、省エネルギー型住宅設備やオーガニック農場の認定事業への融資などである。

戦略的CSRなら、自社の競争力につながるような形で競争環境に投資することで、社会と共有できる価値を生み出せる。企業の成功と社会の成功が補強し合う、一種の共生関係が築かれるのだ。一般に、事業との関連性が高い社会問題ほど、企業の経営資源やスキルが役に立つ可能性が高い。

マイクロソフトと全米コミュニティカレッジ協会（ＡＡＣＣ）の提携は、競争環境への投資によって共通の価値を創造した好例である。ＩＴ業界では慢性的に労働力が不足しており、マイクロソフトにとっても成長を制約する要因になっている。実際、米国国内だけでも、ＩＴ労働者が四五万人足りないといわれている。コミュニティカレッジ（二年制の短期大学）はその有力な解決策になりうる。在学者数は一一六〇万人、米国の大学生全体の四五％を占めている。マイクロソフトは、コミュニティカレッジには特有の問題があることに気づいた。体系的なＩＴカリキュラムがなく、教室で使われるＩＴ機器も古く、教える側の知識をアップデートする育成プログラムもないという問題だ。

マイクロソフトは、これら三つの問題に対処するため、五カ年計画を立て、五〇〇〇万ドルの予算をつけた。寄付金や機材の提供のほか、社員からボランティアを募り、各校のニーズを評価させ、カリキュラムの立案に協力し、教員の育成に尽力した。

この場合、ボランティア参加者や出向スタッフは、仕事上の専門スキルを活かすことによって社会のニーズに応えた。ここがその他多くのボランティア活動と一線を画するところである。この成果は多くの地域社会に貢献しただけでなく、マイクロソフト自身も直接の、大きな可能性を秘めたメリットにあずかることになった。

「企業から社会へ」と「社会から企業へ」の一体化

バリューチェーンにイノベーションをもたらすことも、競争力を制約している社会環境を変えることも、企業と社会の両方に価値をもたらす有力な手段である。しかし、これまでに紹介した事例から明らかなように、両方を同時に行うことができれば、ＣＳＲの効果はさらに大きくなる。そのためには、自社の競争力に影響を与えている社会問題を改善するような方法で、バリューチェーン内の活動を行うことが必要である。同時に、競争環境に働きかける投資によって、バリューチェーン内の企業活動の制約を緩和できる可能性もある。

たとえばホテルチェーンのマリオット・インターナショナルは、慢性的失業状態にある求職者に一八〇時間の無料研修とＯＪＴを提供している。それと並行して、地域の社会奉仕団体への支援も行うことで、適性のある人材の選抜と推薦について協力してもらっている。その結果、地域社会も大きな恩恵にあずかり、マリオットも採用コストを節約できる。なお、訓練を受けた人の九割がマリオットに就職する。一年後の定着率も六五％と業界平均よりかなり高い。

バリューチェーンの諸活動と競争環境に働きかけるためのCSR投資が統合される時が来れば、CSRと日常業務の区別はなくなるだろう。ネスレは、途上国の小規模農家と直接契約し、世界各国に広がる各事業の主原料となるミルク、コーヒー、ココアなどを調達している（BOX8-3参照）。同社は何十年にもわたって現地のインフラに投資し、ワールドクラスの知識と技術を移転させてきた。その結果、医療の改善、教育の向上、経済成長といった素晴らしい社会的成果を生み出した。そしてネスレ自身は、そのグローバル事業の成長と継続に不可欠な原材料を安定的に調達できる。このネスレの戦略は、それが社会に与えるインパクトと切り離して論じることはできない。

バリュープロポジションにふさわしい競争環境を整える

いかなる戦略も、その核心には、自社独自のバリュープロポジション（提供価値）が存在する。すなわち、他社にはできない方法で、特定の顧客が抱えているニーズに応えることである。そのバリュープロポジションに社会性を吹き込み、社会的インパクトを戦略に組み込むことで、優れた戦略的CSRは実現する。

ホールフーズ・マーケットの例を見てみよう。同社のバリュープロポジションは「食品の安全性と環境保護に関心の高い顧客層に、有機栽培による健康的な自然食品を提供すること」である。食品小売業界にあって、ホールフーズの独自性とプレミアム価格を支えているのは、まさしく社会問題である。

店舗ごとに農家から直接買い付けているところが、同社の仕入れの特徴だ。一般的には使用されていても、同社が「健康を害する」「地球環境にやさしくない」と見なした成分――一〇〇種類近くある――を含んだ食品はいっさい仕入れない。もちろん、社内製造される食品にも同じ基準が適用される。たとえばホールフーズ製のパンに使用されるのは、臭素酸カリウムを配合していない無漂白小麦粉だけである。

自然で環境にやさしいオペレーションを謳うホールフーズの姿勢は、仕入れだけに留まらない。その店舗もできる限りリサイクル素材を使って建設される。同社は最近、すべての店舗や施設の全消費電力量に相当する「再生可能な風力エネルギークレジット」を購入した。フォーチュン５００の中で、全電力消費分に相当するクレジットを購入しているのはホールフーズだけである。

また、売れ残り商品や生物分解性廃棄物は、地域ごとの堆肥化センターにトラックで運ばれる。ホールフーズの業務用車両は、バイオ燃料で走れるように改造されている。店舗で使う洗剤も環境にやさしい製品を使用している。さらにフィランソロピー活動として「動物共感財団」を設立して、自然で人道的な家畜の飼育方法を研究している。

要するにホールフーズでは、バリューチェーンのあらゆる活動が、社会性の高いバリュープロポジションを強化しており、その結果、他社との差別化に成功しているのである。

すべての企業が、ホールフーズのようにバリュープロポジションの中心に社会問題を位置付けられるわけではないが、何らかの社会的次元を加味するだけでも、ポジショニングに新たな方向性が生まれて競争力が増す。

　政府による規制、世間からの批判、賠償責任のリスク、消費者の監視の目などは、いずれも強まるばかりである。その結果、社会性の高いバリュープロポジションによって競争優位を築くことのできる産業や企業の数は、確実に増加している。

　たとえば、北米地域でレストランや施設へのフードサービス事業を展開しているシスコでは、差別化の手段として、小さな家族経営の農場を保護し、地元で取れた食品を顧客に提供する取り組みを始めた。

　グローバル多国籍企業も、事業と社会を一体化させることで大きなビジネスチャンスが生まれると判断している。GEは、水質浄化技術の開発や環境にやさしい事業を中心に「エコマジネーション」というキャンペーンを行っており、ユニリーバでは、貧しい消費者のニーズを満たすような新製品、包装、流通システムを開発しようとしている。

戦略的CSRを推進する体制

　企業と社会のニーズを一体化するには、正しい意図と強いリーダーシップだけでは足りない。それにふさわしい組織構造、リポーティングシステム、しかるべきインセンティブが必要である。

　ラインマネジャーたちの職掌に「自社業務と関連する競争環境に大きな影響を及ぼす社会問題を発

見する」ことを含めている企業は少ない。フィランソロピーをＣＳＲと統合している企業はさらに少なく、社会的に重要な問題をバリュープロポジションに組み込んだ企業となると、それ以上に稀である。そのようなことを行おうとしたら、ＣＳＲでもフィランソロピーでも、いま行っているような取り組みを根本から変えなくてはならないからである。てんでんばらばらな守りの姿勢から、統合された積極的な取り組みへと転換しなければならない。すなわち、イメージや評判ではなく、確たる成果を求める態度へと変わるべきなのである。

その点で、ステークホルダーの満足度を評価指標とする現在のアプローチは、実は後退的な効果を及ぼしている。評価指標はＣＳＲが社会に与えるインパクトでなくてはならない。そのためには、ラインマネジャーたちは、外（競争環境）から内（自社組織）への影響についてもっと知るべきであり、ＣＳＲ担当者はバリューチェーン内のあらゆる活動をきめ細かく理解する必要がある。バリューチェーンや競争環境の改善に向けたＣＳＲ投資を企業の損益に責任を負っているマネジャーの業績評価と関連付ける必要もある。こうなると、職掌範囲に項目を追加するだけでは足りず、長年にわたって染み込んだ間違った理解を払拭する必要がある。

多くのラインマネジャーに、内と外、我々（企業）と彼ら（社会）を対立するものと見る思考様式が染み付いており、社会問題の話になると身構えてしまう。逆に、ＮＧＯなどの側には、社会的価値の追求によって利益を上げようとする企業に疑いの眼差しを向ける人が多い。企業戦略に社会的側面を取り込んで活用するには、まずこのような態度を改める必要がある。

戦略とは選択であり、ＣＳＲも例外ではない。つまり、どの社会問題に注目するかを選択しなくてはならない。企業には短期業績への圧力がかかっているので、社会的価値が創出できるからといって何にでも投資するわけにはいかない。共通の価値を創出するための投資とは、ちょうど研究開発への投資のように、未来の競争力を支えるための長期投資と見るべきである。

これまでCSRとフィランソロピーに投じられてきた莫大な資金が、本章で述べた原則に従って活用されていたならば、企業と社会の両方が恩恵を受ける、大きな成果が上がっていたことだろう。

受動的CSRは、善良な企業市民として活動し、企業が生み出すあらゆる外部不経済に対処しようとするが、戦略的CSRはより選択的で、対象とするものを狭く絞り込んで働きかける。企業の前には無数の社会問題があるが、自社が取り組むことによって社会を変革し、同時に競争優位を獲得できる問題はごく一部である。対象を正しく選び、企業戦略と調和が取れたCSR活動を積極的に展開する企業は、そうではない企業との差を次第に広げていくことができるだろう。

CSRを超えて、企業と社会の一体化へ

企業は、雇用の創出、投資、購買、日々の業務を通じて社会に大きな恩恵をもたらす。企業が社会や地域に対してなしうる最大の貢献は、経済的繁栄への貢献にほかならない。政府もNGOも、この基本的な事実を忘れがちである。

開発途上国が企業活動のルールやインセンティブを恣意的に変更するなら、生産性の高い企業の足を引っ張ることになる。そのような国は貧困と低賃金の状況から抜け出せず、天然資源を切り売りす

るしかない。企業はそのような状況——開発途上国においてだけでなく、先進国の中で経済発展の遅れた地域においても——を改革するのに必要なノウハウと資源を持っている。

言うまでもなく、人を欺いて短期的な利益を追求したり、企業活動が社会や地球環境に及ぼす悪影響を無視したりする企業は許されない。しかし、CSRは企業の過ちを正すためだけにあるのではない（それはそれで大事だが）。また、地元の慈善事業への寄付や災害時の支援、恵まれない人々の救済といったフィランソロピーに留まるものであってはならない（もちろんそれは意義のあることだが）。

企業活動および競争環境の中の社会的側面において共通の価値を見出そうと努力するなら、企業と社会が利益を得るだけでなく、企業と社会の双方が相手を見る見方も変わることだろう。NGOも政府も企業も、「企業の社会的責任」（CSR）という考え方をやめて、「企業の社会的統合」について考え始めるべきなのである。

CSRを、ダメージコントロールやPRキャンペーンとしてではなく、共通の価値を構築するための活動と認識するには、ビジネスについての従来の観念を一新する必要がある。そこでは間違いなく、企業競争に勝ち抜くうえでCSRの重要性が増しているはずである。

世界中のすべての問題が企業の責任であるはずがないし、企業がすべてを解決できるほどの資源を持っているはずもない。だが企業は、自社が最も貢献できる社会問題、その改善が競争優位につながるような社会問題を選び取ることができる。そして、共通の価値を創出することによってその社会問題に立ち向かうなら、政府や民間からの補助金がなくても自立できる解決策が生まれるかもしれない。優れた企業がその豊富な経営資源、能力、マネジメント能力を、十分な理解も利害関係もある社会問題の解決のために振り向けるならば、他のいかなる機関、いかなる慈善団体よりも大きなメリットを社会にもたらすことができる。

BOX 8-1 CSRランキングの問題

企業活動が社会にどのような影響を及ぼしているのかを測定し、公表することで、企業活動のあり方に影響を与えられる可能性はある。ただしそのためには、ランキングに一貫性があり、企業活動が社会に与える影響を正確に測定できるということが条件となる。残念ながら、昨今氾濫しているCSRランキングは、どちらの条件も満たしているとは言いがたい。

評価指標

まず、ランキングの評価指標がばらばらである。たとえば、ダウ・ジョーンズのサステナビリティ・インデックスは、さまざまな経済的パフォーマンスを評価指標に含めていて、「顧客サービス」は「企業市民活動」より五〇%も重く評価されている。ところが、これと並び称せられるFTSE4Good指数シリーズは中身が異なり、経済的パフォーマンスや顧客サービスは評価指標に含まれていない。たまたま同じ評価指標があっても、最終評価のための重み付けは両者の間で異なっている。

達成度の測定方法

評価指標の選択と重み付け以上に問題なのは、各指標について企業の達成度をどうやって測ればよいかがわかっていないという点である。マスメディアであれ、ＮＰＯであれ、投資顧問会社であれ、グローバル企業の複雑多岐にわたる活動を隅々まで監視するだけの資源は持ち合わせていない。そこで、入手に手間も費用もかからないデータを利用することになりがちだが、それが社会や地球環境への影響を正しく反映しているとは限らない。たとえばダウ・ジョーンズのサステナビリティ・インデックスは、取締役の人数を「地域社会貢献」の一指標としているが、取締役の数と地域貢献には相関性はない（＊３）。

データの信頼性

最後に、社会への影響を把握できる評価指標を選んだにしても、データの信頼性が低いことが多い。ほとんどのランキング調査で用いられているアンケート調査は、有効回答率が必ずしも統計的に有意とはいえないし、企業が発表するデータは外部のチェックを受けていない。しかも、隠したいことが多い企業ほど回答率は悪い。

その結果、ほとんど意味のないＣＳＲランキングがはびこっている。あらゆる企業が、「当社は社会的責任について、このような指標をクリアしています」と自慢することができ、それを誰も否定できないのが現状である。

BOX 8-2 バリューチェーンとダイヤモンドフレームでCSRを考える

企業と社会の相互依存性を分析するに当たっては、ポジショニング分析に使うツール（バリューチェーン）と、戦略プランニングに使うツール（ダイヤモンドフレーム）を利用することができる。この二つを用いて、企業は最も効果的なCSR活動を絞り込むことができる。一時的な善意や外圧への対応から行動するのではなく、しっかりした意図を持ってCSR活動を企画すれば、社会へのメリットと事業面への効果の両方を最大化することができる。

内から外への視点でCSRを考える（バリューチェーン）

これら二つのツールは用途が異なる。バリューチェーンは企業が事業を営むうえで行うあらゆる活動を図に表したもので、これを使えば、企業は自社の活動が社会に与えるプラスとマイナスの影響――内から外への影響――を棚卸しすることができる（**図表8-3参照**）。そこには、雇用やレイオフの方針から温室効果ガスの排出までさまざまなものが含まれる（図に示したものはそのごく一部である）。

企業は個々の影響の内容を精査し、優先順位をつけ、改善や強化に取り組む必要がある。一般的に企業は、バリューチェーンが社会に及ぼすマイナスの影響は可能な限り潰すよう努めるべきである。そのための取り組みが、大きな社会的利益や企業戦略上の効果をもたらす

図表8-3 | バリューチェーンが社会に及ぼす影響

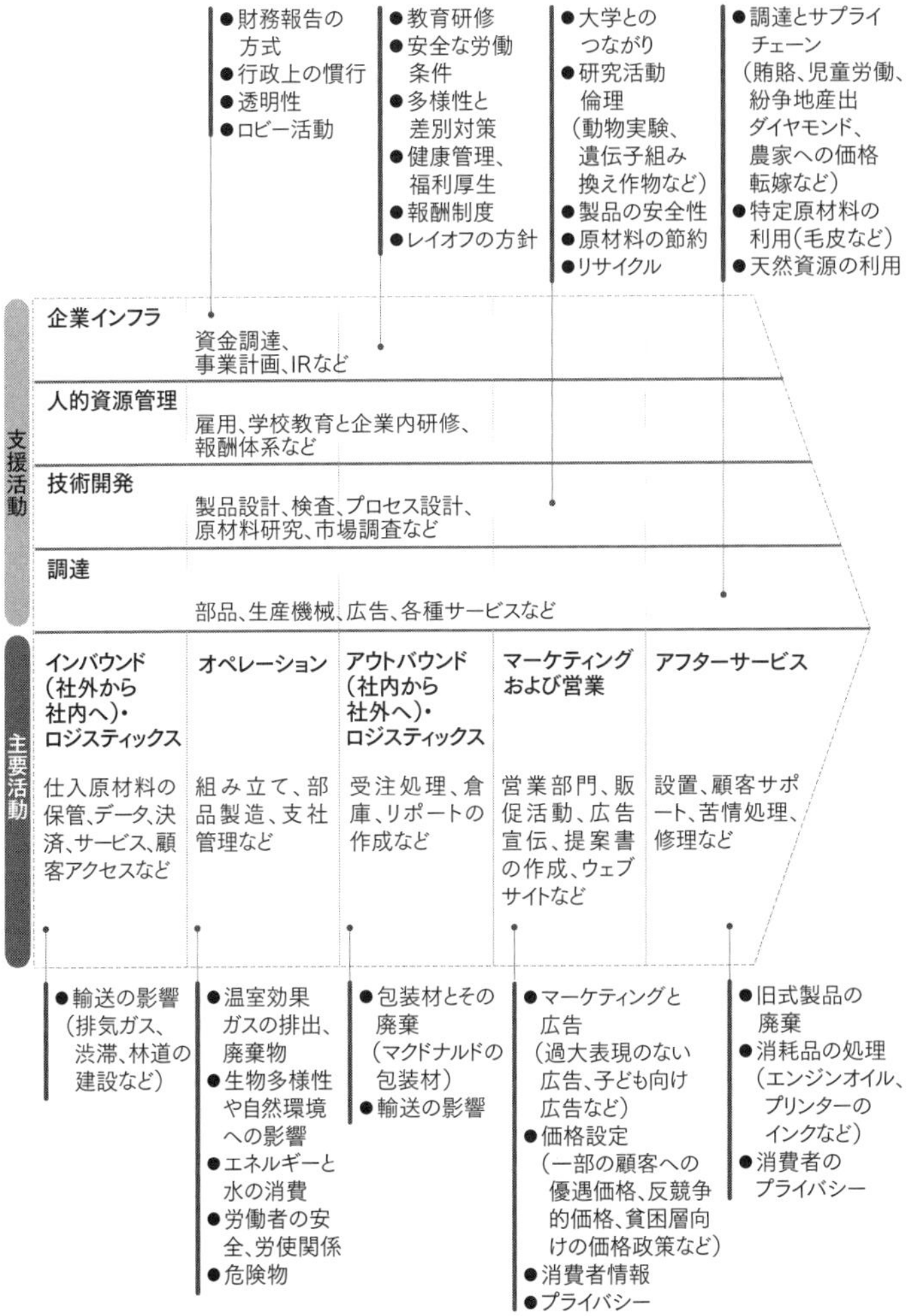

出所：Michael E. Porter, *Competitive Advantage: Creating and Sustaining Superior Performance*, Free Press, 1985.（邦訳『競争優位の戦略』ダイヤモンド社、1985年）

図表8-4｜社会が競争力に及ぼす影響（社会から企業への影響）

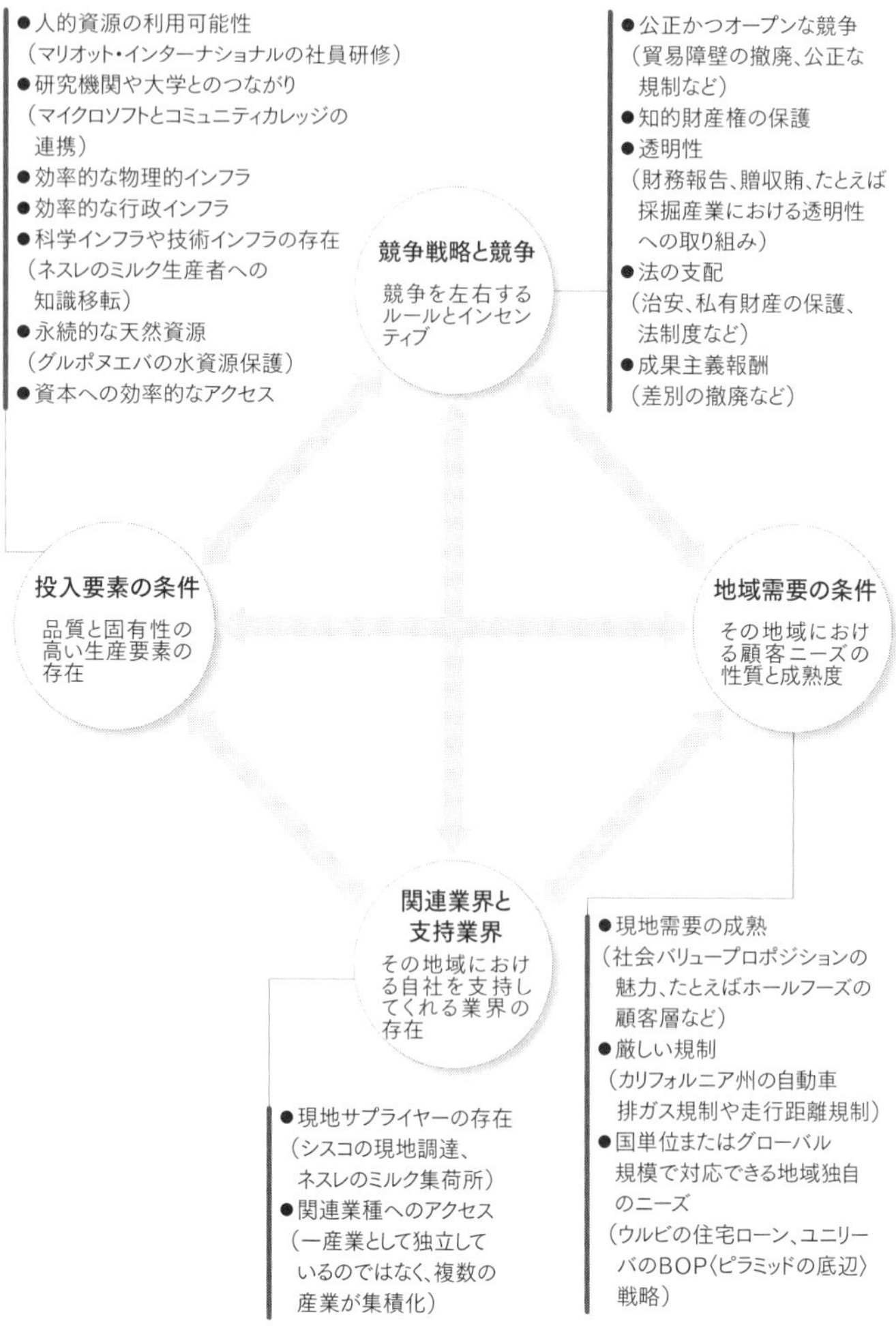

出所：Michael E. Porter, *The Competitive Advantage of Nations*, Free Press, 1990.
（邦訳『国の競争優位（上・下）』ダイヤモンド社、1992年）

ことがありうる。

外から内への視点でCSRを考える（ダイヤモンドフレーム）

効果的なCSR活動を企画するには、自社のバリューチェーンが社会に及ぼす影響を知るだけでなく、社会が自社の競争力（たとえば生産性や戦略遂行能力など）に及ぼす影響——外から内への影響——を理解する必要がある。これを把握するために使えるのがダイヤモンドフレームである（**図表8-4参照**）。これは立地が企業の競争力に影響を及ぼす四つの分野（たとえば輸送インフラや規制の公正な運用など）を示すものである（ダイヤモンドフレームについては、Ⅱ巻第1章で詳しく論じているので参照されたい）。

企業は競争力に影響を及ぼす四分野すべてに取り組むことは難しいので、競争戦略上の最大の価値をもたらす分野を選択する必要がある。すなわち、シェアードバリュー（社会的利益と自社の競争力）を最大化する、一つまたは少数の社会的取り組みを選ぶことになる。

BOX 8-3　インドにおけるネスレのミルク事業

ネスレは、小規模農家に直接手を差し伸べている。このやり方は、社会の進歩と企業の競争優位を両立させる共生の手本といえよう。皮肉なことに、アフリカでの脱脂粉乳の販売手法に対しては三〇年前から批判が続いており、ネスレの評判はいま一つであるが、実は途上国での企業活動で、いくつも素晴らしい成果を上げている。

インドにおけるネスレのミルク事業の歴史を見てみよう。一九六二年、同社はインド市場への進出を計画し、インド政府から北部のパンジャブ州モガに乳製品工場を建設する許可を得た。

同州の貧困は深刻を極めていた。一般家庭には電気もなく、交通機関も、電話も、医療サービスもなかった。農場主といっても所有地はせいぜい二ヘクタール、灌漑も悪く土もやせていた。メスの水牛を一頭飼っている家も多かったが、ミルクは自分たちの分がせいぜいだった。また、水牛が子どもを産んでも六割がすぐに死んでしまう。冷蔵設備も、交通手段も、品質の測定手段もなく、ミルクを遠くに運ぶこともできず、汚染されたり希釈されたりすることが多かった。

ネスレがインドに進出したのはもちろん事業のためであって、CSRのためではない。発祥の地スイスの時代からずっと、ネスレのバリューチェーンは、多数の小規模生産者から直接調達する方式であった。モガで同じバリューチェーンを構築するには、企業と地域が共有できる価値が生まれるような事業環境を、ネスレみずからが先頭に立って創出するしかなかった。

ネスレは、冷蔵設備を備えたミルク集荷所を村々に置き、トラックを送って原乳を集めた。

トラックには、獣医、栄養士、農地管理士、品質管理の専門家が同乗する。病気の家畜には医薬品と栄養剤が与えられ、現地農民には毎月研修が開かれた。農民たちは、ミルクの品質は水牛の飼料に左右されること、飼料の質は灌漑による作物の育て方に左右されることを初めて知った。

さらに彼らは、ネスレから資金面と技術面で支援を受けて、それまで不可能だった深掘り井戸を掘り始めた。灌漑が改善されると、水牛の飼料だけでなく農作物の収穫も増え、小麦や米に余剰分が出始め、生活水準も向上していった。

ネスレがモガに工場を開設した時、ミルクを供給する農家はわずか一八〇人だった。いまでは同地域の七万五〇〇〇人からミルクを買っており、六五〇の村の集荷所から一日二回原乳を集めている。子牛の死亡率は四分の一まで下がり、ミルクの生産量は五〇倍になった。品質も向上し、ネスレの買取価格も高くなった。また、農民たちは二週間おきの定期収入を信用として、融資を受けやすくなった。他社の集荷所やミルク工場も現れ、産業クラスターの芽が育ち始めた。

現在、モガの生活水準は周辺地域より明らかに高い。九〇％の家庭に電気が敷かれ、電話が普及し、すべての村に小学校ができ、多くの村には中学校もできた。モガにおける医師の数は、周辺地域の五倍である。また農民たちの購買力が上がったおかげで、ネスレ製品の市場も拡大し、同社にとって成功の追い風となっている。

ネスレの戦略の中心は、小規模農家との直接取引にある。ネスレは、仲介業者にマージンを支払う必要もなく、高品質の原料を安定確保することに成功した。同社の他の主力製品、たとえばコーヒーやココアも、同じような条件下にある小規模農家の力を借りていることが多い。

ネスレはミルク集荷所を設け、農民たちに研修を行い、高い技術を導入するというモガでの方式を、ブラジル、タイほか十数カ国で繰り返し、最近では中国にも持ち込んだ。どのケースを見ても、ネスレは成功し、地域社会も繁栄している。

第3部 戦略とリーダーシップ

Strategy and Leadership

第9章

新任CEOを驚かせる七つの事実

Seven Surprises for New CEOs

MICHAEL E. PORTER, JAY W. LORSCH, AND NITIN NOHRIA

｜初出｜

Harvard Business Review, December 2004.

｜共著者紹介｜

ジェイ W. ローシュ（Jay W. Lorsch）

ハーバード・ビジネス・スクールの人間関係論ルイス・カースタイン記念講座教授。*Back to the Drawing Board: Designing Corporate Boards for a Complex World*（2003）、*Aligning the Stars: How to Succeed When Professionals Drive Results*（2002）（邦訳『スター主義経営――プロフェッショナルサービス・ファームの戦略・組織・文化』東洋経済新報社、2007年）など著書多数。

ニティン・ノーリア（Nitin Nohria）

ハーバード・ビジネス・スクール学長（第10代目）。リーダーシップや組織変革などを専門に研究し、1988年よりハーバード・ビジネス・スクールで教鞭を執る。*The Arc of Ambition: Defining the Leadership Journey*（2000）（邦訳『人が「やらないこと」をやる人！』三笠書房、2009年）、*What Really Works: The 4+2 Formula for Sustained Business Success*（2003）（邦訳『ビジネスを成功に導く「4+2」の公式』ソフトバンククリエイティブ、2003年）など著書多数。

CEOの職務には計り知れない困難がある

ＣＥＯは会社の命運について全責任を負っているが、その成否を決定付けるもののほとんどについてコントロールする術を持たない。組織の誰よりも大きな権限を持っているが、それを行使すればきまって望ましくない結果を招く。厳しい仕事だ。ＣＥＯの仕事の内容を知れば、読者はきっと驚くに違いない。驚くのは新任のＣＥＯとて同じだ。ついに長年の目標にたどり着き、キャリアの頂点に上り詰めたという喜びもつかの間、ＣＥＯの職務は想像していた内容と違うし、予想よりはるかに困難だということを思い知らされる。

新任ＣＥＯはまず、知識と時間の不足を痛感させられる。不完全な情報があふれ、時間に追われ続ける中、複雑極まりない未知の領域で膨大な仕事を処理しなければならない。初めて経験する役割もこなさなければならず、仕事で付き合う人間もそれまでとは変わる。その他いろいろな問題が、権限が大きくなるほどその行使が難しくなるというパラドックスから湧いて出てくる。いくつかは予想できた困難かもしれないが、ＣＥＯとして遭遇した場合の難しさは次元が違う。リーダーとしてどれほど輝かしい経験を積んでいても、あるいは大規模な事業部門を率いた実績があっても、ＣＥＯ職の準備としては十分ではない。

我々はハーバード・ビジネス・スクールで、新任ＣＥＯ向けワークショップを担当している（章末のＢＯＸ９-１参照）。大手企業の新任ＣＥＯたちに接する中で、彼らが遭遇する「意外な事実」が大きく分けて七つあることに気づいた。

（1）CEOが経営を担っているのではない。
（2）CEOが命令を下すことはリスクが高い。
（3）CEOは社内で何が起きているか把握できない。
（4）CEOの言動一つひとつがそのままメッセージとなる。
（5）CEOには取締役会という「上司」が存在する。
（6）CEOの目標は短期利益の追求ではない。
（7）CEOといえども一人の人間にすぎない。

これらをいかに早く認識し、受け入れ、立ち向かうかがCEOとして大成できるかどうかを左右する。これら七つの事実に着目すると、CEOだけでなく、あらゆる規模の組織の、あらゆるレベルのマネジャーにとって重要なリーダーシップの本質が浮かび上がってくる（BOX9-2参照）。

CEOが経営を担っているのではない――事実1

新任CEOの大多数は、それまで花形事業部門のトップを務めていたか、COOの座にあったはずだ。彼らは事業運営の手腕に長け、全社の経営を担う機会に恵まれた時、さぞや心を躍らせたことだろう。ところがＣＥＯに就任したその日から、それは仕事の一部にすぎないという現実に直面する。我々はハーバード・ビジネス・スクールで新任ＣＥＯ向けワークショップを担当しているが、プログラムの二日目には、教室にいる参加者たちに「ＣＥＯの仕事についてどのような感想をお持ちですか」と問いかけることにしている。最近、中西部のある大手メーカーのＣＥＯが、就任した直後、どれほど心細く思ったかについて、包み隠さず心情を吐露してくれた。彼のように、長年の経験に裏打ちされた円熟と自信を漂わせる人物ですら、これほどまでの不安に駆られたのである。

想像してみてください。私は入社して三七年になります。他の企業に勤めた経験はありません。ですから、会社への忠誠心はいやがうえにも高まりますし、同僚たちとも強い連帯感で結ばれています。ＣＥＯに指名された時は、それまで感じたことのない誇りと高揚感に包まれました。思い返せば、経営の舵取りを任される日を夢見て、何十年もキャリアを積んできたわけですから、就任の日を心待ちにしたものです。

ところが、就任数カ月後にはどうなっていたと思いますか。スケジュールは、証券アナリストたちとの打ち合わせ、マスコミの取材、政治家との会談などでぎっしり詰まっています。特にマスコミの取材では、どのような質問が飛び出すかわからず、時間をかけて入念に準備を整えておかなければなりません。また政治家との会談では、業界の重要課題について些細な問題も含めて説明を試みるわけです。しばらくすると、他社への取締役就任も求められますし、長年支援してきた慈善団体からも、理事の就任や資金集めの協力などを以前にもまして強く要請されます。しかも、代理人では納得してもらえません。私自身でなければ意味がないのです。

社外からのプレッシャーも大きく、日々の事業運営に集中できないばかりか、種々雑多な要請が凄まじい勢いで押し寄せます。以前は配下の全事業部に足を運び、社員とも顧客とも直接意見を交わし、事業の動向に精通していると自負していたものです。ところが、CEOに就任してみると、他の事業領域はおろか、古巣についてすら様子をうかがう余裕などまったくありません。ですから自社の日常動向をまったく把握できていないのではないかという不安をぬぐうことができません。これに拍車をかけるようにして、専門知識の不足を痛感させられるのです。

これは、ワークショップ参加者の典型的なコメントといえよう。新任CEOは当初、事業運営について熟知しているつもりでいるが、次々と課題を突き付けられ、瞬く間に自信を喪失する。社外からは膨大な量の厳しい要求が押し寄せ、多くの新任CEOは途方に暮れてしまう。「とにかく時間がない」というのが、CEO経験の浅い人に共通の悩みである。CEOは、株主、アナリスト、取締役会のメンバー、業界団体の要人、政治家など、さまざまなステークホルダーと会わなければならない。

外部から招聘されたCEOの場合は、まず事業内容を熟知するのに苦労する。内部昇進であっても、日々の事業運営から距離を置いて、社外のステークホルダー相手の仕事に馴染むのは容易ではない。何人かのCEOは、事業の最前線から離れると同時に喪失感にさいなまれると胸の内を明かしてくれた。内部昇進によるCEOの一人は、初めて知るマネジメントツールを学んだり、それまでの人脈を見直しながら新しい関係を築いたり、とにかくそれまでの経験すべてをリセットして一から出直しを迫られた気分になったと語った。

ワークショップでは参加者を対象に、ＣＥＯ就任時にどの程度準備ができていたかを尋ねるアンケート調査を行っている。株式市場への対応、取締役会との関係、社会からの厳しい監視に対する準備、経営チームの育成、会社のスポークスマンとしての役割といった多彩な項目について、「準備できていた」か「できていなかった」かを自己採点してもらう。調査結果からは、多くのＣＥＯが社内と社外の両方の要請に対応しなければならない「二重の役割」に不安を抱く様子が浮き彫りになった。

ＣＥＯは往々にして、社外のステークホルダーへの対応が困難であることを痛感させられる。そして、多くの事柄を諦めなければならないと知って衝撃を受ける。事業運営はおろか、社内で現実に起きていることすら十分に把握できない自分に気づいてショックを受けるのである。ＣＥＯが全社員の動きを追うわけにはいかない。一人の人間が大企業の隅々に目を光らすなど、週に一〇〇時間働いても不可能である。それは理解しているつもりでも、部下たちが何をしているかがわからなくなれば、コントロール力を失った喪失感を覚えるのである。

参加者の一人は、かつて得意としていた事業運営まで周囲に頼らなければならず、ＩＲ活動や政府規制など、未経験の分野について一から学ぶ必要があると知り、愕然としたそうだ。採用や解雇、昇進、報酬などに関する最終権限もＣＥＯにある。しかし実際には、実務に携わる部下たちにその権限を委譲せざるをえない。実際、ＣＥＯに就任した後、事業運営の詳細にうとくなる例は少なくない。

ＣＥＯは事業運営を成功させる責任を負うが、大きく複雑な組織の意思決定のすべてに介入することはできない。ＣＥＯに就任したら、会社に対して影響力を発揮する手段は、直接的なものから間接的なものへとシフトするのである。たとえば、明快で誰もが理解できる戦略を示す、堅固な組織や業務プロセスを構築して社員を統率する、情報共有や報奨の仕組みを整える、自身の価値観や経営スタイルを示す、といったことである。有能な人材から成る経営チームを組織して、経営の重責を分かち合うことも重要である。

CEOが命令を下すことはリスクが高い——事実2

CEOは組織で最大の権力を有するが、一方的に命令したり、下から上がってきた提案をむげに退けたりすれば、手痛い目に遭う。強硬な命令は同僚や部下の反感を招き、警戒心を芽生えさせる。幹部社員を批判すれば、その権威や自信を傷つけることになり、当人はもちろん周囲の士気や意欲を削ぐことになりかねない。

提案を却下する必要があるということは、戦略プランニングや社内のプロセスに何らかの不備があるということでもある。CEOが喜んで承認できないような提案は、本来、最終承認段階まで進んできてはならないからである。そこに至るまでに、関係者全員で問題点を洗い出し、解決策を練っているはずであり、CEOは戦略的に重要な部分に対してだけ意見を言ったり、支援を与えればよいのである。ところが、CEOが権限を発動して命令を出すと、皮肉なことに、みずからが持つ実際の権限を弱め、みずからと組織のエネルギーを削ぎ、事態の進展を妨げてしまう。

したがって、CEOが権限を直接行使する時は、よくよく考え抜いたうえで、ごく一部の局面に限定しなくてはならないし、大枠の行動プランから外れるようなことがあってはならない。権力は間接的に行使される時に最もよく効果を発揮する。そこに自身の経営スタイルや姿勢を反映すれば、効果的な意思決定を下し、目指す方向へ全社を導くことができるだろう。

ある新任CEOは、厳しい試練を通じてこの教訓を学んだ。就任直後、彼は新製品発売に伴うマーケティングキャンペーンの承認を求められた。そのキャンペーンは、事業部長以下のチームが一年以上もかけて準備したものだった。広告案の企画、販促ツール、販売・流通計画、各責任者など、すべてが決定していた。後はCEOの承認を得るばかりで、幹部たちはこれを形式的な儀式と考えていた。

ところがCEOの見方は違った。従来の広告は新鮮味に乏しいので、広告代理店を替えるなどして、全面的なリニューアルが必要であると感じていたのだ。そこでそのマーケティングキャンペーン案を退け、新しい広告プランの立案を急がせたのである。CEOとしては、この取り組みを通して自分が進めようとする変革を強く打ち出そうと考えたのだ。しかし同時に、別の強烈なメッセージを社内に発してしまったことには気づいていなかった。

CEOの中止命令は瞬く間に社内を駆けめぐった。幹部たちは計画の承認を得ようと先を争い、CEOのスケジュールはたちまち社内会議で埋め尽くされた。追加の投資や人事、顧客向け説明会を開くべきかといった些事まで、あらゆる案件が押し寄せてきた。

CEOの考えを理解できていないのではないかと不安になった社員たちは、何かを前に進めようとするたびにCEOと相談したがった。その結果、CEOのスケジュールがボトルネックとなり、組織全体の意思決定が機能しなくなったのである。CEOは、自分がでしゃばったことが機能不全の原因であるとはしばらく気づかなかった。生え抜きではないため、あらゆる議論に参加すべきだという思いがあり、実際そのように行動した。社内会議への参加は、CEOとして会社の方向性をどのように考えているのか、周囲に伝える絶好の機会であると考えていたのだ。

しかし一カ月後、自分が却下したマーケティングキャンペーンを主管していた事業部長が辞職を申し出た時、自分の行動がどのような影響を与えたのかを悟った。この出来事はCEOに精神的なダメージを与えた。中止を言い渡したとはいえ、マーケティングプログラム全体の内容と、行き届いた計画は高く評価していたのである。だが、自分の言動が原因で事業部長が自信を失い、同僚や部下たちの前で面目を潰されたという事実を見落としていた。CEOは懸命に翻意を促したが、事業部長はすっかりやる気を失い、辞意を固めていた。これに懲りたCEOは、翌週、全幹部社員を招集した。そして、その場にいる全員に対して全幅の信頼を置いていると強調し、退職する事業部長の例を引き合いに出しながら、幹部の権威を傷つける意図はないと断言した。自分が温めている事業戦略を十分に説明することもなく、マーケティングキャンペーンの中止を命じたのは軽はずみだったということも率直に認めた。そのうえで具体的に戦略の変更を望む分野を挙げ、その遂行には全員の協力が必要だと強調した。

自分に相談してほしい事項と、部下たちに全面的に任せる事項も明確に分けた。計画、予算作成、業績評価、新製品投入、マーケティングキャンペーンの企画、幹部社員の採用など、主要なプロセスを見直すためにタスクフォースを発足し、早い段階でCEOの意見を反映する仕組みも設けた。

就任二年目には、CEOが描くビジョンと重要課題を全社員、とりわけ経営幹部に明確に伝えるべく努力した（このような経過を我々が知っているのは、彼が多くの参加者同様、ワークショップ終了後も我々と交流を続け、その後の進展を教えてくれたからである）。このCEOは、組織上のさまざまな障害を克服して提出された案件を一方的に退ければ、悪い結果を招くと確信した。我々もその見解に同意する。このCEOはその後、上がってきた案件を自分がどれだけ熱く応援できるかによって、自社のマネジメントプロセスの健全性を判断するようになったという。

提案を退けなければならないということは、組織にさまざまな意味で歪みが生じているということかもしれない。あるいは、認めたくないかもしれないが、戦略や事業運営の原則を徹底できていないというCEO自身の失敗を反映しているのかもしれない。もちろん、賛成できない戦略上の意思決定（たとえば企業買収など）を止めなかったことによる被害が、強権的な命令を下すことによる被害より大きい、ということはありうる。しかし、このマーケティングキャンペーンのケースでは、慌てて広告をリニューアルする必要はどこにもなかった。

新任CEOは、責任者は自分だということを示し、自分の考えを全社に明確に伝えなくてはならない場面もあるだろう。そのような場合でも、みずから命令を下すことは（特に誰かの仕事を否定するような命令を下すことは）最善の方法ではない。むしろ経営幹部を巻き込み、結論そのものへの合意ではなく、結論に至る意思決定の基準について合意を形成するための方法を模索すべきである。たとえば、オフサイトミーティングを開き、自分が諸課題の優先順位をどのようにとらえ、何に懸念を抱いているかを説明し、経営メンバーの意見を聞いて合意を取り付けるといった方法もある。

新任CEOには、みずから進んで周囲と権限を分かち合い、重要な判断を任せようとする姿勢が求められる。最強の称号を手にできるのは、周囲の人々のパワーを解き放ったCEOなのだ。

CEOは社内で何が起きているか把握できない——事実3

新任CEOは、社内の隅々にまで目を光らすのは無理だとしても、知っておく必要のあることはすべて知ることができると思っている。だが、その認識は間違っている。彼らの下には洪水のごとく情報が押し寄せてくるが、信頼に足る情報は驚くほど少ない。よき意図からとはいえ、ふるいにかけられた後の情報が届くからだ（よくない意図のこともある）。

価値ある情報を入手するのはもっと難しい。CEOに就任したとたん、周囲との関係に変化が生じるからである。これまでさまざまな情報を提供してくれていた同僚や部下など、現場の状況を熟知し、機微を心得た人々が警戒心を抱くようになる。側近中の側近と考えていた相手ですら慎重になって、悪い情報を届けたがらなくなる。CEOには部下のキャリアを決定付ける権限があるため、上がってくる情報も各人の思惑によって偏ったものとなる。

ワークショップに参加したあるCEOの経験を紹介しよう。彼の率いる会社は、対等出資のジョイントベンチャーに取り組んでいた。この合弁事業は売上げが伸びない中、コストばかりが膨れ上がり、業績不振に陥っていた。その実態を把握するために、CEOがこの事業に関わる主要マネジャーを集めて、幾度となく会議を開催したところ、予想通りの事態となった。これら出席者たちは合弁パートナーを真っ向から批判したのである。CEOは、部下たちの話を聞いただけでは真実をつかめないと判断して、相手先の経営陣に面会を申し入れた。彼らは合弁事業の当事者ではなかったが、自分の部下とは異なる見解を述べ、合弁事業について建設的な提案を数多く示してくれた。

このようなプロセスを経て、ＣＥＯは問題の根源を突き止めた。つまり、親会社双方がこのジョイントベンチャーの目標をきちんと認識していなかったのである。そして、ＣＥＯは損失を覚悟のうえ、その事業からの撤退を決断した。

この一件を振り返る時、このＣＥＯには、部下たちが意図的にマイナス情報を隠したとはどうしても思えなかった。防衛本能のようなものが働き、リーダーである自分の前ではそれがいっそう強くなったのだろうというのが、彼が考える理由だ。問題の深刻さに気づいた人々も、非難の矛先が自分に向くことを恐れて、進言を控えたのかもしれない。また、やむをえないことだが、業務レベルのマネジャーには根本的な問題を認識することが難しいという事情もある。真の問題は仕事の進め方の細部にではなく、ジョイントベンチャーの目標が曖昧で、設立目的とも矛盾していたことにあったのだ。

いずれにせよ、このＣＥＯにとって最も意外だったのは、部下たちの説明からは本当に何が起こっているかが見えず、真実を知るには社外の意見を聞かざるをえなかったということである。

ＣＥＯにとっては、大切な部下の気持ちを害することなく、ほかに信頼できる情報源を探すというのは、慎重さが求められる微妙な課題だ。信頼されていないと感じる部下もいるかもしれないからだ。

ワークショップに参加したＣＥＯの多くは、折に触れて社内のあらゆる部門、あらゆる階層から社員を集め、意見交換の場を設けている。あるＣＥＯは一週間に一度のペースで一〇～一二人の社員と昼食をともにしている。希望者が参加するが、マネジャーが直属の部下と一緒に参加することはできない仕組みになっている。参加者全員が本音で語るとは限らないが、非公式な場ゆえにコミュニケーションの障害が取り除かれ、部門の壁を超えて社員の意見やアイデアに接することができるとそのCEOは感じている。また、みずから現場を訪問したり、タウンミーティング形式の意見交換会を開催するなど、できるだけ偏りのない情報入手に努めるCEOもいる。

多くの新任CEOが、会社内部の奥深いところから、つまり現場で働いている社員から情報を得る努力が大切だと強調する。ミドルマネジャーからはいい顔をされないだろうが、大切なことである。

あるハイテク企業のCEOは、技術開発プロジェクトの現状を把握するために、中間階層を飛び越えて、プロジェクトに携わる社員たちから直接話を聞いた。プロジェクトの監督者には、この「抜き打ち検査」についていっさい知らせなかったという。

別のCEOは、自分が社員と直接話すのをその上司が嫌がったら、組織に問題がある兆候と受け止めることにしていると話してくれた。このCEOは、意見交換が有意義な場になるのは、それが特別なイベントではなく、日常茶飯事になった時だと強調する。同時に、本音を漏らしても困った事態にはならないことを社員たちが確信できることが重要だという。

ワークショップの参加者の多くが、偏りのない有意義な情報を収集するには、顧客や他社のCEO、業界団体など、社外の人々との交流が欠かせないと考えている。そしてCEOたちは、そのような機会を得るためにスケジュールを調整している。歯に衣着せず耳の痛いことを直言してくれる独立的なアドバイザーの存在が有益である、と指摘するCEOもいる。

CEOの言動のすべてがメッセージとなる――事実4

就任したばかりのCEOでも、自分の行動が社員の関心の的になることは心得ている。しかし、一挙手一投足まで注視され、さまざまな憶測が飛び交うとまでは思っていないようだ。マーケティングキャンペーンの中止を命じたCEOの事例を思い出していただきたい。CEOの何気ない言動がたちまち噂となり、時には尾ひれがつき、歪められて解釈される。

プライベートでの行動までもが憶測の対象となりかねない。あるワークショップの参加者は、自動車を購入する際は慎重に車種を選ばなければならないと冗談交じりに語ってくれた。会社の駐車場が、自分が買い換えた車種と同じ車ですぐに埋め尽くされるからだ。新CEOに指名されたということ自体が、社内への最初の強烈なメッセージとなる。人々は新CEOの経歴を見て、さまざまな期待を抱き、予想する。新任CEOにとって、このプロファイリングの意味は大きい。

英国系の大手企業で初の米国人CEOとなった人物は、就任した当時、「野蛮なアメリカ人」が何世紀も続く伝統や社風を壊してしまうのではないかと警戒されたという。法務畑出身のあるCEOは、就任当時の株式市場が、「法務の専門家をCEOに据えるからには、進行中のアスベスト訴訟がかなり深刻なのに違いない」と考えて悲観的に反応したという体験を話してくれた。このように、新任CEOが一日目の仕事を始める前から、このようなメッセージが一人歩きを始めるのである。

CEOに就任すれば、その場の思い付きで発言することは慎まなければならない。中途半端な考えを披露しただけでも、周囲は「素晴らしいアイデアに違いない」と見る。ＣＥＯの発言は常にマイクロホンにキャッチされ、そのメッセージは拡大解釈されるおそれがあるのだ。逆に、素朴な質問など発しようものなら、信頼性に疑問符がつけられかねない。

フランクという名前のＣＥＯのエピソードは、経営者の発言に人々がオーラを感じることを物語っている。人々が事あるごとに「フランクによれば」と言い出したそうだ。そう言えば話が前に進むと考えてのことらしいのだが、ほとんどの場合、当人にはそんなことを言った覚えはなかったそうだ。

新任ＣＥＯは、自分がどのようなシグナルを発し、どのように受け止められているのか、素早く察知しなければならない。自分の言動が大げさに伝わることを心得ていれば、意図とは異なるメッセージを打ち消し、本来発したいメッセージをより効果的に発することができるだろう。

米国南東部に本拠を置くある企業の例を紹介しよう。南東部では人種問題の集団訴訟が頻発していたが、この会社だけは例外だった。社員向けに明確な行動指針を掲げ、南部連合旗（人種差別的意図で使用されることのある南北戦争当時の軍旗）を掲げてはならない」という規則も設けられていた。ある時、経営陣の一人が大勢の聴衆を前に「当社は南部連合旗を掲げるべきだ」と発言した。マスコミが報道すると、ＣＥＯはその執行役員を即座に解任した。社の方針に反する言動をした者は役職を問わず罰せられることを、解任によって示そうとしたのである。ＣＥＯのこの意図をめぐって憶測が飛び交うことはいっさいなかった。彼のメッセージは明確に伝わったのである。

某運送会社の新任ＣＥＯは、顧客や社員の安全性の重要性を社内に伝えたいと考えていた。ところが現場を訪問してみると、ある車両の火災報知機が警報システムから切断されていた。このＣＥＯは、同じ警報システムに接続された全車両の運行を停止させ、各車両の火災報知機を確認させた。同時に、この事態の発生原因を究明し、再発の防止を図った。警報システムは二重に敷かれていたとはいえ、CEOは自分の行動を通して、社内外の安全面に完璧を期すというメッセージを送ろうとしたのである。そこには、社員たちに「安全性の確保のためなら自分の判断で必要な措置を講じてもよい」と認識してもらいたいという意図もあった。

CEOの発するシグナルは、ただでさえ誤解されやすい。さらにやっかいなのは、同じ知らせでも関係者によって反応が異なるということだ。社内と社外の両方に発せられたシグナルは特に面倒である。業績の低迷する事業部門の本社分離を公表すれば、ウォールストリートは好材料と見るが、当の社員たちは落胆するだろう。ステークホルダーに向けて、誠意と一貫性を失うことなくメッセージを送り、これを巧みに管理するのは並大抵の業ではない。

新任CEOは、自分の行動が各方面にどのように伝わり、解釈されるのか、慎重に考え、教訓とすべきである。一部の関係者には好ましくない影響を与えることが避けられないとしても、慎重に言葉を選んでメッセージすることで、ダメージを最小限に抑えられるだろう。

また、メッセージの一貫性について可能な限り努力することの必要性も加えたい。明快なメッセージを繰り返し送り、印象に残るようなエピソードで肉付けするのが、新任CEOがコミュニケーション上の課題を克服する秘訣である。

CEOには取締役会という上司が存在する——事実5

ついに、誰よりも大きな権限を手に入れた——。新任CEOの多くはこう考えるだろう。ところがすぐさま、現実はそれほど単純ではないことを思い知らされる。CEOはヒエラルキーの頂点に立っているが、取締役会への報告義務を負っているのである。

取締役会はCEOの任免権を持つほか、その業績を評価し、報酬額を決め、戦略を否定するなど、重要な意思決定を下す権限を有する。昨今の法規制、裁判所の判断、株主の関与などを受けて、取締役会は積極性を強め、その威信を高めている。CEOは従来にも増して取締役会への対応に配慮しなければならない。ある新任CEOが言うように、「取締役会への対応は複雑さを増している」。たとえ両者の関係が良好でも、CEOは従来以上の時間とエネルギーを割かなくてはならなくなっている。

CEOに就任して、「上司の顔色をうかがわずに仕事ができる」という喜びもつかの間である。就任と同時に、取締役の思惑を推し量りつつ会社を運営するという、より複雑な職務を遂行しなければならない。一人の上司に仕えるどころか、一〇人とか一二人もの「上司」ができるのだ。筆頭取締役に至っては、CEOと対等の権限を発揮することが期待されている。そのうえ取締役会のメンバーは有能で、ベテラン揃いではあるが、ともすれば、その業界知識は限られる。それゆえCEOはマネジメントチームと協力して、自社や業界の状況を取締役会に伝えなければならない。CEO自身も情報の入手に苦労している中で、取締役会が「十分な情報がない」「事前に知らされなかった」と思うような最悪の事態を避けなくてはならない。メンバーたちは多忙を極めているので、情報は短時間で理解できるように工夫しなければならない。

新任CEOは、取締役会の大多数から見れば、新参者のようなものだ。内部昇格であったり、これまで取締役会に名前を連ねていたというような場合でも、たまに短期間だけ顔を合わせる程度の関係だったかもしれない。新任CEOにとっては、取締役たちに自分をよく知ってもらい、手腕や判断力を信頼してもらえるように務めることが重要である。

前任のCEOが取締役会長として残っている場合、新任CEOの仕事はいっそう難しさを増す。前任者の遺産はその幅広い人脈と在任中に下した意思決定である。現CEOとしては、これを覆さなければならない局面も出てこよう。すると取締役会はその扱いに苦慮し、CEOと取締役会の関係は気まずくなるかもしれない。我々は、前CEOは取締役会に留まるべきではないと考える。

ある新任CEOにとって、就任直後の数週間は厳しい試練の連続だった。取締役会が前任CEO以下、マネジメントチームの全員を解任し、会社はSEC（証券取引委員会）の調査を受けていた。新任CEOを出迎えたのは、社員たちの士気の低下、顧客の減少、マスコミからの攻撃といった逆風だった。このCEOは早期に再生を成し遂げるために、会計方針を定め、マネジメントチームを決め、ひいては戦略を刷新しようと決意した。ところが、旧経営陣の裏切りで痛い目に遭った取締役会が、会社と新任CEOを厳しくコントロールしようとしていることに気づいた。取締役会が自分を手なずけ、厳しく監視しようとしていることが明らかだった。

CEOは取締役会への対応は慎重に行わなくてはならないと判断し、自分の考えを早い段階で伝えて支持を取り付けようと考えた。想定以上に時間はかかったが、徐々に取締役会の信頼を獲得し、その後はスピーディに動けるようになった。これは極端な例かもしれないが、あらゆるCEOに有益な教訓を与えている。つまるところ、最終決定権はCEOではなく、取締役会が握っているのである。

取締役会との関係を強化しようとするCEOは、相手を友人や同志としてではなく、自分に会社の命運を託した「上司」と見なすべきである（いつか友人あるいは同志になれる相手もいるかもしれないが）。有能なCEOは取締役会を理解し関係を強化することに努めている。方法としては、一対一の交流、メールによる状況報告、資料の提供などである。そうした努力を続けることで、取締役会は単なる説明の場から全員参加の議論の場へと変わる。取締役会と交流を深め、コラボレーションを創出できれば、取締役たちからの支援が集まる可能性が高くなる。

CEOの目標は短期利益の追求ではない──事実6

新任CEOは、株主を満足させることが最大の使命であると錯覚する。株主価値の向上は何年も前から企業目標の柱に位置付けられているため、アナリストや株主の歓心を買おうとするのも無理からぬ話ではある。CEO、とりわけ新任CEOの場合、株価上昇によってみずからのリーダーシップへの信任を高めようと考える。

問題は、株主の信任を得るという目標は、企業に最善の利益をもたらすとは限らないということだ。株主やアナリストが好む施策や戦略は、企業の競争力向上に役立つとは限らない。株主は始終入れ替わる。米国では株式の平均保有期間は一年にも満たない。株主が企業の動向に注意を払うのは、株式を保有している間だけだ。証券アナリストも、当然ながら株式の長期保有ではなく、売買益に関心がある。彼らは長期を見据えることなく短期的トレンドを強調し、売買を活発化させようとする。要するに、アナリストも株主も近視眼に陥りがちなのである。だがＣＥＯは、持続可能な経済価値の創出を重視しなければならない。

アナリストや株主からの圧力は、企業に破壊的な影響をもたらすほど強まることがある。ワークショップの参加者の中には、企業の柱である事業部のスピンオフを強く迫られたＣＥＯがいた。その期待に応えて大胆な決断を下すと、アナリストたちは納得して口をつぐんだという。しかし不幸なことに、そのために長期的業績が思わしくなくなった。事業部の売却が災いして、コア事業の成長に欠かせない顧客が離反してしまったのだ。

長期的視野に立って経営しようとするＣＥＯにとって、十分な情報を持ち、経営に積極的に関与する取締役会は心強い味方となる。某大手小売業のＣＥＯは、就任時、数々の難題を突き付けられた。市場は成熟し、ウォルマートが無敵の強さを誇っているように見えた。景気も沈滞していた。つまり、会社は満身創痍の状態で、何とかして過去の栄光を取り戻す必要に迫られていたのである。そこでＣＥＯは、取締役会と二人三脚で市場シェア回復を目指す新戦略を立案した。

半年にわたる努力を重ねた結果、業績が上向き始めた。取締役会はこれを歓迎し、社員たちも奮い立ったが、アナリストの弱気は変わらなかった。新戦略の遂行に時間がかかりすぎているというのだ。ＣＥＯはアナリストと何度も長時間のミーティングを行ったが理解は得られなかった。ＣＥＯは、アナリストは即効性のある劇的な変化だけを期待しており、将来性など眼中にないことを悟った。「そのうち、アナリストが何を考えていようが気にならなくなりましたよ」。彼は、本当に必要な施策に重点を置き続けた。それができたのも、取締役会を懸命に説得し、事業再生戦略の長期的なメリットについて理解を得たからである。

CEOは、すべての株主を喜ばせようとして一喜一憂、右顧左眄してはならない。重要なのは目先の成長見通しでも株価でもなく、長期的な収益性のみであると肝に銘じるべきだ。たとえ株価が上昇しても、競争優位の裏付けがなければ、遅かれ早かれ下落は免れない。CEOは株主の顔色をうかがいながら戦略を決めるのではなく、他社との差別化を図り、業界の基礎的条件に適した明確な戦略を立案しなければならない。CEOの重要な職務は、戦略の意義をうまく説明して、アナリストや株主の理解を深めることである。それには時間がかかる。彼らの認識を改めるには何度も説明を繰り返さなければならず、結果が出るまでには長い時間がかかるかもしれない。だが、筋の通った戦略を立案し、明確に伝える勇気のあるCEOなら、たとえウォールストリートからの受けが悪くても、やがては見識ある株主を呼び寄せることができるだろう。彼らは大局的見地から戦略の有効性を評価し、長く株式を保有してくれるに違いない。

CEOも一人の人間にすぎない——事実7

我々はCEOを、まるで映画に出てくる不屈のスーパーヒーローであるかのように見てしまう。だが現実には、希望、恐れ、限界を持つ、極めて人間的な存在なのである。肩書きゆえに注目を集め、賛辞のせいで自省の機会が遠のき、弱みを見せられないだけだ。

ワークショップの参加者たちが異口同音に話してくれたのは、自分が重要人物であるという錯覚を避け、無敵だの全能全知だのという妄想を打ち消すために、意識して努めなければならなかったということだ。彼らは、CEOであることが自分自身にどのような影響を及ぼしたかについて率直に語った。全員の口から聞けたのは、すべてを完璧にこなすことはできないという事実を受け入れなくてはならなかった、ということだ。CEOたちにとって、自分は経験不足であり、CEOの職はこれまで経験したものとは比較にならないほど物理的にも精神的にも重荷であると認めるのは簡単ではなく、自尊心を傷つけることなのである。

ワークショップでは、仕事とプライベートのバランスを図ることについても、しばしば話題に上る。新任CEOは、自分がこれから担う仕事の量や重みを軽視する傾向にある。新しい職務とプライベートの両方を問題なく充実できると高をくくる傾向がある。これまでも経営幹部のポストにありながら、両者のバランスを取ってきたのだからと。ところが、CEOの仕事量は途方もなく、たえず世間の目にさらされるため、公私のバランスを維持するのは極めて難しい。あるCEOは「公私のバランスなどとうてい不可能。どちらかを犠牲にせざるをえない」と語っている。

時間に追われるからだけではない。CEOになると、公にしたくない事柄も含めて、そのライフスタイルが世間に伝わってしまう。新聞の特集で報酬額が報じられ、それを読んだ一〇代の娘から質問を浴びせられたというCEOもいる。その人物は、年収について子どもたちと話をしたことがなかった。他のCEOと比べて突出した報酬を得ていたわけではないが、それでも金額の意味合いについて家族に説明せざるをえなかったそうだ。CEO就任後、仕事ぶりや業績が華々しく取り上げられたため、兄弟たちに会うのが重荷に感じられたというCEOもいた。参加者のほぼ全員が、CEOになってから友人や家族との関係が変わったという。

CEOの多くが、就任間もないうちから「レガシー」について、すなわちみずからの存在を会社の歴史に刻むことに考えをめぐらせていたのは、我々にとって予想外だった。これが長期的な視点につながるのであれば好ましい傾向といえよう。その一方、自分の足跡を残そうとするあまり、本来は継承すべき伝統を乱暴に壊してしまう危険性もないではない。大きな取引案件に目がくらんだり、組織の肥大化を招いたりすれば、収益を悪化させる結果になりかねない。

新任CEOはおのれを厳しく律し、謙虚さを忘れず、判断や行動が正しいかどうかを振り返ることが必要だ。それには、周囲の意見に耳を傾け、腹蔵なく苦言を呈してくれる人物の存在が欠かせない。さもなければ多大な報酬と賛辞に惑わされ、慢心に陥るだろう。取締役会が有能で機能していれば、そのような誘惑からCEOを救う一助となるはずだ。

ワークショップの参加者たちは、仕事で燃え尽きないために、家庭や地域社会など、会社以外の世界とのつながりの重要性を痛感している。多くの参加者は、社会奉仕を人間としての充足を得るうえで有益と考えている。CEOにはリラクゼーションも必要だ。定期的にフィットネスクラブで汗を流す、家族とともに休暇を過ごす、ゴルフコースに出るなどが定番である。なかにはレーシングカーを駆って気分転換を図るというCEOもいる。マリオ・アンドレッティのような超一流ドライバーにはなれなくても、運転中は何もかも忘れることができるのだという。

CEOは虚心坦懐に学習しなければならない

以上、新任CEOが直面する驚きを紹介した。これら七つの事実から、新任CEOが仕事とどう向き合うべきかについて貴重な教訓を得ることができる。

第一に、CEOは日々のオペレーションを見るのではなく、組織の機微を察し、マネジメントする方法を習得しなければならない。細かい事柄は部下に任せ、組織のマネジメントを通してリーダーシップを発揮するというのは、初めはもどかしいかもしれない。あるCEOは就任当初を振り返り、大きな権限を有する地位に就いていながら、「自分が一番役立たずの経営幹部だと感じた」と語ってくれた。CEOは間接的な方法で、社員が正しい選択をできるように支援すべきである。たとえば、戦略を策定して社内に伝える、健全な業務プロセスを構築する、主要人材を選抜してメンターを務めるといったことなどが考えられる。また、CEOは日頃の言動を通して好ましい社風や価値観を培わなければいけない。率先垂範して望ましい行動を示すのだ。

第二に、CEOは、肩書きだけでリーダーになれるわけではなく、組織が自分に忠誠を約束してくれるわけでもないことを自覚しなければならない。リーダーとしてふさわしい適性を身につけ、それを不断に維持する必要がある。ビジョンに説得力がなかったり、言行不一致であったり、組織の繁栄よりも自己利益を追求するようであれば、たちまちCEO失格の烙印を押されるだろう。大きな成果を上げられるかどうかは、社員たちの献身を強制によってではなく自発的に引き出せるかどうかにかかっている。そのことを片時も忘れてはならない。CEOは、伝統的なマネジメントツールを活用することでその地位に就いたのかもしれないが、そのようなツールだけでCEOの地位に留まることはできない。

最後に、役割に飲み込まれてしまってはならない。何でもできる超人のように周囲から見られたとしても、CEOは一人の人間にすぎない。この事実を忘れると、やがて傲慢に陥り、疲労困憊し、短期間で地位を失うことになる。おのれを見失わず、地に足のついた日々を過ごすことで初めて、会社の長期的繁栄につながる意思決定のための大局観が得られるだろう。

BOX 9-1　ハーバード・ビジネス・スクールの新任CEO向けワークショップ

ハーバード・ビジネス・スクール（HBS）の新任CEO向けワークショップは、年商一〇億ドル以上の企業の新任CEOを対象としている。社会を変革する力を備えたリーダーを育てるというHBSの教旨に沿って、数年前に設置された。その目的は、大規模で複雑な組織の新任CEOが抱える課題に対処することである。

人数や構成を考えたうえで、大学側が対象者一人ひとりを勧誘し、多彩な業界から約一〇人を集めて開催するのが通例である。参加者は先進国の公開企業に所属し、次期CEOの指名を受けて就任を控えているか、就任して数カ月以内の人々である。このワークショップの開設以来、参加者は累計五〇人に上る。派遣元企業には、アプライド・マテリアルズ、ベルサウス、キャドベリー・シュウェップス、キャタピラー、ロイズTSB、ローズ、ノバルティス、シュルンベルジャー、UPS、ウォルグリーンなど、世界の有力企業が名を連ねている。先頃、初期のワークショップに参加した人々が集まって、CEOに就任してから現在までの仕事を振り返り、自分たちの課題について再確認するという機会を持った。

このワークショップは、ユニークな視点を参加者に提供し、CEOを務めるとはどのようなことなのかについて、予想できる事柄とできない事柄を掘り下げようとするものである。我々は参加者全員に前もってインタビューを行い、体系化された質問項目に基づき、企業戦略、取締役会との関係、長期と短期の課題について尋ねる。プログラムは二日間にわたり、新任CEOが初めて直面するさまざまな課題をめぐってのディスカッションや、参加者同士あるいは講師陣と参加者との間での意見交換が行われる。

プログラムの一日目は、各参加者に任期終了時を想像してもらい、架空の退任スピーチを考えてもらうのが恒例となっている。二日目は、参加者が抱えている当面の課題を説明してもらったうえで、いくつかを選んで詳しく検討する。たとえば、長期的な経済価値を創造する戦略をいかに立案するか、取締役会と生産的な関係を築くにはどうすればよいか、社内および社外のステークホルダーとの効果的なコミュニケーションとは何か、どうすれば好ましい社風を醸成できるか、といった課題が取り上げられる。ワークショップは参加者の相互作用で進み、ディスカッションでは各人の経験がシェアされて考察を深めていく。

本章では、新任CEOを待ち受ける「七つの驚き」について取り上げたが、いずれもワークショップで何度も挙げられるテーマである。それぞれについて説明するうえで引いた具体例も、参加したCEOたちの体験、もしくはその体験から参加者が得た学びに基づいている。

（ワークショップの企画・運営および本章の準備に当たってはリサーチアソシエートのパティア・マグラスの協力を得た。ここに謝意を示したい）

BOX 9-2 CEOが知っておくべき七つのこと

就任当初、CEOは当惑続きである。予想もしていなかった未体験の役割をこなさなくてはならない。時間も情報も限られている。社内外の人間関係に変化が生じる。ここでは、新任CEOが一様に直面する「七つの驚き」のそれぞれについて警告サインを紹介する。このような傾向を察知したら軌道修正をしなければならないというサインである。

(1) CEOが経営を担っているのではない

◉会議が多すぎる。

◉会議では実務的な戦術に関する議論にばかり巻き込まれる。

◉CEOみずからが自分の時間を管理できない日が多すぎる。

(2) CEOが命令を下すことはリスクが高い

◉CEOがボトルネックとなって社内の業務が滞っている。

◉部下たちが、「行動する前にまず相談」とばかりに、事あるごとに相談してくる。

◉社内に「CEOがこう言ったから」という、CEOのお墨付きをちらつかせるせりふが横行している。

(3) CEOは社内で何が起きているか把握できない

◉「寝耳に水」の情報ばかりが上がってくる。

◉起こってから初めて知る出来事が多い。

◉懸念や異論が直接ではなく、間接的に耳に入ってくる。

(4) CEOの言動一つひとつがメッセージとなる

◉自分の行動について、事実と異なる噂が社内を駆けめぐっている。

◉周囲の人々がCEOの顔色をうかがおうとしているようだ。

（5）CEOには取締役会という「上司」が存在する

◉取締役会との関係が良好かどうか、量りかねる。

◉経営陣と取締役会メンバーの役割や責任の分担が曖昧である。

◉取締役会の議題が、業績報告や経営管理上の意思決定に関するものばかりである。

（6）CEOの目標は短期利益の追求ではない

◉経営幹部や取締役会が株価への影響ばかりを気にして意思決定している。

◉事業内容を十分に理解していない証券アナリストが、長期的な業績を損ないかねない戦略を要求してくる。

◉経営者へのインセンティブに占める株価連動部分の比率が高い。

（7）CEOといえども一人の人間にすぎない

◉インタビューでは会社についてより自分について語ることのほうが多い。

◉他の経営幹部より特権が多く、ライフスタイルも華美である。

◉会社の仕事に関係のない活動に従事していない。

監訳者あとがき

本書は、Michael E. Porter, *On Competition : Updated and Expanded Edition*（Harvard Business School Press, 2008）の翻訳である。一九九八年に出版された原著（*On Competition*）は、一九七九年から九六年の間に*Harvard Business Review*（ＨＢＲ：『ハーバード・ビジネス・レビュー』誌）で発表した論文一一本に二本の書き下ろしを加えた一三本の論文をまとめたものであった。二〇〇八年に出版された*Updated and Expanded*が副題についた改訂版は、原著から三本の論文を削除し、新たに五本の論文を加えて、さらに二本の論文を改訂したうえで、最終的に一五本の論文を一冊の本にまとめた。今回の日本語版では、全一五本すべてを掲載し、それらをⅠとⅡとに二分冊している。

マイケル・ポーターの研究の集大成ともいえる本書は、言わば彼のベストヒット全集（greatest hits collection）のようなものである。音楽でもそうであるが、ヒット全集が出るというのは全盛期を過ぎた証と思われがちである。しかし、改訂版が出版された時、六〇歳を過ぎて間もないポーターにとっては、この全集は次なる飛躍への出発点にすぎない。最近では、ＣＳＶ（共通価値の創造）の論文（Michael E. Porter and Mark R. Kramer, "Creating Shared Value," HBR, January-February 2011）や、ＩｏＴ（モノのインターネット）の論文（Michael E. Porter and James E. Heppelmann, "How Smart,

Connected Products Are Transforming Competition," HBR, November 2014 ; Michael E. Porter and James E. Heppelmann, "How Smart, Connected Products Are Transforming Companies," HBR, October 2015）、そしてAR（拡張現実）の論文（Michael E. Porter and James E. Heppelmann, "Why Every Organization Needs an Augmented Reality Strategy," HBR, November-December 2017）などを執筆している。

改訂版が出版された頃にちょうど全盛期を迎えようとしていたマイケル・ポーターではあるが、「オールディ」と思われても仕方がない面もある。彼は今から三〇年以上前にすでに『フォーチュン』誌の表紙（一九八七年一一月九日号）を飾っている。彼にその時つけられた称号は、ハーバード・ビジネス・スクールの「スーパースター」。四〇歳になったばかりで、一番目の子どもが一歳であった時にである。

マイケル・ポーターは、原著を出した頃に名実ともに世界のスーパースターになった。『フォーチュン』誌（一九九九年二月一日号）では、彼のことを「現在活躍中の、そしておそらく史上最も重要な戦略家」（single most important strategist working today, and maybe of all time）とマッキンゼー・アンド・カンパニーの戦略コンサルタントが評している。また戦略論の分野で最も権威のあるStrategic Management Society からも「現代の戦略家の中で最も影響力がある（the most influential living strategist）」人物として表彰されている。

その戦略の第一人者が本書で取り上げているテーマは、日本経済再生への道を示している。マイケル・ポーターは、「失われた二〇年」の間に提案してきた経済再生に向けた基本戦略の一つ、どのようにして競争を促進するかについて、ほかとは異なる意見を示してきた。多くの経済学者の提案は、マクロ的視点に立ち、競争社会を構築するには、公務員制度の改革、規制撤廃の推進、公会計制度の改善、財政投融資の改革、地方の自立を促す制度改革、税制改革、教育改革などに力点を置いていた。これに対し、マイケル・ポーターは、競争をミクロな視点でとらえている。彼にとって競争社会を構築する担い手は企業であり、経営者なのである。

日本企業は本当の意味で競争を理解し、競争に熟達するための努力をしてきたであろうか。より具体的に言えば、マイケル・ポーターは本書で次の六つの問いを日本企業に投げかけている。

(1) 業界の構造とその変化を理解するために、システマティックな分析を行っているか。
(2) 他社とは違うことをすることと、「何をやらないか」を選択し、トレードオフを行うことが戦略の本質であることを理解しているか。
(3) 情報技術が、業界構造と競争優位に多大な影響を与えることを理解しているか。
(4) 合併や買収の問題点、安易な多角化のデメリットを理解しているか。
(5) グローバル時代こそローカルに根付いたクラスターの考え方が重要だと気づいているか。
(6) 環境、都市の貧困、医療という社会問題を企業が解決できることを理解しているか。

日本企業はこれらの問いを考慮しなかったために、失われた二〇年の間、自分たちがつくった落とし穴にみずから次々とはまっていったのではないか。つまり、「成長する業界＝魅力的な業界」と思い込み、戦略のエッセンスをオペレーション効率と誤解し、情報技術の重要性を軽視し、M＆Aや多角化を安易に行い、地方の活力を無視し、社会問題に目を背けてきたのではないか。その結果、共倒れの戦いから逃れられなくなっていたのではないか。

日本企業復活のカギは戦略の基本に立ち戻ることであった。マイケル・ポーターが本書『［新版］競争戦略論Ｉ』の第2章で指摘している通り、失われた二〇年間ほとんどの日本企業には戦略がなかった。あらゆる製品やサービスをすべてのライバルが、すべての流通チャネルを利用して提供し、あらゆる顧客の持つあらゆるニーズを満たそうとしていた。「ほとんどの日本企業はお互いに模倣し合っているにすぎない」という批判を素直に受け止め、戦略のエッセンスは特定の顧客をunhappyにすることであることを本書を通じて学ぶべきである。

ここで恐縮であるが、少々個人的なことを書かせていただく。筆者は、一橋大学が二〇〇〇年に東京・神田一ツ橋に開校した大学院大学、国際企業戦略研究科（ＩＣＳ）の初代研究科長の大任を仰せつかった。その大学院大学の設立に際してマイケル・ポーターから貴重なアドバイスを受けた。グローバルに通用するプロフェッショナルの育成を目指していたこの社会人向け大学院の戦略についてであった。高等教育という「業界」はそれほど構造的に魅力がないにしろ（長期的に見れば衰退が避けられない業界かもしれない）、大事なことは他のビジネススクールとは違うポジショニングを取り、「何をやらないか」を明らかにすること。このアドバイスを一橋大学発祥の地である神田一ツ橋で一二年間実践することができたのは、何よりの喜びである。

また、二〇〇一年に、ＩＣＳが創設したポーター賞が「日本が元気を取り戻すためにできた賞」として認知されるようになったことも、大きな喜びである。マイケル・ポーターの名を冠してできたこの賞を、二〇一八年の時点で六〇社以上が受賞している。独自性のある優れた戦略を実行している日本の企業・事業が対象で、これまで武田薬品工業、シマノ、ファーストリテイリング、日本電産、ぐるなび、星野リゾート、オープンハウスなどが受賞している。これらの企業・事業はこの本に書かれているポーター理論を実践し、結果として各業界において優れた収益性を維持している。ポーターは私との約束を守り、二〇一〇年までの一〇年間、東京で開催される表彰式に毎年顔を出し、日本企業を元気付けるのに、一役を買ってきた。その後もポーター賞のアドバイザーとして中心的役割を演じている（ポーター賞の詳細については、http://www.porterprize.org を参照いただきたい）。

今後も、本書を読んで、競争活力を取り戻し、右記に続く日本企業がさらに増えていくことを期待したい。

監訳者　竹内弘高

2. Michael E. Porter, *The Competitive Advantage of Nations*, Free Press, 1990（邦訳『国の競争優位』ダイヤモンド社, 1992年）

第8章 戦略と社会問題——競争優位とCSR

1. CSRをコストではなくチャンスと見る考え方についての初期の議論はDavid Grayson and Adrian Hodges, *Corporate Social Opportunity*, Greenleaf, 2004に見られる.
2. 競争コンテキストの重要性とダイヤモンド・モデルについてはMichael E. Porter and Mark R. Kramer, "The Competitive Advantage of Corporate Philanthropy," HBR, Dec. 2002（本書第7章）を参照. また, Michael E. Porter, *The Competitive Advantage of Nations*, Free Press, 1990（邦訳『国の競争優位』ダイヤモンド社, 1992年）, Michael E. Porter, "Locations, Clusters, and Company Strategy," in *The Oxford Handbook of Economic Geography*, edited by Gordon L. Clark, Maryann P. Feldman, and Meric S. Gertler, Oxford University Press, 2000を参照.
3. CSRランキングの問題についての詳細はAaron Chatterji and David Levine, "Breaking Down the Wall of Codes: Evaluating Non-Financial Performance Measurement," *California Management Review*, Winter 2006を参照.

1980（邦訳『競争の戦略』ダイヤモンド社, 1982年）を参照.
3. Alfred D. Chandler, Jr., *The Visible Hand*, Belknap Press of Harvard University Press, 1977.（邦訳『経営者の時代』東洋経済新報社, 1979年）を参照.
4. James L. McKenney and F. Warren McFarlan, "The Information Archipelago－Maps and Bridges," HBR, Sep.-Oct. 1982, p. 109.（邦訳「分散した情報群島――その地図と架橋」DHB, 1983年2月号）を参照.
5. Michael E. Porter, "How Competitive Forces Shape Strategy," HBR, Mar. -Apr. 1979, p. 137（邦訳「［新訳］競争の戦略」DHBR, 2007年2月号）や，本書第1章を参照.
6. F. Warren McFarlan, "Information Technology Changes the Way You Compete," HBR, May-Jun. 1984, p. 98（邦訳「情報技術が競争のあり方を変える」DHB, 1984年9月号）を参照.
7. James I. Cash, Jr. and Benn R. Konsynski, "IS Redraws Competitive Boundaries," HBR, Mar.-Apr. 1985, p. 134（邦訳「組織間結合システムが競争パターンを変える」DHB, 1985年11月号）を参照.
8. Gregory L. Parsons, "Information Technology: A New Competitive Weapon," *Sloan Management Review*, Fall 1983, p. 3参照.
9. Victor E. Millar, "Decision－Oriented Information," *Datamation*, Jan. 1984, p. 159.

第4章　戦略とインターネット

1. インターネットの影響を読み解くフレームワークとして, Michael E. Porter and Victor E. Millar, "How Information Gives You Competitive Advantage," HBR, Jul.-Aug.1985（本書第3章）を参照されたい.
2. この論点は, 筆者とピーター・ブライによる研究から導き出された.

第5章　競争戦略から企業戦略へ

1. 企業を売却した側が合併による利益を多く得ることも調査によって明らかになっている. Michael C. Jensen and Richard S. Ruback, "The Market for Corporate Control: The Scientific Evidence," *Journal of Financial Economics*, Apr. 1983, p. 5ならびにMichael C. Jensen "Takeovers: Folklore and Science," HBR, Nov. -Dec. 1984, p. 109を参照.
2. 最近の実例を見ても，買収された企業の業績が買収後に悪化するという結論は，正しいようである．Frederick M. Scherer, "Mergers, Sell-Offs and Managerial Behavior," in *The Economics of Strategic Planning*, ed. Lacy Glenn Thomas (Lexington, Mass.: Lexington Books, 1986), p. 143ならびにDavid A. Ravenscraft and Frederick M. Scherer, "Mergers and Managerial Performances," paper presented at The Conference on Takeovers and Contents for Corporate Control, Columbia Law School, 1985を参照.
3. 同様の報告は多くの研究者によってなされている．たとえばMalcolm S. Salter and Wolf A. Weinhold, *Diversification Through Acquisition*, Free Press, 1979を参照.
4. Michael E. Porter, "How Competitive Force Shape Strategy," HBR, Mar. -Apr. 1979（邦訳「5つの環境要因を競争戦略にどう取り込むか」DHB, 1979年10月号）を参照.
5. Michael E. Porter, *Competitive Advantage*, Free Press, 1985（邦訳『競争優位の戦略』ダイヤモンド社, 1985年）を参照.

第7章　競争優位のフィランソロピー

1. Milton Friedman, *Capitalism and Freedom*, University of Chicago Press, 1962（邦訳『資本主義と自由』日経BP社, 1975年）.

第1章　5つの競争要因

1. バリューチェーンのフレームワークについては, Michael E. Porter, *Competitive Advantage: Creating and Sustaining Superior Performance*, Free Press, 1985（邦訳『競争優位の戦略』ダイヤモンド社, 1985年）を参照.
2. インターネットが, 一部の業界の収益性を引き下げる一方で, 一部の業界の魅力度を高めることについては, Michael E. Porter, "Strategy and the Internet," HBR, Mar. 2001（邦訳本書第4章）を参照.
3. Barry J. Nalebuff and Adam M. Brandenburger, *Co-Opetition*, Doubleday Business, 1996（邦訳『コーペティション経営』日本経済新聞社, 1997年）を参照.

第2章　戦略とは何か

1. ダートマス大学タックスクール・オブ・ビジネス教授のRichard A. D'aveniがその著書*Hypercompetition*, Free Press, 1994.の中で提唱した概念. 業界内の各企業がそれぞれ戦略的に行動するせいで競争が過熱し, やがて過当競争に発展し, ついには業界の収益性（魅力度）が低下していくという.
2. 私は*Competitive Advantage*, Free Press, 1985（邦訳『競争優位の戦略』ダイヤモンド社, 1985年）の中で初めて「活動」という概念と, それによって競争優位を説明する考え方を提示した. 本章はその考えに立脚し, それを発展させたものである.
3. ポール・ミルグロムとジョン・ロバーツは, 相互補完的な機能を有するシステムの経済性, 活動や機能の経済性について研究し始めている. 彼らが焦点を当てているのは, 相互補完的な活動の組み合わせである「近代製造業」の台頭であり, また企業が外的変化に対する組織内の反応を一元化して処理する傾向であり, そして, 職能部門のマネジャーたちを連携させるための中央による調整, すなわち戦略の必要性である. 最後の点は, 長らく戦略の基盤として考えられてきたことを踏まえたものといえる. 以下の論文を参照されたい.
   —Paul R. Milgrom and D. John Roberts, "The Economics of Modern Manufacturing: Technology, Strategy, and Organization," *American Economic Review*, Vol. 80, No. 3, June 1990, pp.511-528.
   —Paul R. Milgrom, Yingyi Qian, and D. John Roberts, "Complementarities, Momentum, and Evolution of Modern Manufacturing," *American Economic Review*, Vol. 81, No. 5, Dec. 1991, pp. 84-88.
   —Paul R. Milgrom and D. John Roberts, "Complementarities and Fit: Strategy, Structure, and Organizational Changes in Manufacturing," *Journal of Accounting and Economics*, Vol. 19, Mar.-May 1995, pp. 179-208.
4. 小売業の戦略については, Jan Rivkin, "The Rise of Retail Category Killers," January 1995（未刊行の報告書）を参考にした. GAPのケーススタディはNicolaj Siggelkowが用意した.
5. 日本企業に関するこの記述は, 筆者と竹内弘高氏が榊原磨理子氏の協力を得て行った研究に基づく.
6. Michael E. Porter, *Competitive Strategy*, Free Press, 1980（邦訳『競争の戦略』ダイヤモンド社, 1982年）を参照.

第3章　情報技術がもたらす競争優位

1. バリューチェーンの概念については, Michael E. Porter, *Competitive Advantage*, Free Press, 1985（邦訳『競争優位の戦略』ダイヤモンド社, 1985年）を参照.
2. 競争優位の2つの基本形については, Michael E. Porter, *Competitive Strategy*, Free Press,

原注

注：下記3誌については略記を使用した.
HBR：*Harvard Business Review*（英語）
DHB：ダイヤモンド・ハーバード・ビジネス（日本語）
DHBR：DIAMONDハーバード・ビジネス・レビュー（日本語）

新版のための序論

1. すべての領域にまたがる私の著作，プレゼンテーション，インタビューの包括的な一覧についてはInstitute for Strategy and Competitivenessのウェブサイトを参照.（http://isc.hbs.edu）
2. この分野におけるその他のHBRの記事としては，Michael E. Porter and Kathryn Rudie Harrigan, "End Game Strategies for Declining Industries," HBR, Jul.-Aug. 1983（邦訳『競争戦略論I』第4章「衰退産業における終盤戦略」）がある.
3. この分野におけるその他のHBRの記事としては，Michael E. Porter, "Capital Disadvantage: America's Failing Capital Investment System," HBR, Sep.–Oct. 1992（邦訳『競争戦略論II』第5章「資本の損失」），およびMichael E. Porter with T. M. Hout and E. Rudden, "How Global Companies Win Out," HBR, Sep.–Oct. 1982（邦訳『競争戦略論II』第3章「グローバル企業に学ぶ勝ち方」）がある.
4. この分野におけるその他のHBRの記事としては，Michael E. Porter and Forest L. Reinhardt, "A Strategic Approach to Climate," HBR, Oct. 2007およびMichael E. Porter with Elizabeth O. Teisberg and Gregory B. Brown, "Making Competition in Health Care Work," HBR, Jul.-Aug. 1994がある.
5. 本章のもととなった論考はMichael E. Porter, *Competitive Strategy: Techniques for Analyzing Industries and Competitors*, Free Press, 1980（邦訳『競争の戦略』ダイヤモンド社，1982年）の第1章となった.
6. ポジショニングについての私の初期の研究についてはPorter, *Competitive Strategy*（『競争の戦略』）第2章およびMichael E. Porter, *Competitive Advantage: Creating and Sustaining Superior Performance*, Free Press, 1985（邦訳『競争優位の戦略』ダイヤモンド社，1985年）を参照.
7. この考えはMichael E. Porter, *The Competitive Advantage of Nations*, Free Press, 1990（邦訳『国の競争優位』ダイヤモンド社，1992年）においてより詳しく展開されている.
8. 「ポーター仮説」は短い記事"America's Green Strategy," *Scientific American*（April 1991），p.168で初めて発表された.
9. この理論と規制にとっての含意を発展させた研究者向けの論考がMichael E. Porter and Claas van der Linde, "Towards a New Conception of the Environment- Competitiveness Relationship," *Journal of Economic Perspectives*, 9, no. 4（Autumn 1995）pp. 97-118である.
10. より詳しい情報や文献はhttp://www.icic.orgおよびhttp://isc.hbs.eduを参照.
11. Michael E. Porter, Christian H. M. Ketels, Kaia K. Miller, and Richard Bryden, "Competitiveness in Rural U. S. Regions: Learning and Research Agenda," *Economic Development Administration*, February 2004.
12. Michael E. Porter and Elizabeth Olmsted Teisberg, *Redefining Health Care: Creating Value-based Competition on Results*, Harvard Business School Press, 2006.

［著者］マイケル E. ポーター（Michael E. Porter）
ハーバード・ビジネス・スクール教授。ハーバード大学ユニバーシティ・プロフェッサー。1969年にプリンストン大学航空宇宙機械工学科卒業。1971年ハーバード大学大学院で経営学修士号、1973年に同大学院で経済学博士号を取得。1982年には同学史上最年少の正教授就任。著書に『競争の戦略』（1982年）、『競争優位の戦略』（1985年）、『国の競争優位』（1992年、いずれもダイヤモンド社）など19冊の著書、125を超える論文を発表している。世界各国の政府幹部や企業経営者のアドバイザーとしても活躍している。2000年にはハーバード大学ユニバーシティ・プロフェッサーとして、同大学教員において最高位の表彰を受けている。

［監訳者］竹内弘高（Takeuchi Hirotaka）
ハーバード・ビジネス・スクール教授。一橋大学名誉教授。1969年に国際基督教大学卒業、1971年に米カリフォルニア大学バークレー校でMBA、1977年に同校で博士号を取得。一橋大学商学部教授、一橋大学大学院国際企業戦略研究科研究科長を経て、現職。著書に『ベスト・プラクティス革命』（ダイヤモンド社、1994年）、野中郁次郎一橋大学名誉教授との共著『知識創造企業』（東洋経済新報社、1996年）、マイケル E. ポーター教授との共著『日本の競争戦略』（ダイヤモンド社、2000年）など。

［訳者］『DIAMONDハーバード・ビジネス・レビュー』（DHBR）
『Harvard Business Review』（HBR）誌の日本語版として1976年に創刊。毎月HBR論文と日本の記事を組み合わせ、時宜に合ったテーマを特集として掲載している。

［新版］競争戦略論 I

2018年7月18日　第1刷発行

著　者——マイケル E. ポーター
監訳者——竹内弘高
訳　者——DIAMONDハーバード・ビジネス・レビュー編集部
発行所——ダイヤモンド社
〒150-8409　東京都渋谷区神宮前6-12-17
http://www.diamond.co.jp/
電話／03･5778･7228（編集）　03･5778･7240（販売）
装丁————布施育哉
製作進行——ダイヤモンド・グラフィック社
印刷————勇進印刷（本文）・加藤文明社（カバー）
製本————ブックアート
編集担当——大坪 亮

ISBN 978-4-478-00842-3